A STUDY ON AMERICAN STUDENT MOVEMENT

1962

1974

美国大学生运动研究

(1962~1974)

胡小芬／著

社会科学文献出版社
SOCIAL SCIENCES ACADEMIC PRESS (CHINA)

能够更为深入地探讨美国社会、大众媒介、大学治理与激进学生内部状况等各类因素对学生运动的影响。在新方法运用上，作者力图以历史学方法为主，同时借用社会学、教育学、新闻学、影视美学和管理学等学科方法，对美国60年代大学生运动的退潮因素做深刻的剖析。在新观点方面，作者认为这场声势浩大的学生运动是在各种力量的拍打和撞击下退潮的，是宏观、中观和微观三个层面多重因素综合作用的结果：既有社会变迁因素的作用，也有大学治理和环境变化因素的作用，更有自身难以克服的因素的影响。通过运用新材料，开拓新视角，应用新方法，提出新观点，作者较好地还原了这一运动走向衰亡的真实历史情形。同时，这一研究也为当今中国的社会危机治理提供了有益的借鉴与启示。

《美国大学生运动研究（1962~1974）》一书并非也不可能是完美无瑕之作，其中有些论述稍显薄弱，有的观点有些偏颇，一些可以拓展的研究因为作者工作的变动而未能如期完成。但应该看到，它出自一位青年学者之手，它是在热闹的研究主题之下，由作者独辟蹊径、精耕细作的一方小天地，这的确是难能可贵的。无论是学术史的梳理、史料的掌握和运用，还是具体的论证，都展现出作者的良好专业素养与严谨的治学态度。

小芬硕士毕业后，曾经就职于家乡的南昌大学。后来，因为各种原因逐渐萌生去意。考取武大博士研究生后，她因为经济原因不得不选择在职攻读。这种曲折经历一度让她对学术事业产生了困惑。后来经过我的劝说，她重新树立了信心。她本身具有不俗的学术资质，一旦明确目标，就能刻苦钻研、全力以赴。因此，她的博士论文最终还是以全优的成绩通过了答辩，并被武汉大学选送参加了湖北省优秀博士论文评选。博士毕业后，她没有选择更好的高校就业，而是为了家庭团聚，南下广州前往仲恺农业工程学院任职。当时我已在德国访学，毫不知情，为此，她在很长的时间里一直不能释怀。希望今后她能放下这个心理包袱，认真工作，快乐生活！也希望今后她不辜负自身的学术禀赋和专业素养，继续开展学术研究，为中国的历史及相关学科的发展作出应有的贡献！

李工真

2018年5月30日于武昌珞珈山武汉大学寓所

序

胡小芬博士的学术专著《美国大学生运动研究（1962~1974）》将付梓，请我作序。我与她师生多年，深知这一著作创作过程的曲不易，乐于在这里说上几句，以作推介。

小芬曾在武汉大学校园里度过了六载春秋，师从于我研习世界体发展与现代化进程。彼时学生们有着强烈的问题意识，即他们都通过考察西方发达国家现代化发展历程中出现的问题及应对措施，国快速的现代化道路提供历史借鉴与启示。小芬在攻读硕士和博士阶均选择以美国的现代化作为研究对象。她敏而好学，勤勉致知，攻读士时，她的关于"富兰克林·罗斯福时代美国的移民政策"的学位论即已获得导师们的好评。读博时，她选择了"60年代美国大学生运作为学位论文的研究主题。为了搜集更多的信息与资料，她充分利用国家图书馆、武汉大学图书馆、北京大学图书馆、南京图书馆等地的藏资源，并在互联网上查阅20世纪60~70年代美国各大报纸、大学刊、电影电视与音乐等资料。她虚心问学于有关专家，最终完成了近万字的博士论文，并获得参与评议与答辩的诸位专家的好评。这部专就是在其博士论文的基础上进一步修订、完善而成的。

有关20世纪60年代美国大学生运动、新左派运动以及反文化运的研究，国内在20世纪90年代就已经开始了，相关的研究积累也比多。正如作者所承认的，选择这个问题是在老题新做。而历史类的研究课题，要能够在前人研究较多的基础上继续深化，就必须有新视角、新材料、新方法或者新观点。作者在这几个方面都有较多的斩获。过去众多学者的研究主要集中在对美国大学生运动的过程、原因以及价值的研究方面，而作者选择该运动消亡的原因作为研究的重点，这是一个新视角。在材料的新挖掘方面，作者运用了那一时期的报纸、电影、电视、音乐、大学报刊、回忆录、民意调查数据等丰富的原始资料，这使得她

目 录

导 论 ··· 1
  一 学术前史 ··· 4
  二 本书的主要内容与创新点 ····················· 18
  三 几个相关问题的界定 ···························· 19

第一章　20 世纪 60 年代美国大学生运动概况 ············· 24
  第一节　大学生运动发生的历史背景 ··················· 24
  第二节　20 世纪 60 年代美国大学生运动概况 ········ 40

第二章　社会变迁对大学生运动的影响 ················· 53
  第一节　美国政治经济的变化与大学生运动 ········ 53
  第二节　"尼克松主义"与大学生运动 ················ 64
  第三节　青年价值观的变迁与大学生运动 ············ 69
  第四节　新闻媒体与大学生运动 ························ 83
  第五节　好莱坞青年反叛电影与大学生运动 ········ 100

第三章　大学与大学生运动 ···························· 125
  第一节　20 世纪 60 年代美国的大学危机 ············ 125
  第二节　对大学危机的评估 ······························ 136
  第三节　大学治理与大学生运动 ························ 154
  第四节　大学内环境的变迁与大学生运动 ············ 180

第四章　学生运动的内部危机 ………………………………… 191
　　第一节　分崩离析的学生运动 …………………………… 191
　　第二节　激进者的回归 …………………………………… 207

结　语 …………………………………………………………… 218

参考文献 ………………………………………………………… 223

后　记 …………………………………………………………… 247

补　记 …………………………………………………………… 249

导 论

20世纪60年代爆发的美国大学生运动，已经引起了很多学者的关注和研究，而本书将研究重点放在对这场运动退潮原因的分析上。

缘起于20世纪60年代的美国大学生运动，在美国社会掀起了一波又一波的反叛浪潮。它历经时间长，参与人数多，叠加效应大。它和民权运动、妇女运动、环境运动等一起，成为那一时期美国社会一个重要的"存在"。进入70年代，应对学生抗议仍然占据着美国大学和学院事务的中心地位，同时也是政府和公众日益忧虑的一个问题。根据盖洛普民意测验结果，美国公众仍相信学生抗议是国家面临的主要问题。[1] 但是，大学生运动带来的持续性轰动效应，却大约在70年代中期突然消失了。激进学生曾有的改造社会、誓与美国体制决裂的热情消失得无影无踪，大学生游行、街垒战等美国公众见怪不怪的街头政治也已不见，一直令高校校长们焦头烂额的学生罢课、占领大楼、破坏公物等校园骚乱也平息了下来。社会学家阿瑟·莱文（Arthur Levine）曾经做过一个实验。一天，他拿着抗议传单来到60年代加州大学伯克利分校学生抗议的中心地带——斯帕若广场（Sproul Plaza），希望能寻找到同情者，却在那里发现了两群学生。其中一群，约500人，他们正在观看一家乐队的表演，不时地，掌声如潮；而另外一群，约50人，却静坐在一旁，正在抗议某件事情。他随即对听音乐的学生进行了访问，询问他们为什么不参加抗议，而得到的普遍的答案是："我没时间"，"我不关心"，"我的作业太多"，"我更喜欢音乐"。[2]

---

[1] 转引自 Arthur Levine and Keith Wilson, "Student Activism in the 1970s: Transformation Not Decline", *Higher Education*, No. 8 (1979): 627–640。

[2] Arthur Levine, *When Dreams and Deroes Died: A Portrait of Today's College Student* (San Francisco, Calif.: Jossey-Bass; New York: Carnegie Foundation for the Advancement of Teaching, 1980), preface.

阿瑟·莱文所见的斯帕若广场，与20世纪60年代至70年代早期的斯帕若广场，成了两个时代的象征和符号。一个是和谐的、世俗的、自我的学生群体活动空间，代表了激进政治消逝后的"后60年代"，即真正日益摆脱"60年代"影响的70年代；另一个则是喧嚣的、具有宗教式热情的、利他性的学生群体活动空间，代表着那个具有特定文化历史内涵的"60年代"。斯帕若广场所传递的信息不免让那些参与轰轰烈烈学生运动的人感伤，但也使那些担忧大学生走向的人终于卸下了心理负担。不过，让人迷惑不解的是，这场在1970年一度引起全国恐慌并让美国政府日益忧虑（没有人成功地预测到它的结束时间）的学生运动，为什么就这样"毫无征兆"地结束了？为什么会出现如此大的反差？这是一个值得研究者们思索的问题。

　　国内外学者由于长期以来把学生运动的研究重点放在了运动的缘起、发展、组织、内容等方面，因而对这个问题关注不够。关于学生运动退潮的原因，他们只给出一些片面的解释。欧文·昂格尔（Irwin Unger）等学者提出了内部危机论，认为新左派运动内部的分裂是导致运动退潮的主要原因。少数学者强调外部环境论，认为学生运动退潮是70年代的社会经济政治环境变化使然。被激进学生奉为宗师的赫伯特·马尔库塞曾提出"阴谋论"，认为"革命被谋杀了"。但不久他又修正了这种观点，认为"部分地，运动是被体制公开地镇压了；部分地，运动摧毁了自身"。① 他已经逐步认识到了学生运动失败原因的复杂性，但以他的立场，给出的分析仍不可能全面而客观。

　　笔者认为，对这场运动退潮原因的分析，不能仅仅局限于运动本身，也不能简单地归结于政治经济等大环境因素。这场大学生运动，是在各种力量的拍打和撞击下退潮的。其中，既有社会变迁因素的作用，也有大学治理和环境变化因素的作用，同时，更有自身难以克服的因素的影响。它是宏观、中观和微观三个层面的多重因素共同作用的结果。

　　对这场大学生运动退潮因素进行综合考察，有利于我们理解20世纪

---

① Herbert Marcuse, "The Failure of the New Left?", *New German Critique*, No. 18 (1979): 3–11.

六七十年代美国转型时期的历史，有利于我们了解美国历史上一场规模宏大的充满热情和善意的大学生运动是缘何失去民意的，有利于我们了解这场曾被西方马克思主义者寄予厚望的运动退潮背后的真相。

除此之外，在对20世纪60年代美国大学生运动退潮因素的考察中，一些容易忽视的、颇为有趣的现象值得我们去深入研究与思考。

其一，60年代大学生运动与其他同期的社会运动相比，不仅受到新闻媒体的密切关注，还与好莱坞电影结下了不解之缘。有关新闻媒体，需要我们考察的是，大学生运动为什么会引起大众媒介的关注；新闻媒体是怎样报道学生运动的；这些报道有什么特点，对学生运动产生了什么样的影响；新闻媒体在促使学生运动的退潮中起着什么样的作用。有关好莱坞电影，需要我们探讨的是，电影对青年学生反叛伦理、学生运动中的历史事件是怎样解读的；电影与学生反叛的关系如何；电影制作和宣传与大学生运动的退潮有何关系。弄清以上诸类问题，能使人们对社会与学生运动的关系有更深刻的了解，因而有特殊的历史意义和学术价值。

其二，在60年代大学生运动中，大学和学院占据了重要的地位。它们是学生不满的根源之一，是运动组织和招募的基地，同时也是学生运动的一个重要改革或攻击目标。在大学生运动长达12年的时间里，大学和学院长期受到运动的干扰，遭受了严重危机。大学和学院是怎样评估和治理校园危机的，相应的治理措施对大学生运动产生什么样的影响，等等，都是探讨大学生运动退潮因素过程中不能不加以重视的问题。值得注意的是，20世纪60~80年代，美国高等教育由大众化向普及化急速地迈进，这个过程在大学生运动的兴起和衰落中起着什么样的作用，这一问题也是中观层面的一个重要因素。对以上问题的解答，无论对于我们进一步了解战后美国高等教育历史，还是对于我们国家借鉴美国历史经验，吸取其历史教训，从容应对和处理一些突发性的校园危机或学生集体行为，都具有一定的学术和现实意义。

其三，对学生运动内部危机的微观分析中，"边缘人"和"过渡人"双重身份、时间的流变对激进学生持续参与学生运动或学生革命有何影响，也是一个值得思考的问题。这一研究在一定程度上也有助于拓宽我们的视野，使我们更进一步了解运动的消退过程。

一 学术前史

(一) 国外研究状况

20世纪60年代美国大学生运动波澜壮阔,自发生之日起,美国学者就一直很关注这个问题。首先关注这个问题的是社会学家、人类学家和教育学家。欧文·昂格尔、丹尼尔·贝尔(Daniel Bell)、丹尼尔·杨克洛维奇(Daniel Yankelovich)、西摩·马丁·李普塞特(Seymour Martin Lipset)、刘易斯·费尤尔(Lewis Feuer)等社会学家,玛格丽特·米德(Margaret Mead)等人类学家,菲利普·G. 阿尔巴赫(Phlip G. Altbach)、罗伯特·科恩(Robert Cohen)等教育学家都对美国大学生运动给予了持续的关注。在20世纪60年代中后期就有一些相应的成果问世。这一时期的研究,主要集中在对运动起因的探讨上,采用的方法主要为社会心理学方法。

进入20世纪70年代,一些学生运动前领导人,如汤姆·海登(Tom Haydon)、托德·吉特林(Todd Gitlin)、理查德·弗拉克斯(Richard Flacks)等人陆续出版了个人回忆录,之后学生运动地下媒体的一些编辑和记者也加入了这个行列。在这批人中,托德·吉特林(社会学家)、理查德·弗拉克斯(社会学家)等人,还从事有关学生运动的学术性研究,以反驳其他学者对运动的不公正叙事和评价。

一些同情60年代学生运动的青年教授,如查尔斯·梯利(Charles Tilly)等人,对既有的社会运动理论的保守倾向不满,认为研究者过分强调了社会运动的负面效应,把发动和参与社会运动看作纯粹的非理性行为。他们对传统理论进行了梳理和批判,逐渐发展出资源动员理论以及至今在美国社会运动研究领域中仍占支配地位的政治过程理论等新理论架构。

此后,有关这次运动的历史文献、回忆录、个人传记等不断呈现,学者们对运动的精神遗产、历史影响的争论从未停息。学生运动的研究领域也不断拓宽,既有宏观的理论,也有微观层面上多层次、多视角的研究,并且,出现了社会学、历史学、文化人类学、心理学和教育学等多学科的交叉性研究,成果非常丰富。

综观美国学术界的研究,可以发现一大特点,即早期的研究比较注重探讨运动或革命的发生、发展的宏观规律,如社会运动(包括学生运动)的起因分析、影响和价值判断等几方面,而晚近的研究则更关心中观和微观机制,如运动参与者的利益和理性选择、组织和资源以及政治机会等问题。上述研究取向又是与美国社会运动理论的发展密切相连的,以下简单介绍一下这些社会运动理论。

1. 社会心理学理论

美国的社会心理学沿袭了19世纪末20世纪初法国社会心理学家创始人古斯塔夫·勒庞(Gustave Le Bon)的理论。1895年,勒庞出版了《乌合之众——大众心理研究》(中央编译出版社,2005)一书,开创了群体心理学研究。他认为,人类社会已经进入一个群体的时代。集体心理一旦形成,集体中的个人无论是否理性、是否存在智力差异、是否性格不一,其思维和行为方式都会趋于一致,形成有意识人格消失、无意识人格得势、集体非理性无意识的局面。在勒庞看来,任何集体行为(包括社会运动和革命)都是非理性的产物。①

在勒庞的群体心理学理论基础上,美国的社会学家提出了代际冲突理论和相对剥夺理论。

(1)代际冲突理论。它的基本分析框架是弗洛伊德的心理分析理论,尤其是其"俄狄浦斯情结理论"。1969年,刘易斯·费尤尔在《代际冲突:学生运动的特征和作用》(*The Conflict of Generations: The Character and Significance of Student Movement*)中提出,青年学生的抗议是年轻人仇恨父辈生活方式升华的象征;任何学生运动都是老一辈丧失权威的结果;现代史上,学生运动是代际冲突的主要表现形式。② 与此同时,著名的文化人类学家玛格丽特·米德提出了"代沟"一词,并写作了《文化与承诺:代沟研究》(*Cultural and Commitment: A Study of the Generation Gap*)一书。她对青年、学生的反叛问题做了分析,认为当代青年

---

① 赵鼎新:《西方社会运动与革命理论发展之述评——站在中国的角度思考》,《社会学研究》2005年第1期。

② Lewis Feuer, *The Conflict of Generations: The Character and Significance of Student Movement* (New York: Basic Books, 1969), p. 528.

与年长者间的代沟既不能归咎于社会和政治方面的差异,更不能归咎于生物学上的差异,而首先应归咎于文化传承的差异。她的思想也为代沟问题研究和代际冲突研究提供了很好的基础。值得注意的是,虽然米德提出了代沟问题的解决途径,但是人们只用这个理论来解释运动的起因,而没有用来解释运动退潮的原因。并且,米德所言的代沟,虽然尚只限于年少者与年长者之间,但是,这个概念也是可以泛化使用的,比如"学生代"的问题,它真实地存在于20世纪60年代的大学生中间。本书试图利用这一泛化的概念,对学生激进政治的传承问题进行一些分析,以揭示激进政治发展中的断代问题。

(2)相对剥夺理论。"相对剥夺感"是美国社会学家斯托弗(S. A. Stouffer)于1949年在《美国士兵》(*The American Soldier*)一书中首先提出的。他在研究第二次世界大战期间士兵的士气和晋升的关系时,发现士兵不是依据绝对的、客观的标准来评价他们在生活中所处的位置,而是根据他们相对于周围的人所处的位置来评价,如果自己处于较低地位,就会产生"相对剥夺感"。1968年,社会学家罗伯特·金·墨顿(Robert King Merton)在《社会理论与社会结构》(*Social Theory and Social Structure*)中具体阐释了"相对剥夺感"的定义:它是指个体或群体对于自身相对状况所持的态度,是一种主观的心理感受。个体或群体将自己的利益得失与参照物进行比较,若认为自己比参照物得到的少,就会有不公平感产生。

相对剥夺理论被广泛应用于社会不平等态度研究,在美国,最早被用在黑人民权运动的研究上。1970年,特德·罗伯特·格尔(Ted Robert Gurr)在《人们为什么要造反》(*Why Men Rebel*)一书中开始借用这一理论来解释学生运动的起因。他认为,当社会变迁导致社会的价值能力小于个人的价值期望时,人们就会产生相对剥夺感。相对剥夺感越强烈,人们造反的可能性就越大,破坏性也越大。

代际冲突理论和相对剥夺理论从社会心理学、青年心理学的角度分析了青年学生的心理情境对大学生运动兴起的作用,为大学生运动的研究提供了一个有意义的研究层次。遗憾的是,两种理论的应用仅仅局限在对这场运动的起因分析上。

2. 结构功能理论

以托考特·帕森斯(Talcott Parsons)为代表的美国结构功能主义学

派注重社会秩序、均衡,以及社会体系各部分的相互适应,得以整合的规范和价值,较少关注社会变迁问题。他们认为,美国政治制度、阶级结构、经济体制与社会的共同价值观是一致的。由于美国体制或社会阶级中不存在基础性的分裂,因此不可能出现改变社会秩序的重大政治企图。① 20世纪60年代的社会运动只是对结构紧张的反应。在解释结构紧张的原因时,结构功能主义学派实际上秉持的还是心理学观点,认为这是人们的非理性行为所致。

在结构功能主义学派中,尼尔·斯梅塞(Neil Smelser)是社会运动、集体行为研究领域最有成就的社会学家之一。1962年,他写作了《集体行为理论》(Theory of Collective Behavior)一书,认为集体行为、社会运动和革命的产生,都是由以下六个因素共同决定的:有利于社会运动产生的结构性诱因,由社会结构衍生出来的怨恨、剥夺感或压迫感,概化信念的产生,触发社会运动的因素或事件,有效的运动动员,社会控制能力的下降。这六个因素都是集体行为(或社会运动和革命)发生的必要条件(而非充分条件)。随着上述因素自上而下形成,发生集体行为的可能性也在逐渐增加。一旦全部具备了六个因素,集体行为就必然会发生。② 斯梅塞的集体行为理论也强调这是非理性的行为,很显然,他的理论也是用来解释运动发生原因的。

3. 资源动员理论与政治过程理论

这两种理论是在批判传统的心理学理论基础上发展起来的,资源动员理论最终与政治过程理论合流,形成统一的政治过程理论,也是美国目前占主流地位的社会运动解释理论。

其中,最具影响的是社会学家查尔斯·梯利(Charles Tilly)。1978年,他在《从动员到革命》(From Mobilization to Revolution)一书中提出了动员模型,认为一个成功的集体行为是由以下因素决定的:运动参与者的利益驱动、运动参与者的组织能力、社会运动的动员能力、个体加入社会运动的阻碍或推动因素、政治机会或威胁、社会运动群体所具有

---

① Michal Useem, *Protest Movements in America* (Indianpolis: Bobbs-Merrill Educational Publishing, 1979), pp. 7 – 8.
② 转引自赵鼎新《西方社会运动与革命》,http://data.book.hexun.com/4148_2604370C.shtml。

的权力。①

与前几种理论不同，政治过程理论强调运动参与者的理性动机（利益和兴趣），运动不是病态的社会行为，社会运动或革命是政体外的成员因为无法进入政体内而采取的打破政体的激进行动。社会运动和革命是一个政治过程，运动参与者的利益和理性选择、组织和资源以及政治机会等，在社会运动的发起和发展中具有十分重要的作用。

在发展过程中，政治过程理论也吸收了西欧社会运动理论如新社会运动理论和国家理论的一些成果。目前，政治过程理论的视角主要集中在四个方面：政治机会结构、运动动员结构、运动文化和运动话语的形成以及运动与新闻的关系。此外，在社会运动研究中，研究者还关心警察行为与运动的关系、社会运动的周期性特征、国际性社会运动和西方社会运动社会等问题。②

政治过程理论注重政治过程分析，立足于中观和微观层面的分析，通过几个独特的视角对集体行为、社会运动或革命进行立体式的网状分析，能基本呈现社会运动的全景。这种理论的分析方法，如新闻舆论分析、运动话语分析等，都是值得借鉴的。不过，和其他的理论相似，这一理论的解释重点仍不在对社会运动消退因素的分析上，而在对社会运动的起因和过程的透视上。

4. 文化革命理论

文化革命理论与西欧的新社会运动理论一样，倾向于从正面肯定这场运动的价值，持这种观点的学者有查尔斯·A. 赖克（Charles A. Reich）、约翰·D. 洛克菲勒（John D. Rockefeller）、托德·吉特林以及约翰·C. 麦克威廉姆斯（John C. McWilliams）等人。

1970年，查尔斯·A. 赖克在《美国的新生：青年革命是怎样尽力保持美国的活力的》（*The Greening of America*: *How the Youth Revolution Is Trying to Make America Livable*）一书中指出，美国正处在青年革命的路口，青年革命是一场能使人们的思想、人们所在的社会以及人们的生活

---

① 转引自赵鼎新《西方社会运动与革命》，http://data.book.hexun.com/4148_2604370C.shtml。
② 同上。

与早已经发生的科技革命相一致的运动。1973 年，约翰·D. 洛克菲勒在《第二次美国革命》（*The Second American Revolution*）中把青年人的反叛称作"第二次美国革命"和"人本主义的革命"，它是崇尚人性而且扎根在我们的传统之中的革命，给美国社会带来了新价值。约翰·C. 麦克威廉姆斯在《六十年代文化革命》（*The 1960s Cultural Revolution*）一书中，也将 20 世纪 60 年代新左派运动、反文化运动等统称为"文化革命"，并评价了这场革命的得失。

无疑，文化革命理论关注的是如何评价这场运动的价值这一问题，因而对这场运动的原因分析也着墨不多。

如上所言，美国社会运动理论的研究重点在社会运动的起因、过程分析、影响与价值分析上，但是对其终结的原因重视不够，因而也影响了在这一方面的研究。据笔者掌握的资料，关于大学生运动退潮的原因，至今学者们还没有做过综合系统的分析。通常，大学生运动或新左派的研究者们对这次大学生运动退潮的原因的阐释比较浅显，论证较少。

弥尔顿·坎托（Milton Cantor）的《分裂的左派：美国的激进主义，1900~1975》对美国左派的发展演变史做了深刻的分析。该书在谈到 20 世纪 70 年代美国新左派运动消亡的必然性时列举了以下几点：青年学生并没有被新左派运动所吸引，他们的政治观点消极、社会观点保守、道德观点传统，主要关注自己的追求；新左派运动的反智倾向，决定了其不可能创立自己的激进理论；反战虽然加剧了国内社会的紧张，但是不构成革命运动的基础；领导人来自受过良好教育的特权阶层，他们没有帮助工人理解社会，没有取得大众的支持。[①] 这些看法是很有见地的，值得借鉴。

一些研究者提到内部原因，如欧文·昂格尔在《运动：美国新左派的历史，1959~1972》（*The Movement: A History of the American New Left, 1959-1972*）一书中，在分析学生新左派的中心组织——学生争取社会民主组织（Students for a Democracy in Society，SDS）的分裂时，指出运动内部的各种压力决定了 SDS 与新左派的命运。这些压力包括妇女解放

---

① Milton Cantor, *The Divided Left: American Radicalism 1900 - 1975* (New York: Hill and Wang, 1978), pp. 218 - 219.

运动、少数族裔争取权利运动、同性恋解放运动以及黑豹党的解放运动，尤其是进步劳工党对 SDS 的操控。

一些学者提出了社会运动的循环论。阿瑟·莱文在《当梦想和英雄们死亡——今日大学生素描》中指出，社会就像人一样。他们在经历清醒、奋发的甚至是疯狂的行动之后，就必须休息。清醒时期、休息时期、再清醒、再休息时期，不断循环。① 而 70 年代中期正是处于休息时期。他对大学生运动的周期性解释是有一定的合理性的。莱特（Ladd）和埃弗莱特（Everett）将莱文的方法用来分析美国高等教育史，他们提出，这一时期美国已经跨越了校园抗议阶段。②

也有一些学者认为促使学生运动平息的基本因素是越南战争。美国考克斯（Cox）委员会在对 1968 年哥伦比亚大学骚乱进行调查后得出了这一结论。哥伦比亚大学教务长戴维·B. 杜鲁门（David B. Truman）指出，越南战争是几乎所有的学生最关注的问题，应该立即结束战争。③

美国历史学家戴维·斯泰格沃德在《六十年代与现代美国的终结》一书中对美国的新左派运动和大学生运动失利的原因有所阐述，他认为 1968 年的芝加哥示威使新左派"走向自我拆台的冲突，在国家政治活动中更加边缘化"。④

美国学者理伯卡·E. 卡拉奇在《分裂的一代》（社会科学文献出版社，2001）中提到，学生运动组织 SDS 内部的分裂，加剧了内部的消耗，并且，它向矛盾和暴力的转变，使许多人疏远了，尤其是早期的行动主义者，都选择了退出。

1980 年，SDS 前领导人、社会学家托德·吉特林撰写的《新左派运动的媒介镜像》（The Whole World is Watching）一书很有价值。它是一部从政治过程理论的运动与新闻关系这一视角来研究新左派运动的专著。书中考察了运动与新闻媒介在 20 世纪 60 年代的历史时空下的复杂关系，认为两者形成了共生关系：新闻媒体利用文化霸权对新左派运动进行有

---

① Arthur Levine, *When Dreams and Heroes Died: A Portrait of Today's College Student*, p. 118.
② Rudy Willis, *The Campus and a Nation in Crisis: From the American Revolution to Vietnam* (Madison [NJ]: Fairleigh Dickinson University Press, 1996), p. 196.
③ Ibid..
④ 〔美〕戴维·斯泰格沃德：《六十年代与现代美国的终结》，北京：商务印书馆，2002，第 212 页。

选择的报道，或歪曲，或吹捧；而新左派运动却在运动内部结构、领导方式、政治政策、策略和技巧方面迎合大众媒体的偏好，以取得大众媒体的同情和支持。托德·吉特林的著作虽然是以 20 世纪 60 年代的实例来证明大众媒体对公共文化生活无所不在的霸权的，但是它也说明新左派运动、大学生运动失败的一个因素：在利用媒体聚光效果的同时，付出了毁灭性的代价。该书也为进一步探究 70 年代大学生运动的媒体镜像在运动退潮中的催化作用提供了参考。

1987 年，托德·吉特林又出版了回忆录《六十年代》，他提出 1970 年的大学生反战运动缺乏 SDS 这样的全国性组织来"保持运动的激情，将反战的能量转换到普通的行动中，使各地的领导人保持联络，保持学生间的联系性"①，因而是无法持续的。

爱德华·K. 斯潘（Edward K. Spann）在《民主的孩子们：六十年代的青年反叛和理想的力量》（*Democracy's Children*: *The Young Rebels of the 1960s and the Power of Ideals*）一书中，谈到"新的怀旧情结"唤醒了青少年对 20 世纪 50 年代流行文化的关注，而 70 年代"婴儿潮一代"进入成年人之列促使青年反叛者分化等问题，虽然只简单论及，仍有一定的参考价值。

以上几种因素分析都有一定的合理性，但是远不够全面，不足以反映历史的真实面貌。

（二）国内研究状况

20 世纪 60 年代美国学生运动爆发以来，国内学界较长时间内没有对这一问题给予充分的重视。究其原因，这与 20 世纪 70 年代以来的中国政治和学术的走向有关系。在政治上，由于受到"文革"运动的影响，人们对社会运动抱有疑虑，将之与"颠覆"等字眼连接在一起；在学术上，由于受到路径依赖的影响，社会学在重建之初，接受的是当时美国最流行的组织和分层理论，对社会变迁、集体行为的研究甚少。②也有学者认为，经典马克思主义不认为存在"学生阶级"，因此很少将

---

① Todd Gitlin, *The Sixties*: *Years of Hope*, *Days of Rage* (Toronto; New York: Bantam Books, 1987), p.417.
② 赵鼎新：《西方社会运动与革命》，http://data.book.hexun.com/4148_2604370C.shtml。

之作为一种历史活动的主体来研究。[①]

这种状况直到 90 年代才得到改变,这一时期有关西方社会运动的研究得以真正起步,学界在西方社会运动理论研究、新左派研究、大学生运动研究和反文化研究等方面取得了一些可喜的成果。

在西方社会运动理论研究方面,目前,多数学者尚停留在对西方理论流派的理论梳理和翻译介绍上。20 世纪 80 年代以来国内陆续译介了一些有关集体行动和社会运动的著述,比如古斯塔夫·勒庞的《乌合之众——大众心理研究》、塞缪尔·亨廷顿的《变革社会中的政治秩序》、曼瑟尔·奥尔森的《集体行动的逻辑》、塞奇·莫斯科维奇的《群氓的时代》以及西德尼·塔罗的《运动中的力量》等。也有一些学者著文对西方社会运动研究的前沿进行过介绍,如冯仕政的《西方社会运动的研究前沿》(《学习时报》2003 年 7 月 28 日)、《西方社会运动研究:现状与范式》(《国外社会科学》2003 年第 5 期),王瑾的《西方社会运动研究理论述评》(《国外社会科学》2006 年第 2 期),王冠华的《晚近西方社会运动研究》(《东岳论丛》2006 年第 5 期)等。

在理论上有所创新的当属芝加哥大学社会学教授赵鼎新。2006 年,他在国内出版了《社会与政治运动讲义》一书,对美国社会运动理论发展脉络作了非常清晰的梳理,并对美国主流学派——政治过程理论学派的社会运动理论进行了批判分析。他认为政治过程理论及其研究视角无疑是比较成熟的,但是,它以四个主要研究重点和视角(政治机会结构、运动动员结构、运动文化和运动话语的形成以及运动与新闻的关系)来阐释和展现的社会运动产生、发展和演变状况,却是散乱的、微观的,同时也是失之偏颇的。

据此,他提出了研究社会运动和革命的三大新视角:社会变迁、国家和社会的结构及结构性行为以及社会运动的话语(变迁、结构、话语)。所谓变迁,指的是由现代化、人口变迁、自然灾害、大规模疫病流行、外来思潮入侵等原因所引起的种种社会变化。所谓结构,包括两个方面,一是国家的结构及其行为方式,二是社会结构及其社会行动者的

[①] 沈汉、黄凤祝:《反叛的一代——20 世纪 60 年代西方学生运动》,兰州:甘肃人民出版社,2002,前言。

结构性行为。国家的结构包括国家的性质（如民主的、威权的或独裁的），国家权力的合法性基础（如法律－选举型的、意识形态型的或绩效型的），以及国家在社会结构和政治文化共同作用下形成的特有的行为方式，等等。社会结构包括相对独立于国家之外的各类社会中层组织的发达程度及其性质（如多元化程度），以及人与人之间在经济生产中建立起来的各种关系（如资本家－工人关系、地主－佃农关系等）。话语则包括社会运动的意识形态、参与者的认同、口号或话语策略、行动过程中的突生规范，以及塑造运动话语的文化，等等。

赵鼎新的三大研究视角——"变迁、结构和话语"是很有理论价值的，它是宏观、中观和微观三个层次的综合，是对美国政治过程理论过分注重微观层次而忽略宏观层次分析倾向的矫正。这些新视角不仅适合对西方民主社会的社会运动研究，也适合对威权国家的社会运动研究。同时，变迁、结构和话语三个视角既可以用来研究社会运动的缘起问题，也可以用来研究社会运动的终结因素，值得借鉴。

在美国新左派研究方面，学者起步较早，取得了更丰富的成果。这方面的研究大致可分为两方面。

一是对新左派理论家如米尔斯、马尔库塞、弗洛姆等人思想的研究，以及对西方马克思主义理论流派——法兰克福学派思想的研究。这些研究最早主要集中在西方哲学和历史学领域，随着后现代主义在学术界的兴起，现在已经扩展到文学、美学、新闻学、政治学、社会学等多个领域。其中，主要的作品有傅永军的专著《控制与反抗：社会批判理论与当代资本主义》（泰山出版社，1998），徐友渔的《自由主义、法兰克福学派及其它》（《天涯》1997年第4期），郑春生、李宏图合写的论文《论马尔库塞对消费社会的批判》（《求索》2008年第3期）等。

二是对新左派的内涵、组成、性质和特点等问题的研究。研究成果集中在公开发表的论文上。

钟文范的《美国新左派运动诸问题初探》（《世界历史》1983年第3期）是国内可见的最早的关于新左派研究的成果。文章指出，新左派成为当时方兴未艾的民权运动、学生运动、反战运动、贫民运动和文化运动中的一支重要力量；新左派的政治思想体系，是人道主义的空想社会主义、无政府主义和改良主义三种主要思潮的奇特混合物。其理论、战略和策略的荒谬，注定运动最终必将瓦解；它并不触动现存经济占有形式，关注的只是企图使现存的各种制度和文化组织"合理化"，以适应已变化的社会关系，使那个正在发展、受到良好教育的"白领"阶层的价值准则、信念和利益制度化。这一论文对新左派的研究是基础性的，且带有较强的意识形态因素。

温洋的《美国六十年代的"新左派"运动》(《美国研究》1988年第3期) 一文，是笔者搜集到的第二篇关于新左派问题的成果。它对新左派的产生背景、思想渊源、特点、新左派与老左派的区别进行了初步的概括，文中也粗略地提到对新左派衰落的看法，认为其客观原因在于右翼势力的反弹、科技的发展、从越战撤退等因素，主观原因在于内部的解体。

赵林的《美国新左派运动述评》(《美国研究》1996年第2期) 也是较早研究新左派的论文。该文对美国新左派运动的社会背景、发展过程、价值体系和思想理论等作出综合性的述评。文中未分析运动失败的原因，但在谈到其价值体系和思想理论的时候，赵林指出，学生的高度流动性导致了新左派在思想和策略方面的不连贯性；美国新左派不同于法国的学生运动，它始终与工人阶级处于对立状态；美国新左派运动并没有在破坏的同时建立起一套系统的、切实可行的代替物，它在摧毁了一个旧坐标系以后却不能建立起一个新坐标系。这些观点，颇有见地。

王恩铭的《美国新左派运动》(《史学月刊》1997年第1期) 认为新左派的催化剂是20世纪50年代末60年代初兴起的民权运动，1962年的《休伦港宣言》(Port Huron Statement) 正式掀起美国新左派运动。王恩铭把这次运动失败的原因归为内耗和外部打压所致。

此外，还有一些关于新左派的研究文章，如张永红的《20世纪60年代美国新左派运动历史背景之分析》(《南京师大学报》2005年第1期)，江洋、吕梁山的《美国新左派运动研究综述》(《理论界》2006年第3期) 等，介绍了新左派产生的背景及其研究状况。

国内对大学生运动的研究，开始时间比较晚，成果主要集中在2002年之后。

沈汉和黄凤祝合著的《反叛的一代——20世纪60年代西方学生运动》(甘肃人民出版社，2002) 一书是最早出版发行的关于20世纪60年代西方学生运动的专著。书中对一些问题的探讨具有开拓性。比如革命的学生运动的基本特质界定，认为它主要不是社会运动，而是包含着文化和政治目标的，提出的纲领和口号的主要内容限于对资本主义社会的大学教育、社会文化和日常生活的批判。又如，对学生运动特点的归纳，"语言上有戏剧性和夸张性"的特点，"庄严和浪漫、革命和戏谑、激情和荒诞、信仰和乌托邦交织在一起"。

程巍的博士学位论文《六十年代研究》（中国社会科学院，2002）注重从文学批评的角度而非历史的角度来分析美国20世纪60年代大学生运动的原因和价值，他从同龄人的代内认同、政治意识、象征形式以及性质与遗产等四方面对美国20世纪60年代大学生运动进行了探讨。程巍认为，这场革命是一场不危及既定政治体制和经济结构的文化革命和生活方式革命，是一场语言革命，也是一场象征革命，形式是第一要素，而革命只不过为形式提供了一个展现形式的契机和语境。运动退潮的时间，作者认为在1968年；而对于运动退潮的原因却没有具体地提及。

2004年，许平、朱晓罕合作出版了《一场改变了一切的虚假革命——20世纪60年代西方学生运动》（上海人民出版社，2004）。这一著作是对20世纪60年代美国、英国、联邦德国、意大利尤其是法国大学生运动的考察，立足点在于对20世纪60年代西方学生运动的历史定位，也即对西方社会运动的历史评价上。两位学者认为，学生运动承载着文化变迁的历史使命，它的主张是非经济性的、非物质性的，也是非政治性的。它的出现，是对现代文明的异化现象——包括异化的官僚等级制度、工具化的教育制度和管理制度，以及异化的消费社会——的反抗。它是一场虚假的"政治革命"，却是一场真实的改变了一切的"文化革命"。它促进了社会的多元化，促进了高等教育的改革，构建了新的价值观，也促进了"后现代"的兴起。

由于立足点的差异，书中没有对这场运动的退潮作出具体分析。但是它提出革命发生变质，青年学生为主体的恐怖组织的出现，背离了主流，超出了人类社会伦理道德的底线，这也使其在社会上陷入孤立，沦为各国共同打击的对象。

两位学者认为这场运动自始至终存在政治话语与文化话语悖论，政治话语是反资本主义的、高度意识形态化的,与自由主义的主流政治话语相对抗的,而文化话语却是享乐主义的,与文化自由主义有高度的契合性,与资产阶级的价值观相通。两种政治话语的分裂是致命的,政治革命的失败具有某种意义上的必然性。以上两种观点已经反映了这场运动退潮的实际状况,但还留有较多的探索空间。

吕庆广所著的《60年代美国学生运动》(江苏人民出版社,2005)一书,是一部美国学生运动历史专著。文中用很小的篇幅归纳了这次运动终结的原因:内部因素是学生组织的松散、内耗,学生与工人没有结成阵线,后期的暴力倾向和在"大拒绝哲学"① 指导下学生拒绝工作引起民众反感;外部因素归为权力机构被破坏、压制和镇压,美国强大的保守主义传统与深厚的群众基础,美国从越南战争的撤退,科技成就动摇反科技信念,持久繁荣的突然中断;等等。同时,书中指出,美国社会强大的吸纳能力也消解了这场运动。这些观点的总结有一定的道理,但只是简单的列举,作者没有进行详细的论证和说明。

除此之外,吕庆广还在《当代资本主义内部的反叛与修复机制——60年代美国学生运动分析》[《南京大学学报》(哲学·人文科学·社会科学版)2003年第2期]一文中,对美国社会的吸纳能力和反叛修复机制进行了详细分析。

王俊勇在2004年写成的硕士学位论文《二十世纪六十年代美国大学生运动》中,也对这一场运动进行了比较深入的剖析。关于运动失败的原因,他归纳了新左派的无政府主义、松散的运动组织、运动目标的基本实现以及美国社会保守主义的回潮等四个因素。但是由于立足点的不同以及文章的篇幅限制,他对此类因素也只是列举,缺乏实证。

丁雪明的硕士学位论文《20世纪60年代美国校园反叛运动探析》(湘潭大学,2006)也基本是沿袭原因—过程—影响三段论来分析的。

沈汉的《20世纪60年代西方学生运动的若干特点》(《史学月刊》2004年第1期)一文,谈到了西方学生运动不同于以往社会运动或革命的特点。孙益的《校园反叛——美国20世纪60年代的学生运动与高等

---

① 指马尔库塞的"总体革命论",即进行政治的、经济的、文化的、意识的和本能的革命,与现存体制的一切方面唱反调,拒绝社会的一切行为准则。

教育》(《清华大学教育研究》2006年第4期)关注的是学生运动对高等教育的影响,但它没有论述美国高等教育系统是如何应对校园危机的,以及新的治理方式对学生运动的退潮产生多大影响这一实质性的问题。

郑春生的《公民不服从理论的现实困境——以六十年代美国学生运动为例》(《浙江学刊》2007年第4期)一文,以20世纪60年代美国学生运动中公民不服从行动为例,阐释罗尔斯的"公民不服从理论"在基本前提、合法性及反抗手段等方面遭遇到的一系列困境。对学生运动的阐述,落脚点依然只在起因分析上。该学者的另一文章——《"权力"和"权利"的双重呐喊——1960年代美国学生运动原因论》[《温州大学学报》(社会科学版)2008年第4期]也是从权力和权利的双重角度对美国大学生运动的起因做了分析。

2008年以来,随着资源动员理论等社会运动新理论、媒介理论等被系统地介绍到国内,历史学界已有学者意识到了探讨20世纪60年代美国大众传媒与大学生运动之间关系问题的学术价值,因而开始了摸索与尝试,并取得了一些成果。如:郑春生的两篇文章《摇滚乐与20世纪60年代美国青年的反叛》(《史学集刊》2009年第4期)、《试论20世纪60年代美国媒体对马尔库塞的形象塑造》(《世界历史》2009年第5期)分别探讨了摇滚乐与青年反叛结合的历史缘由以及媒体对马尔库塞的形象塑造过程及其影响;谢文玉的《〈纽约时报〉与"学生争取民主社会组织"的衰落》[《历史教学》(高校版)2009年第3期]、《〈纽约时报〉对汤姆·海登形象的重塑》[《四川大学学报》(哲学社会科学版)2012年第2期]、《20世纪60~70年代好莱坞电影与美国青年反叛运动》[《历史教学》(下半月刊)2012年第7期]等文章探讨了《纽约时报》在"学生争取民主社会组织"衰微过程中的影响问题,《纽约时报》对汤姆·海登形象的重塑所体现的媒体与主流意识形态的高度一致性问题,以及好莱坞电影对青年反叛运动的关注与缘由问题。这些都为研究社会变迁对大学生运动的影响提供了很好的视角。

在反文化问题的研究方面,成果也日渐增多,主要有王锦瑭的《美国的反主流文化运动——嬉皮士运动剖析》(《世界历史》1993年第3期)、吴怀连的《美国文化大革命》(《国外社会科学》1996年第3期)、赵梅的《美国反文化运动探源》(《美国研究》2000年第1期)以及李雯的《美国青年反主流文化运动滥觞的原因》(《青年研究》2002 年第 8 期) 等文章。2008 年，王恩铭出版的专著《美国反正统文化——嬉皮士文化研究》，是国内一部全面论述反正统文化兴起、内容与历史意义及其遗产的专著。

综上所述，国内外对美国大学生运动的研究主要集中在社会运动的分析理论、运动的起因、运动的进程、运动的思想来源、运动的组织和网络以及运动体现的精神和价值等方面，而对这场运动的终结因素，国内外学者们至今还没有做过具体的实证分析。笔者认为，将之简单地归结为内耗与外压，或者美国从越南撤退的刺激，或者"谋杀"等偶然因素，都不足以解释这场运动力量耗尽的缘由。要解释这场运动衰退的缘由，必须深入地挖掘各种潜在因素，包括历史、社会、经济背景，国际形势变动，高等教育因素等，从多个层面、多个角度对它进行综合全面的分析。

二 本书的主要内容与创新点

(一) 本书的主要内容

本书分四章来论证和分析 20 世纪 60 年代美国大学生运动退潮的原因，基本的写作思路是从宏观到中观再到微观，分三个层面来进行多角度的分析。

第一章简要分析和介绍 20 世纪 60 年代美国大学生运动的缘起和概况。在有关运动缘起的分析中，笔者认为美国社会的"青年化"、高等教育的大众化与普及化趋势、丰裕社会的"悖论"、越南战争的催化以及激进文化的熏陶等，推动了学生运动的发展。

第二章从宏观层面，即社会变迁视角，考察 20 世纪 60 年代美国大学生运动退潮的原因。在本书中，社会变迁的内容大致包括经济形势的变化、政治形势的变动、外交战略的变化、青年价值观的变迁以及以新闻媒体、好莱坞电影为代表的大众媒介与学生运动关系的变化等内容。

第三章从中观层面，即大学的视角，来考察 20 世纪 60 年代美国大学生运动退潮的原因。重点考察大学是怎样应对校园危机的，它的治理措施对大学生运动的影响，以及高等教育的发展和理念的更新对学生激进政治的影响等问题。

第四章从微观层面，即运动本身，来考察学生运动退潮的原因。运动指导理念的混乱造成它一直处于持续性的危机之中，行动的无序与组织的分裂是运动自始至终都存在的严重矛盾。除此之外，作为"过渡人"和"边缘人"，学生身份的特殊性，以及学生代沟的存在，激进学生终要回归主流社会，激进政治不能顺利地传递给下一个学生代等原因，都会造成学生运动不可挽回地衰落。

（二）本书的创新点

与国内外学者的前期研究成果相比，本书创新在于以下几点。

第一，在研究方法上，力图以历史学方法为主，同时借用社会学、教育学、新闻学、影视美学和管理学等学科方法，对20世纪60年代美国大学生运动的退潮因素做深刻的剖析；

第二，在研究内容上，从宏观、中观和微观三个层面分析这场运动终结的原因，角度更为全面而多元；

第三，关于大学生运动与大众媒介的关系问题、好莱坞电影与美国大学生运动的关系问题，国内研究较少，值得深入；

第四，高校危机治理与大学生运动、大学生群体事件的关系是中国当代高等教育中面临的一个突出问题，本书希望能从研究这段历史出发，给我国的高校危机治理提供些经验与教训。

三 几个相关问题的界定

（一）大学生运动的退潮特征的界定

20世纪60年代美国大学生运动的退潮，是以一定的表象为特征的，即60年代风格的消失：大规模街头政治活动的结束，高校教学秩序的基本恢复，高校内部极端抗议方式（破坏财产、占领大楼、使用暴力、集中罢课）的终结，主要学生运动组织的解散或消亡，大学生运动的主要宣传工具——地下报纸的集中停办。

在对大学生运动的退潮表象特征进行了相应的界定之后,我们就可以解释另外一种看似矛盾的观点了。1979 年,美国两位学者阿瑟·莱文和肯思·威尔森(Keith Wilson)提出了一种观点,认为 70 年代美国学生激进主义只是改变了形式而非消退了。70 年代的学生激进主义不同于 60 年代,也不再采取 60 年代那种极端的方式了。新形式包括游说、成立以自我利益为中心的新政治团体等。① 阿瑟·莱文还在 1980 年出版的《当梦想和英雄死亡——今日大学生素描》中,再次强调了这一观点。② 以上两位学者的观点与主流的观点实际上并不冲突,主流观点所说的学生运动的退潮,是指 60 年代风格的大学生运动的退潮,是 60 年代激进风格的消失,是学生关注社会和国家命运的旨趣的消亡。60 年代的大学生运动是以"国家-社会"为中心的运动,是一场意识形态化的运动,它向以自我为中心的、以温和游说和诉讼等方式为主的学生群体利益政治的转变,恰恰是我们判定 60 年代学生运动退潮的重要证据之一。

(二) 20 世纪 60 年代美国大学生运动兴起和退潮的时间

关于 20 世纪 60 年代美国大学生运动的兴起时间,学术界存在几种划分。第一种观点认为是 1960 年。因为这年 5 月,加州大学伯克利分校和旧金山湾等其他高校的 8000 名大学生在市政厅大楼前举行示威,抗议众议院非美调查委员会进行非法传讯。③ 也有的认为,1960 年学生运动主要组织——学生争取社会民主组织(Students for a Democracy in Society, SDS)正式更名并脱离老左派的"争取工业民主联盟"(the League for Industrial Democracy, LID)象征着运动的开始。④

第二种观点认为起源于 1959~1962 年。以 SDS 酝酿脱离母体直至

---

① Arthur Levine and Keith Wilson, "Student Activism in the 1970s: Transformation Not Decline", *Higher Education*, No. 8 (1979): 627 – 640.
② Arthur Levine, *When Dreams and Heroes Died: A Portrait of Today's College Student*, preface.
③ 吕庆广:《60 年代美国学生运动》,南京:江苏人民出版社,2005,第 93 页。
④ 美国学者 Christopher Bone 等提出的观点,见其作品 *The Disinherited Children: A Study of the New Left and the Generation Gap* (Cambridge, Mass.: Schenkman Pub. Co.; New York: distributed solely by Halsted Press), 1977。

1962 年发布《休伦港宣言》为重要标志。①

第三种观点认为运动起源于 1964 年的加州大学伯克利分校的"自由言论运动"（the Free Speech Movement，FSM）。

这三种划分，都有一定的合理性，但笔者倾向于以 1962 年《休伦港宣言》作为划分标志。美国政治过程理论学派代表人物、社会学家梯利是这样定义"社会运动"的：它意味着"一种特殊的、关联的、发展的政治互动与实践的历史情景。意味着运动，运动剧本及 WUNC（价值、团结、数量、承诺）展示的特殊结合"。也就是说，社会运动包含了三个基本要素：一种持续的、组织起来的针对权威对象声称集体主张的公共努力；将这种表现的多类型的综合体视为社会运动剧本：政治行动中的联合行动——特殊目的的联合体、公共会议、正式的游行队伍；参与者所关注的 WUNC 的公共展现：价值，团结，数量，以及对他们自身所属党派或追随者所履行的义务。② 赵鼎新教授认为，"所谓社会运动，就是有许多个体参加的、高度组织化的、寻求或反对某些特定社会变迁的体制外政治行为"。③ 1962 年之前的大学生激进政治与这两种定义有很大的差距。其一，之前，虽有主要组织 SDS 的成立，但是它尚未形成自己的纲领和义务，也尚未形成共同的价值及达成一定的团结，它不是一个高度组织化了的组织，也没有形成自己的社会运动剧本。其二，虽有大学生参与，但他们只是黑人民权运动的声援力量，或者根本就是民权运动参与者。1962 年《休伦港宣言》的发表才是学生新左派形成的真正标志，该宣言也是大学生运动的第一份反叛宣言书。

关于大学生运动退潮的时间，也有四种划分。

第一种观点认为是 1968 年。这一年发生了一系列的骚动和暴乱，是运动的顶峰和终点，同时，这一年也是保守主义回潮的起点。这种划分过分看重的是 1968 年的转折意义和象征意义，却没有真正反映现实。

第二种观点认为是 1969 年之后。极少数研究者认为 1969 年伍德斯

---

① 纽约大学教授欧文·昂格尔等学者提出的观点，见其著作 The Movement：A History of the American New Left，1959 – 1972（New York：Dodd，Mead；Harper & Row），1974。
② 董国礼：《历史社会学视野下的社会运动研究——梯利的集体行动理论》，《学海》2007 年第 5 期。
③ 赵鼎新：《西方社会运动与革命理论发展之述评——站在中国的角度思考》，《社会学研究》2005 年第 1 期。

托克音乐节青年狂欢几天之后，反叛的氛围慢慢弱化。但这种划分也是不合理的，因为1970年才是运动的高潮。

第三种观点认为是1972年。新左派包括大学生左派支持民主党总统候选人麦戈文，但是愿望落空，新左派挽救颓势的最后努力失败了，新左派顿失其影响（欧文·昂格尔语）。1972年是新左派急速衰落的一年，但集体示威、反战、暴力袭击还在继续，以之作为时间界限也不妥。

第四种观点认为是1973~1974年。对尼克松总统"水门事件"的全面调查，彻底击碎了新左派的革命梦想。

笔者认为第三种划分更为客观一些，但时间点应稍微后推，选择1974年前后作为时间界限。这是综合考虑退潮的各种表象特征而得出的结论，在正文中将详细阐释。

（三）大学生运动是以白人大学生为主体的社会运动

要界定大学生运动的主体，首先就涉及对"新左派"的理解问题。国内外学术界对新左派的理解存在一些差异，有的认为它泛指20世纪五六十年代美国各种社会抗议运动，有的学者认为这是白人学生的校园造反运动，有的学者认为它指的是学生的政治运动。

资中筠在《20世纪的美国》（生活·读书·新知三联书店，2007）一书中，将新左派的特征归纳为：怀着乌托邦式的理想，对美国社会的现状不满，从各个层面对美国社会的弊端进行揭露和批判，要求社会改革。它与自由主义改良派不同，因而被冠以"左派"之名，但是又反对苏联的高度集权的斯大林模式，与传统的左派共同之处少，学界称之为"新左派"，以示区别。"新左派"以继承社会批判的知识分子为思想先导，影响逐渐扩大至青年学生阶层，青年学生成为"新左派"批判运动的主力，将20世纪西方社会内部批判运动推向顶峰。

而欧文·昂格尔等学者却认为，新左派运动是一场白人中产阶级青年的运动。他提出的理由是，黑人组织如学生非暴力协调委员会（SNCC）、种族平等会议（CORE）、黑豹党等，虽然也参与了新左派运动的决策过程，在一定程度上帮助新左派运动作出方向选择，但是黑人组织终究是为了自身利益，并且以自己的方式行动。

两种观点的差异在于，前者强调新左派运动与民权运动的紧密合作与融合，后者强调新左派运动与民权运动尽管紧密相连，但它们还是两个独立的运动。

美国学者范·戈斯（Van Gosse）又提出一种新观点：新左派运动还应该包括各种新社会运动，如同性恋权利运动、妇女运动等。① 这种观点虽有一定的新意，但经不起仔细推敲，原因在于新社会运动发端于20世纪60年代，而形成气候却在新左派运动衰落之后，两者在时间上并没有完全重叠。

本书倾向于认为新左派运动是一场以白人中产阶级青年为主的运动，这样界定有利于突出新左派运动的政治旨趣、价值观和身份认同，也有利于凸显新左派运动与民权运动的紧密关系，也便于我们分析民权运动的"黑人权力"阶段对新左派衰微的重要影响。

相应的，本书认为这场大学生运动是以白人大学生为主体的学生运动。需要强调的是，60年代美国大学生运动并不是新左派运动的全部内容，或者说，它只是新左派领导的一场学生左派运动。

（四）"大学"一词的运用

在美国，大学指的是综合型的大学（university），与四年制与两年制的学院（college）相区别。在本书中，为了论述的方便，采用了中国常用的大学概念，即如果不加以特别说明，本书中的"大学"指的是所有的美国大学和学院（高校），是一个泛指的概念。

---

① Van Gosse, *Rethinking the New Left: An Interpretative History* (New York, N.Y.: Palgrave Macmillan, 2005), pp. 190–191.

第一章 20世纪60年代美国大学生运动概况

20世纪60年代美国大学生运动发生在战后被称为"丰裕社会"的时期，它是一场主要由战后"婴儿潮一代"发起和参与的社会运动。它从1962年发生，到1974年完全退潮，历时12年，是美国历史上规模最大的一次学生运动，也是60年代发生的影响深远的社会运动之一。这场运动的发生，有着复杂的历史背景，集中体现在美国社会的青年化、高等教育的大众化与普及化、丰裕社会的各种悖论和激进的文化批评氛围等方面。这场运动大致可分为三个阶段，第一阶段为1962~1964年底，运动的初期发展阶段；第二阶段为1965~1969年，运动的高涨时期；第三阶段为1970~1974年，即SDS解体之后，运动的退潮阶段。本章分两节，第一节阐述大学生运动发生的历史背景，第二节简要概述大学生运动的发生、发展和退潮的整个过程。

第一节 大学生运动发生的历史背景

一 美国社会的"青年化"

二战结束之后，美国迎来了最汹涌的生育高峰。从1946年到1964年这18年，被称为美国历史上的"婴儿潮"时期。美国的人口出生率和出生总量完全背离了人口学家坚信的下降预期的人口演变理论，美国步入一个人口空前爆炸式增长的周期。1946年美国人口为1.41亿，1950年达到1.52亿，1960年达到1.82亿。从1954年到1964年连续11年，每年有400万左右的婴儿出生，1946~1964年18年间，美国人口足足增加了7600万。[①]

[①] 〔美〕兰登·琼斯：《美国坎坷的一代——生育高潮后的美国社会》，贾霭美等译，北京：社会科学文献出版社，1989，第28~29页。

关于这次生育高峰出现的原因，人口学家、社会学家、经济学家等各学科的专家都给出了各自的解释，总结起来大致为：和平环境舒缓了人们战时的紧张心理，被压抑的生育梦想具备了实现条件；大量美国青年军人退伍回乡结婚，新婚夫妇的数量激增；美国战后经济的繁荣和充分就业，使育儿的经济担忧消失；因经济状况和战争推迟生育的年长妇女选择生育，出现两代人同时生育状况；传统的生育伦理——结婚比不结婚好，有孩子比没孩子好，不愿只有一个孩子的观念影响青年人生育。

美国人口迅猛地增加，从婴幼儿时期的产房与幼儿园的极度缺乏到中小学时期学校容纳量的限制，再到美国大学校园的人满为患，空前的人口压力给美国社会带来了极大的不适应。人口学家把"婴儿潮一代"各年龄段对美国社会带来的影响进程比作"猪在怪蛇腹中蠕动"，每次蠕动都很艰难，给"婴儿潮一代"自身（用"猪"形容）和美国社会（用"蛇"形容）都带来了巨大的影响。[①] 如果说"婴儿潮一代"的童年时期只是带来社会快速接纳能力的重大考验、社会生产和消费结构的失衡与调整等问题的话，那么这些问题尚属于物质层面的问题，在丰裕的美国社会是比较容易解决的。而"婴儿潮一代"一旦成年，这种挑战就不仅仅是物质层面的问题，更是思想和精神层面的问题了。"婴儿潮一代"造成了美国社会的"青年化"，而青年化的美国触发了一场从种族关系、高等教育、社会公平到价值观和生活方式的一场深刻的社会运动。

美国社会青年化的趋势在1960年就已经出现。1960年年龄在14~24岁的人口达到2720万人，占人口总量的15%，到1970年达到4000万人，占人口总量的20%。[②] 其中，1964年，最年长的"婴儿潮一代"共340万人已经进入18岁，达到大学适龄年龄。以后每年达到这一年龄的人数逐年递增；1972年以后，这个数字每年都超过400万。而到1970年，最年长的"婴儿潮一代"刚刚24岁。7600万"婴儿潮一代"直到1982年才能全部成年。

这样，1964~1970年，最早的生育高峰一代已经进入18~24岁的危险年龄阶段，即生理心理学所称的"敏感阶段"：人的一生中最不稳定、

---

① 〔美〕兰登·琼斯：《美国坎坷的一代——生育高潮后的美国社会》，导言第1页。
② Kirkpatrick Sale, SDS (New York: Vintage Books, 1973), p. 20.

内心最动荡不安时期。这一时期，人的价值观、政治倾向尚在形成过程中，倾向于怀疑和叛逆，总爱向年长者挑战。"是文化上的造反派，他们不会拥护过去。"① 并且，由于延长的教育实践和延期参加工作、结婚，延迟履行家庭和社会责任，美国给生育高峰一代创造了一个以往不为人们所认识的新的人生阶段，社会学家肯尼思·肯尼斯顿（Kenneth Keniston）称之为"青年时代"，而埃里克则称之为"社会-心理延期偿还期"。这个时期介于青春期和成年期之间，他们既非孩子又非父亲，摇摆于两者之间，处于人生机能失调的阶段。② 尚未成熟的社会心理、优越的年龄意识、无须承担社会压力以及叛逆性的生理阶段，都给青年尤其是学生的反叛运动写下了注脚。

同时，新一代美国人独特的成长背景更为他们参与政治和反叛活动提供了温床。他们是在新的育儿哲学——斯波克哲学下成长起来的。1946年，本杰明·斯波克（Benjamin Spock）医生出版了《婴幼儿养育》一书，倡导一种新育儿哲学，建议年轻父母们放弃传统强制性和灌输式的教育方法，主张一种放纵式的爱的教育理念。斯波克的书与经历过大危机苦难和战争梦魇的、力图给孩子最多的爱和关怀、有着强烈的补偿愿望的年轻父母们的观点不谋而合。该书迅速风靡全美，斯波克哲学成为美国新的颠覆性的育儿哲学，在这一哲学指导下成长的战后"婴儿潮一代"，也被称为"斯波克的孩子们"。父母给予孩子们一切，溺爱、美食、娱乐、衣物以及良好的教育；父母纵容他们的需求。这使得"婴儿潮一代"逐渐形成了自己的群体特征：骄傲、乐观主义、理想主义、反权威、好争斗以及乐于表现等。由于美国社会的繁荣和个人生活的富足，他们对更美好的"美国梦"的实现深信不疑，对未来抱有更高的期望。当他们的理想主义与美国的残酷现实发生碰撞时，挫折感会大大强于他们的父辈，变革的要求也更可能被激发，"他们眼界开阔，自主精神和民主参与意识极强，加上抱有浪漫理想，决定了他们不再会像父辈那样屈从于功利主义的现实法则"。③ 因此，有的学者认为，"1968年芝加哥事

---

① 〔美〕兰登·琼斯：《美国坎坷的一代——生育高潮后的美国社会》，第70页。
② 〔美〕理伯卡·E. 卡拉奇：《分裂的一代》，覃文珍等译，北京：社会科学文献出版社，2001，前言第6~7页。
③ 吕庆广：《60年代美国学生运动》，第62页。

件（指芝加哥民主党全国代表大会上激进学生、嬉皮士发起的骚乱）是斯波克革命的逻辑结果"。①

在斯波克哲学下成长起来的青年，与其父辈之间形成矛盾和冲突的关系。一方面，他们特别是激进大学生深受父辈的政治态度和宗教思想的影响。参加运动的大学生，大多出生于中产阶级家庭。② 父母的民权和反种族主义思想、政治经济和社会平等主义的观念、对追求纯经济利益的职业动机的蔑视、对强权政府的不信任、拒绝物质至上主义和商品积累的价值观以及对宗教信仰的警惕和怀疑等，都对他们产生了重要的影响，使他们更加重视社会公平，更加反对物质至上的大众消费社会，更加有改造世界的理想和抱负。其中，领导大学生运动的一些犹太大学生的父母还曾是共产党员、工会领导者等老左派成员，他们对子女的政治影响非常大，这些学生激进分子被称为"赤色婴儿"。因此，"大多数行动主义者的自然世界观就是他们所成长的世界的扩展。对其中大多数来说，代与代之间存在着延续性，而不只是简单的年轻一代砸碎父辈的信仰"。③

另一方面，因为成长环境的巨大差异，两代人之间又产生了巨大的代沟，难以建立有建设性的对话，甚至形成了"代际冲突"。"婴儿潮一代"与其父辈成长背景的差异之大，是前所未有的。物质的无限充足、科学技术的迅猛发展、技术工业主义的严密控制、新"美国梦"下的种族歧视和贫困、核战争的真实威胁、非正义的越南战争以及美国在世界的垄断地位等，构成了新一代人成长的环境。他们不能体会父辈成长时

---

① David Obst, *Too Good to Be Forgotten* (New York: J. Wiley & Sons), 1998, p. 98.
② 据理伯卡·E. 卡拉奇（《分裂的一代》）、Dominick Cavallo（*A Fiction of the Past: The Sixties in American History*, 1999）、理查德·弗莱克斯和 S. M. 李普塞特（参见 *Confrontation: The Student Rebellion and the Universities*, 1969）、吕庆广（《60 年代美国学生运动》）等许多学者对学生参与者的家庭背景分析，都得出他们大都出生于中产阶级家庭的结论。尤其是在核心成员中间，据玛格丽特·M. 布朗加特（Margaret M. Braungart）和理查德·G. 布朗加特（Richard G. Braungart）的分析，则更是如此（"The Life-Course Development of Left-and Right-Wing Youth Activist Leaders from the 1960s", *Political Psychology*, Vol. 11, No. 2, 1990）。在父辈对子辈的影响方面，卡拉奇、吕庆广等都认为，无论是学生左翼分子还是右翼分子，都与其父母的宗教和政治信仰有关，比如学生左派往往出生于老左派、信仰犹太教的家庭，而右翼青年则出生于共和党、保守主义的以及信仰天主教的家庭。
③〔美〕理伯卡·E. 卡拉奇：《分裂的一代》，第 28 页。

期身处经济危机的痛苦、恐惧和绝望感，不能体会父辈由于战争胜利而产生的自豪感，不能体会父辈对子女的"自我补偿心理"。于是，在父辈和子女间形成了一道鸿沟，两者不能进行有效的对话以跨越它。在20世纪60年代早期，在少数的激进大学生中间已经形成了一套与美国大众完全相异的价值观了：

> 新一代反对把经济的改善作为个人自由和尊严的必不可少的因素；他们谴责社会把教育当作通往成功和成就的忠实之路；他们贬低普通人在日常生活中应对经济困境的努力，以及他们在复杂的现代生活条件中的自我奋斗和保留某种程度上的自治的斗争；他们提出与忠诚、婚姻、工作、家庭、爱国主义、民主、竞争、机会平等相对的价值观；他们贬低美国人传统的对自己或孩子们获得更多舒适物质条件的渴望——更多金钱、更多教育、更多休闲、更多机会；他们挑战现存权威中每一个组织形式——法律、警察、大学、民选官员、专业人员和公司文化等；他们用公社生活方式、新的宗教表达形式来反对传统的社会婚姻制度、教会制度；他们尝试用新的性道德来代替传统的性道德；他们用吸毒文化来取代酗酒文化；他们把旧的强调个人职业与新的对社会的关怀连接起来。①

代沟的产生除了与成长环境有关之外，还与两辈人之间知识和文化传递的方向变化有关。最早提出"代沟理论"的人类学者玛格丽特·米德指出，代沟及代际冲突发生在文化传递方式的"后喻文化"阶段，即年长者向晚辈学习所未经历经验的"反向社会化"阶段。② 这个阶段与前喻文化（后代学习前代经验）、并喻文化（父子两辈都向同代人学习经验）不同，因为晚辈的经历、生活经验、掌握的技能要比长辈多得多，过去作为"经验"掌握者的长辈已经失去了在文化传递中建立的权威，青年的话语在社会上占据主要位置。在20世纪60年代青年化的美国，

---

① Daniel Yankelovich, *The New Morality: A Profile of American Youth in the 70's* (New York: McGraw-Hill, 1974), p. 10.
② Margaret Mead, *Culture and Commitment: The New Relationships Between the Generations in the 1970s* (Garden City, N. Y.: Columbia Univeraity Press, 1978), p. 13.

随着青年在美国社会影响的逐渐增强，长辈不肯舍弃权威及话语，后辈也不肯向长辈屈服，两代人之间的冲突就会爆发，这正如社会学家刘易斯·费尤尔所说的，"每一次学生运动都是年长一辈丧失权威的结果"。① 这种冲突不仅体现在大学生对父辈生活方式和工作伦理、政治思想的反叛上，还体现在对"代理父母制"（in loco parentis）——大学和学院的家长式管理的反叛上。

代沟既不能填平，也不能收窄，它只能跨越。② 而这种跨越也只能伴随着青年年龄的增长以及父辈一代适应和容忍现实时才有可能实现。进入70年代中期，当最早的"婴儿潮一代"跨入30岁，当美国社会（父母们所代表的主流社会）对青年的某些价值观采取包容态度之时，大学生运动也渐渐地平息了下来。

在青年化的美国社会，在后喻文化氛围里，"婴儿潮一代"逐渐建构了青年的文化、价值、话语和权威，形成了"我这代人"（my generation）的认同，也逐渐产生了一种能够改造世界的理想或幻觉。无论是左翼的青年组织SDS（大学生运动的主要领导组织）成员还是右翼青年组织美国青年争取自由组织（YAF）③成员，都坚信自己能够改变世界。正如SDS的最早成员之一芭芭拉·哈伯所说："你可以说我们狂妄。但是除了狂妄外，我们身上有一些更积极的东西……我们有一种无拘无束的青春朝气。……我们明白我们正在做某些事，我们在用新鲜的眼光看待现实，而且我们有一些特别的精神。"④ 1964年，"自由言论运动"主要领导者马里奥·萨维奥（Mario Savio）在加入学生运动时也发出誓言，"我厌倦读历史，我想创造历史"。⑤ 这种坚信可以改变世界的浪漫主义情怀，促使这一代人

---

① Lewis Feuer, *The Conflict of Generations: The Character and Significance of Student Movement*, p. 528.
② Margaret Mead, *Culture and Commitment: The New Relationships Between the Generations in the 1970s*, preface.
③ 1960年成立，是60年代青年大学生中的一个重要的保守学生组织，也是60年代右翼学生运动的重要领导组织。该组织反对SDS的主张，支持越战、反对校园集会、反对扩大福利待遇等，在70~80年代在美国社会影响甚大，许多成员直接加入了里根保守主义政府。
④ 〔美〕理伯卡·E. 卡拉奇：《分裂的一代》，第27页。
⑤ David DeLeon, *Leaders from the 1960s: A Biographical Sourcebook of American Activism* (Westport, Conn.: Greenwood Press, 1994), p. 223.

能够献身于自己所信奉的理念，哪怕理想只是"乌托邦"式的。

二 高等教育的大众化与普及化

高等教育的大众化与普及化是 20 世纪 60 年代美国大学生运动发生的另一个重要因素。20 世纪 70 年代早期，美国教育社会学家马丁·特罗（Martin Trow）提出了著名的"高等教育大众化的发展阶段论"。在这一理论中，他以高等教育毛入学率为指标将高等教育发展史分为"精英、大众和普及"三个阶段："一些国家的精英高等教育，在其规模扩大到能为 15% 左右的适龄青年提供学习机会之前，它的性质基本上不会改变。当达到 15% 时，高等教育系统的性质开始改变，转向大众型；如果这个过渡成功，大众高等教育可在不改变其性质下，发展规模直至其容量达到适龄人口的 50%。当超过 50% 时，即高等教育开始快速迈向普及时，它必然再创造新的高等教育模式。"①

以毛入学率来计算，美国是最早跨入第三个阶段的国家。20 世纪 30 年代，美国即开始向大众化教育过渡。1945 年以后，先是大批退伍军人根据军人再适应法案（GI 法案）涌入大学，加速了这一进程。到 50 年代有所缓解，1964 年前后，随着"婴儿潮一代"持续涌入，大众化、普及化的高等教育趋势就变得不可遏制了。1960 年，美国在校大学生数量为 378.9 万人，已超过大学适龄青年的 20%，到 1969 年达到 785.2 万人。1970 年近 50% 的大学适龄青年进入了大学②，美国高等教育已经进入普及化的阶段。1975 年更达到了 1120 万人的峰值。③

二战后，特别是整个 60 年代，美国高等教育的大众化与普及化发展趋势，促进了高等教育的进一步公平，增强了美国国民的文化思想素质，主要表现在以下几点。

其一，大量青年涌入大学，促进了大学的大规模扩张和高等教育的飞速发展。在这一过程中，私立学府由于缺乏大量资金的注入，只能使

---

① Martin Trow, "Problems in the Transition from Elite to Mass Higher Education", Conference on Future Structures of Post-secondary Education, Paris 26th-29th, June (1973): 63 – 71.
② Kirkpatrick Sale, SDS, pp. 20 – 21.
③ 〔美〕菲利普·G. 阿尔巴赫、罗伯特·O. 伯巴尔等：《21 世纪美国高等教育——社会、政治、经济的挑战》，施凯光等译，北京师范大学出版社，2005，第 298 页。

尽全力以规划有影响力的课程内容来提升办校绩效，以吸引更优秀的学生入学，但它的招生范围已经不只限于精英阶层的子弟了。快速扩张的主要是公立大学。州立大学率先扩张到了极限，不久变成入学竞争激烈的学府。接着职业性的师范学院极力扩张，扩大课程范围和招生规模，组建研究生院，跃升为地方性大学。在这一过程中，最大的生力军是新设立的公立初级学院。自1965年到1972年，初级学院之立校，快速到几乎一周出现一校的程度。①

其二，高等教育大众化与普及化使得美国青年特别是下层阶级的青年受教育的机会大大增加，美国高等教育从注重效率迈入了注重公平阶段。来自社会下层的大学生改变了大学的生态环境。他们把劳动阶层的勤劳、注重实际等平民观念带入大学，与来自精英阶层的学生共享宿舍、教室、图书馆，与中上层子弟交流思想。而来自中上层的大学生也在这样一个氛围内了解到其他群体的生活状况，理解他们的理想和追求。这种互相学习的状况促进了大学生活的进一步多元化和民主化。

但是，高等教育的大众化和普及化也产生了一系列的问题，造成了严重的后果，并激发了大学生的激进情绪，为大学生群体的反叛行为埋下了伏笔，主要表现为以下几点。

其一，高等教育的扩张使大学校园人满为患，造成大学教育资源的严重不足。大学忙于修建新的宿舍楼、教学楼、图书馆、实验室等来满足新增学生的需要，但是硬件设施的发展远远赶不上人口的增长速度，在软件的建设上更是如此。美国大学招收了大量的教师、科研人员，他们的教学能力、科研素质与精英型教育时期的教师选拔的要求有很大差距。大众化和普及化高等教育阶段选拔条件降低，学生整体素质也加速下滑。以上原因，造成大学教学质量明显下降，引起学生的不满。更重要的是，战后美国政府、企业对大学科研的大力扶持，造成了大学特别是研究型大学为争取科研资助过分向科研倾斜、忽视教学的状况。1960年以后，这种趋势更加明显。1963年，加州大学校长克拉克·克尔（Clark Kerr）在哈佛大学演讲时就坦言："近来发生在美国大学里的变化

---

① 〔美〕菲利普·G. 阿尔巴赫、罗伯特·O. 伯巴尔等：《21世纪美国高等教育——社会、政治、经济的挑战》，第60~61页。

没有使他们得到什么好处——教师的教学工作量较低，教学班扩大了，用代课教师替换了正式的教员，在选择教师时更看重科研成就而不是教学能力，知识被划分得越来越专细。"① 进入名校，却不能聆听仰慕的教授讲学，给许多大学生带来了一种"剥夺感"，加剧了大学生对大学和学院现状的不满。

其二，高等教育的大众化和普及化，以及大学与政府、企业的紧密合作关系，使美国大学发展成为克拉克·克尔所称的"多元巨型大学"或者"知识工业"。在精英时代，大学教育目的在于培养合格的、有知识、有涵养的公民，而现在大学已经成了国家经济和军事发展的助推器，其发展重点已经从培养兼备人文修养和实用技能的人才转移到了培养国家发展所需的各级各类的技术专业人才上。大学犹如大型企业，大学生是其中处于最不利位置的群体，大学似乎成了纯粹的为军事、政府和商业服务的教导中心，而学生是这一加工过程的原材料。在知识工业中，学生的被剥夺感尤为强烈，"学生有一种压抑的不具人格的感觉，宿舍很大，像兵营一样；课堂拥挤，而且没有生气；教授难以亲近"。②

在多元巨型大学中，大学依然充当了学生们的"代理父母"的角色。在宿舍管理上，仍然实行男女生分开管理、男生不能进入女生宿舍探访、白人和黑人等其他种族学生分开住宿、严格宿舍作息时间等严格的规章制度。在师生关系上，仍然类似于父子的关系，在课程内容、考试、学业成绩、奖学金评定和学位授予等方面，教师具有至高无上的权威。这种"代理父母"的角色完全将大学生置于被监护人的地位，忽略了这一群体已经成年的事实。这种非人格化的管理体系对在自主和民主的家庭氛围内长大的"婴儿潮一代"来说是难以忍受的，一位哥伦比亚大学的激进分子就曾说，"哥伦比亚是地狱"。③

其三，理想主义观念主导的专业课程设置与大众化、普及化教育的

---

① 〔美〕克拉克·克尔：《大学的功用》，陈学飞等译，南昌：江西教育出版社，1993，第73页。
② 〔美〕纳尔逊·曼弗雷德·布莱克：《美国社会生活与思想史》（下册），许季鸿等译，北京：商务印书馆，1997，第511页。
③ Cyril Levitt, *Children of Privilege: Student Revolt in the Sixties, A Study of Student Movements in Canada, the United States, and West Germany* (Toronto, Buffalo: University of Toronto Press, 1984), p. 33.

要求严重脱节，加深了学生的不安与不满。与精英主义教育理念的"塑造人的心智与个性，培养官员和学术精英"的基本功能相比，大众化、普及化的教育理念的基本功能应是"传授技术与培养能力、培养专业技术人员与经济专家"。① 二战以来，虽然美国高等教育由精英型向大众化、普及化急剧过渡，但是精英主义-理想主义的教育理念仍然非常流行。1945年，哈佛大学在战争刚刚结束之时推出了哈佛大学通识教育报告《自由社会中的普通教育》（也称哈佛红皮书），仍然坚持博雅教育。报告指出只要能明智地精选出基础性的陶冶科目，就能为博雅教育奠定良好的根基。② 之所以以哈佛大学为首的几所大学会坚持这种落后于高等教育发展进程的理念，这与美国在世界上的崛起分不开，也与美国人自信心的展现有很大关系。美国在世界上的头号强国地位、经济的持续繁荣，使得对美国人进行国家公民意识甚至世界公民意识的培养，以承担"世界警察"责任，展现美国人的人格魅力，似乎成为大学教育中应有的内容。1945年，哈佛大学校长詹姆士·布赖恩特·科南特就指出通识课程的重要性："今天，美国教育关注的基础，不是重视那些一出生就处于显要地位的年轻绅士们'美好生活'的发展。我们关注的是在未来绝大多数公民之中培养他们有责任感和与他们密切相关的权益，因为他们是自由的美国人。"③ 因此，哈佛大学的通识教育的实践以及哈佛红皮书的发表，对美国整个高等教育体系产生了重要的方向性影响。大学和学院体系都秉承了这种理想主义理念，"学府的扩充也支持此种看法，将

---

① 马丁·特罗提出了精英和大众高等教育11个维度上的区别，在高等教育观上，接受精英高等教育是少数人的特权，而接受大众高等教育是所有有能力者的权利。在功能上，前者主要是塑造人的心智与个性，培养官员和学术人才；后者则重在传授技术与培养能力，培养技术与经济专家。在课程和教学形式上，前者侧重学术与专业，课程高度结构化和专门化，注重个别指导；后者采用灵活的模块化课程，以讲授为主，辅以讨论。在学术标准上，前者遵循共同的高标准，后者标准则趋向多样化。在入学与选拔上，前者看重考试成绩和英才成就；后者则引进非学术标准，平等入学。参见 Martin Trow, "Problems in the Transition from Elite to Mass Higher Education", Conference on Future Structures of Post-secondary Education, Paris 26th-29th, June (1973): 63–71。
② Harvard University, *General Education in a Free Society* (Cambridge: Harvard University Press, 1945), 转引自〔美〕菲利普·G. 阿尔巴赫、罗伯特·O. 伯巴尔等《21世纪美国高等教育——社会、政治、经济的挑战》, 第61页。
③ 〔美〕理查德·诺顿·史密斯：《哈佛世纪——锻造一所国家大学》, 程方平等译, 贵阳：贵州教育出版社, 2004, 第192页。

文理科涵盖在内。而一些就业服务型的学府原本提供职业及专业之课程，或限定于师资培育，在两次大战期间也渐渐强化了学术性的学系"。①

大学向学术性的发展又因联邦政府对科研的补助和研究型教育、研究生院的教育扩充而得到强化。20世纪60年代之后，"学生之主修兴趣已有所转变，攻读文理科而获学士学位已有47%之多，在比例上达最高峰"。② 这个时期的转型状况被美国学者克里斯托弗·詹克斯（Christopher Jencks）及戴维·里斯曼（David Riesman）称作"学术革命"，即科学研究直接影响到每个学员的每一学系，参与此种过程的行动者，就是新毕业的获取哲学博士学位者，他们在研究机构接受过训练，日后充作大学扩充之后的成员；他们的教学及著作，将当代最新也最专门的学术性知识带入每所学府的教室里。③

不过，这场"学术革命"终究是违背了美国高等教育发展规律的，在这些理念指导下的课程设置，与大众化教育本身的专业化要求其实是相矛盾的，这不可避免地会造成专业设置与市场需求的脱节。这种现象在经济增长黄金时期、在市场充分吸纳劳动力的时期不会显现，而在70年代滞胀危机显现时，就会凸显出来并被异常放大，增加学生对就业前景的担忧，同时也更会加剧其对高等教育体系的不满和反叛，1970年美国大学生运动的余波与此密切相关。

其四，"人的分布和居住形式以及他们对某一空间赋予的意义将会对人们的行为产生重要影响。"④ 美国大学的迅速扩张，学生人口的集中以及统一化管理，使得各大学校园都形成了学生集中而独特的生活区域，为大学生运动的动员和力量的聚集提供了天然的条件，"个人按照年龄标准被长时间地纳入学校生活中，隔绝了家庭对个人生活的影响，从而为一大群的年轻人成为同一个历史实体提供了巨大的认同机会。更重要的是，大学作为思想的中心，对年轻人思考社会政策和政党政策具有举足轻重的作用"。⑤ 以1969学年度为例，本科生居住在大学里的宿舍或大

---

① 〔美〕菲利普·G. 阿尔巴赫、罗伯特·O. 伯巴尔等：《21世纪美国高等教育——社会、政治、经济的挑战》，第61页。
② 同上。
③ 同上书，第62页。
④ 赵鼎新：《社会与政治运动讲义》，北京：社会科学文献出版社，2006，第248页。
⑤ 〔美〕理伯卡·E. 卡拉奇：《分裂的一代》，第6~7页。

学管理的宿舍、兄弟会所、姐妹之家的人数所占比例达48%以上，而选择住父母家和住自己家的比例分别为32%和12%①，这与之后以走读为主的住宿模式有很大不同。集中的生活空间、统一的学习模式和大致相同的交际圈，为大学生群体形成相似的价值观和生活方式提供基础。一些大学还形成了学生自己的类似于"公共空间"的区域，"大学生活也提供了一种内部特有的交流方式，也为必要的政治整合和政治动员提供了组织基地"②。其中，以加州大学伯克利分校的斯帕若广场为典型。学生定期或不定期地在这里为校园活动、校外民权运动及其他的政治活动做宣传，交流政治观点，进行募捐活动，逐渐形成了伯克利分校学生的政治和文化活动中心。在伯克利分校的学生看来，斯帕若广场已经是学生自治的象征地带。也正因为如此，当1964年校方禁止学生在此开展反对总统候选人戈德华特的政治宣传活动时，在这里最早点燃了20世纪60年代学生反抗大学的火焰，开始了著名的"自由言论运动"（大学生运动的重要部分）。

三 丰裕社会的"悖论"

"婴儿潮一代"成长在美国历史上最繁荣的时代，即J. K. 加尔布雷思所称的"丰裕社会"。1945年以来的近30年间，美国国民生产总值平均增长3.6%，1955年至1969年间的平均增长率超过4%。③ 美国是世界上无可争议的科学霸主，其计算机技术、原子能技术、空间技术、生物工程技术等都居世界首位。1950年国内生产总值为12037亿美元，1960年为16653亿美元，1970年达到24162亿美元。人均国民收入从1950年的6217美元增加至10455美元。④ 伴随着经济增长的是美国家庭生活质量的大幅提高。电视机、汽车等高档耐用消费品进入普通家庭。电视机的产量1947年仅7000台，1952年便达到600万台，到1964年，92%的美国家庭至少拥有一台电视机；1940～1970年，美国家庭的汽车拥有量

---

① Arthur Levine, *When Dreams and Heroes Died: A Portrait of Today's College Student*, p. 86.
② 〔美〕理伯卡·E. 卡拉奇：《分裂的一代》，第6～7页。
③ 〔美〕H. N. 沙伊贝、H. U. 福克纳：《近百年美国经济史》，北京：中国社会科学出版社，1983，第500～501页。
④ 转引自吕庆广《60年代美国学生运动》，第56页。

由 2750 辆增加到 9000 万辆（几乎两个人一辆）；1971 年，99.8% 的家庭拥有电冰箱，92% 的家庭拥有自动洗衣机，40% 的家庭拥有空调，26.5% 的家庭拥有洗碗机，25.5% 的家庭拥有废弃食物处理装置。①

在丰裕社会里，美国家庭的生活质量大大提高，人们对国家和社会的现在与未来普遍持乐观主义和理想主义的态度，"美国工业社会的显著成就和人们心理上的鼓舞情绪似乎表明：经济的增长最终将解决所有的社会问题。J. K. 加尔布雷思所使用的'丰裕的社会'这个词就似乎肯定了此种可能性"。② 这种乐观主义更助推了美国自 20 世纪初以来兴起的大众消费主义的进一步盛行，超期消费这种反清教伦理道德的观念已经转变为人们的一种新的生活方式了，"到 60 年代，美国资本主义的价值观如节约、推迟感官享受、认真的职业规划、捍卫个人声誉都变得空洞、无意义了"。③ 大众消费主义的进一步扩散，有力地冲击了美国工业社会的传统道德体系，使新旧道德体系的冲突更加激烈，这种文化矛盾"构成隐伏在繁荣背后导致社会动荡与变迁的最根本的动因"。④

在对美国经济增长前景的乐观预期下，60 年代的肯尼迪政府开展了"新边疆"实践，约翰逊政府也积极推进"伟大社会"建设，美国政府在政治层面上允诺建设一个更加公平正义的美国社会，描绘了一个新的"美国梦"。因此，两届政府的反种族歧视、反贫困的措施给美国黑人、其他少数族裔以及反对种族隔离支持平等的人们以巨大的希望和信心。但是，两届政府的努力并没有真正实现公平正义的理想，黑人仍旧在经济和政治上遭受歧视。无休止的种族冲突、种族骚乱使人们看不到社会的真正安宁和正义。贫困线之下的人口数量仍然庞大，哈林顿在《另一个美国》中描述的另类美国人的穷苦生活深深震撼了美国人。理想与现实的差距促使生长在优越环境中的大学生们进行反思，也激发了他们对不公正社会的不满和反叛，大学生运动初期的主要活动就集中在"经济

---

① 〔美〕阿瑟·林克、威廉·卡顿：《一九〇〇年以来的美国史》（中册），北京：中国社会科学出版社，1983，第 293~298 页。
② 〔美〕丹尼尔·贝尔：《资本主义文化矛盾》，赵一凡译，北京：生活·读书·新知三联书店，1989，第 241 页。
③ Christopher Bone, *The Disinherited Children: A Study of the New Left and the Generation Gap*, p. 5.
④ 吕庆广：《60 年代美国学生运动》，第 61 页。

调查与行动计划"(ERAP)两方面。社会学家克里斯托弗·拉希(Christopher Lasch)就指出了新"美国梦"及理想主义的落寞对20世纪60年代激进运动的影响,"60年代大学的危机不是简单地由人数空前激增造成的压力形成的,而是各种历史变化的毁灭性的结合物——受新边疆的道德宣扬和民权运动所激发而产生的新社会意识和同一时期大学所宣扬的道德和知识合法性的衰落之结合物"。①

另外,丰裕社会保障了家庭经济收入和政治地位,它所提供的安全感使得通常追求地位、收入的动机不再那么重要了。"婴儿潮一代"的父母在教育子女时,普遍地蔑视这种动机,希望子女们能自由地成长,选择自己想要的生活。家庭教育的这种期待使得"婴儿潮一代"中理想主义观念盛行,青年大学生对国家和公共事务的关注度很高,"他们相对地免于经济焦虑以及父母们对职业结构认识的模糊性,使得他们很难轻易决定固定的职业目标或生活方式,也将使得他们期望在传统的职业路线之外构建自己的生活,也将使得他们在深藏于父辈职业中的妥协、堕落和不自由等问题上持激进态度"。②

四 越南战争的催化作用

越南战争不是大学生运动最初兴起的因素,却是大学生运动迅速扩展的最重要因素之一。越南战争是促使美国国民特别是青年大学生对国家、政府产生深深怀疑和忧虑,进行抵触与反叛的重要事件。国家所宣扬的国际义务和责任、因反对共产主义而保持在越南的军事存在与干预的必要性等理由,因为战争久拖不决、新闻媒体对越南状况的真实报道而变得失去了支撑。大学生是最早反对越南战争的群体之一,1965年2~4月初,大学生运动组织SDS会同其他反战团体,开展了最早的反战游行活动。大学生运动对反战问题的较早介入,和对其他事务的关注一样,是与青年天生具有的改造国家和社会的激情和勇气相关联的。因此,反战问题只是学生运动的众多议题之一,并没有与学生的切身利益相连。而1966年2月,当约翰逊政府宣布各地方征兵点可以自由征召在

---

① Christopher Lasch, *The Culture of Narcissism: American Life in an Age of Diminishing Expectations* (New York: Norton, 1978), p. 148.
② Richard Flacks, "Young Intelligentsia in Revolt", *Transaction*, No. 6 (1970): 47–55.

各自班级水平居后的大学生入伍时,越战与大学生的关系突然间变得异常紧密,"大学生免于服役、不可侵犯的两条安全条款不存在了,只有别人才不得不去越南作战的情况已经不存在了"。① 战争与死亡的危险,加上原有的对战争合法性的质疑,进一步激发了大学生运动,也促使更多关心切身利益的大学生加入了反叛的行列,扩大了运动的规模,"战争、征兵使得学生个人与一场遥远的战争紧密相连,引发大学校园内的诅咒、恐惧和剧烈的反应"。②

五 激进文化的熏陶

这场大学生运动的思想来源是多元的,它受到西方马克思主义、无政府主义、毛泽东思想、存在主义、虚无主义、格瓦拉主义、"垮掉的一代"等各种各样理论的影响。甚至于更早的尼采、弗洛伊德、托洛茨基等人的思想,都对学生运动产生了影响,美国历史学家罗兰·斯特龙伯格认为,它是"一个充满幻想、乌托邦和否定的大杂烩,几乎包含了过去200年里每一种激进思想的回声"。③ 理论的混杂自然也使得学生运动方向一直摇摆不定。

在这些思想理论中间,对大学生反叛活动影响最深的当数"法兰克福学派"。作为当代西方马克思主义的一个分支,法兰克福学派脱离古典马克思主义强调经济基础的传统,选择通过研究人的精神状态、自由的真实与虚幻现象来分析和批判现代社会的研究路径。它将马克思主义的异化学说和弗洛伊德的精神分析学说进行综合,揭示了发达国家中技术社会对人的全面控制以及人被压抑、奴化和不自由的状态。这一学派主要的代表人物有马克斯·霍克海默、狄奥多·阿多诺、赫伯特·马尔库塞、埃利希·弗洛姆、于尔根·哈贝马斯等,在美国,马尔库塞对大学生的影响最大。马尔库塞是20世纪60年代前后法兰克福学派的重要代表人物,被称为美国大学生反叛运动的精神领袖,是"新左派之父"。他的主要作品《爱欲与文明》《单向度的人》《论解放》《工业社会和新

---

① Kirkpatrick Sale, *SDS*, p. 253.
② Daniel Yankelovich, *The New Morality: A Profile of American Youth in the 70's*, p. 8.
③ 〔美〕罗兰·斯特龙伯格:《西方现代思想史》,刘北成等译,北京:中央编译出版社,2005,第552页。

左派》等，将哲学问题与社会问题联系起来，构建了一个完整的发达资本主义的批判体系。马尔库塞兼具了哲学家的思辨和批判精神以及社会科学家对现世的深切关怀，深刻地剖析了发达社会中人的生活和精神状态，因而赢得了众多大学生及其他年轻知识分子的认同。特别是，马尔库塞的理论中对青年知识分子在社会革命中的地位的评价，更迎合了"婴儿潮一代"自命不凡的心理。在《工业社会和新左派》这一著作中，马尔库塞提出了"新工人阶级论"，指出今天的工人阶级不仅包括农业、林牧业、工厂、矿山和建筑工人，还包括工程师、经理、研究人员、医生、教师等知识分子阶层，后者是"新工人阶级"的核心，是未来革命的主体。[①] 在新工人阶级中，马尔库塞还特别寄厚望于青年学生。1979年，马尔库塞逝世时，一位前造反派在回忆文章中写道："马尔库塞为我们所有不同的说不清的幻想和爆炸性的主张提供了哲学和历史证明。"[②] 可以说，以马尔库塞为代表的法兰克福学派，点燃了欧美青年反叛的火焰，促进了大学生运动的深入发展，正如戴维·斯泰格沃德分析的，更年轻的激进分子从他那儿汲取了两个积极反叛的策略，一个是自我疏远，另一个是完全的支配（自由）需要完全的革命——反政府、反大学、反家庭及反自身的革命。[③]

美国的"老左派"（20世纪30年代成年的激进分子，由工会、社会民主党人、犹太知识分子以及马克思主义者组成）对大学生运动也产生了重要影响。虽然运动的领导者一直以"新左派"自居，有意拉开与"老左派"激进分子的距离，但事实上，这种影响是一直存在的。哈林顿的《另一个美国》和欧文·豪（Irving Howe）的犀利作品影响到了许多大学生。影响最大的莫过于社会学家C.赖特·米尔斯、心理学家保罗·古德曼、作家诺曼·梅勒等人。米尔斯的系列作品如《白领：美国中产阶级》《权力精英》《权力、政治与人民》等对美国的阶级结构变化、社会权力结构分化作了细致入微的分析。他指出当代社会出现的职

[①] 〔美〕赫伯特·马尔库塞：《工业社会和新左派》，任立译，北京：商务印书馆，1982，第87页。

[②] Douglas Keller, *Herbert Marcuse and the Crisis of Marxism* (London: Macmillan Education Ltd., 1984), p.376.

[③] 〔美〕戴维·斯泰格沃德：《六十年代与现代美国的终结》，第202页。

业技术人员组成的新阶层——白领阶层，即中产阶级，虽然经济地位有所改善，但是并没有改变其被雇佣者的地位，不管社会权力结构如何变动，美国社会的统治阶级仍然是商界、军界和联邦政府的官僚组织的代表，广大民众丧失了本应享有的权利。同马尔库塞一样，他也认为传统工人阶级无法胜任改造社会的任务，并寄希望于青年知识分子的努力。同米尔斯一样，保罗·古德曼也对美国富裕社会的资本主义提出了批评，认为美国社会实现了物质富裕却产生了异化，这种异化源于资本主义的官僚组织机构，对技术的不合理的利用，资本主义将理性腐化为唯理主义、将基本快乐简化为消费需求。①

此外，萨特的存在主义哲学理论也对美国的大学生运动产生了重要影响。学生运动领袖汤姆·海登在谈及存在主义的影响时就曾说道："个人于历史有作用，没有什么事是完全确定的，行为创造其本身的证据。"② 受其影响，大学生运动的参与者非常注重表达自我的存在和自由。无论是温和抗议还是激进行为，或者"不计后果便采取行动"，都是自我表达的方式，是影响和改变人周围环境的途径。

除了思想领域的影响之外，20世纪50~60年代早期大学生的行动实践——和平运动、民权运动、反对麦卡锡主义、反对众议院非美调查委员会的诸类争取自由运动，都对60年代美国大学生运动产生了重要影响。

第二节　20世纪60年代美国大学生运动概况

以时间和重要历史事件为界，20世纪60年代美国大学生运动，大致分为运动的发生与初期发展、运动的高涨以及运动的退潮三个时期。

一　学生运动的发生与初期发展

20世纪60年代美国大学生运动的发生，有特定的历史和时代背景，也有60年代之前学生运动的积淀。作为新左派运动的重要组织，"学生

---

① 〔美〕戴维·斯泰格沃德：《六十年代与现代美国的终结》，第178页。
② 同上书，第179页。

争取民主社会组织"（SDS）是这一时期大学生运动长期的核心组织，大学生运动的起点也是从 SDS 的成立和其代表性宣言——《休伦港宣言》的发表开始的。SDS 前身是"学生工业民主联盟"（SLID，成立于 20 年代），隶属于老左派组织"争取工业民主联盟"（LID，1919 年成立）。1960 年 1 月，为摆脱以劳工为导向、影响小、招募困难的局面，从老旧、疲惫的母体组织领导中分离出来以应对大学内的新环境，SLID 更名为"学生争取民主社会组织"。① 密歇根大学的研究生艾·哈伯（Al Harber）担任第一届主席，总部设在纽约，SDS 开始把积极投身民权运动作为自我发展的最佳途径，与 SNCC、杜波伊斯俱乐部等民权组织密切合作，借助民权运动这一载体，迅速壮大。② 1960 年成员为 250 人，到 1961 年达到 575 人，建立了 20 所高校分部。

1962 年 6 月，SDS 在休伦港附近举行了全国代表大会，通过了由汤姆·海登起草的《休伦港宣言》。《休伦港宣言》是大学生运动的奠基性文件，海登将青年学生激进者对社会的关怀和改造社会的激情诉诸笔端，将丰裕社会中青年学生激进者的困惑和不满，以及美国官僚社会中个人的疏离感完整地表达出来。宣言开宗明义地写道："我们是当代人，在至少是小康的环境中长大，目前住在大学校园里，正忐忑不安地注视着我们所继承的世界。"③ 宣言脱离了老左派母体 LID 的传统，将组织的理论基础建立在对美国乃至全世界状况的分析上，对美国社会的一系列现实问题进行了广泛批评，涉及种族歧视、核战争危险、无法和平发展原子能、冷战、财富分配不公、大学生的政治冷漠以及自由主义思想的枯竭等。在批评的基础上，宣言表明了青年学生对社会改造的乐观主义态度，"现状有可替代的东西，人们能够采取行动以改变学校、工厂、官僚体制和政府的状况。这种渴求既是变革的导火线又是变革的动力，我们正式向人们的这种渴求发出呼吁"。④ 它对贫困问题、军工一体经济、核竞赛等问题提出了相应的替代解决办法，尤其提出以"参与式民主制"这一

---

① Kirkpatrick Sale, *SDS*, pp. 16 – 17.
② 吕庆广：《60 年代美国学生运动》，第 116 页。
③ "Port Huron Statement, 1962", http://coursesa. matrix. msu. edu/ ~ hst306/documents/huron. html.
④ Ibid. .

理想制度代替美国的代议制民主，以实现"个人参与那些决定其生活质量和方向的社会决策，社会被组织起来鼓励人们独立并为他们的共同参与提供媒介手段"两大体现真正民主的目标。① 参与式民主是《休伦港宣言》中最富于创见的理论，是大学生运动早期最响亮的呼声，是运动初期实践的伦理，"不仅是一个对不同的人有不同意义的模糊理想，它更是对这个官僚化社会各种弊端的一剂解毒药"。②

宣言还就大学生现状、高等教育的弊端、青年大学生的使命做了清晰的阐释，指出大学生普遍保持冷漠，接受富裕社会所提供的一切，认可高校官僚机构安排的一切规制，没有成为"新潮流的发动者和观念的创始者"，"学生毕业时比进校时更能容忍，很少挑战他们的价值观和政治倾向"。③ 宣言提出了学生在社会力量中扮演的角色问题，认为民权运动、和平运动、劳工运动其利益要求过于狭窄，大学的影响被忽略了：它应该是影响社会的永久力量，是社会观点形成的重要机构，是知识组织、评价和转移的中心，是唯一的对个人参与讨论持欢迎态度的主流机构。总之，大学应该被当作社会变化运动的潜在基地，大学生也应成为"新激进运动的先锋"，在整合和团结其他社会力量中发挥作用。

1962年大会还制定了组织章程，对组织的名称、性质、宗旨、组织结构、入会条件、分部建设、所属机构的权限、与其他组织的关系等作了详细规定。《休伦港宣言》的发表和组织章程的制定，标志着20世纪60年代美国大学生运动正式拉开了序幕。

1962年大会之后，SDS秉承《休伦港宣言》的宗旨，与其他的社会力量如民权运动组织SNCC、和平运动组织等实现联合。它继续支持黑人民权运动，南方大学生全力投入民权运动，与黑人青年一起并肩战斗，北方大学生则组织人力、物力和财力进行支援，有的直接南下投入斗争，有些在黑人区开展教育和扶贫计划，成为南方民权运动重要的支持力量，在1964年著名的"密西西比自由之夏"（黑人民权组织——密西西比自

---

① "Port Huron Statement, 1962", http://coursesa.matrix.msu.edu/~hst306/documents/huron.html.
② 〔美〕戴维·斯泰格沃德：《六十年代与现代美国的终结》，第184页。
③ "Port Huron Statement, 1962", http://coursesa.matrix.msu.edu/~hst306/documents/huron.html.

由民主党发起的争取自由投票运动）中发挥了重要作用。

不过，大学生运动在早期发展中最具影响的行动是"经济调查与行动计划"与1964年加州大学伯克利分校的"自由言论运动"。

经济调查与行动计划是一场温和的、扶助贫民的运动，是由学生运动的第二任主席汤姆·海登于1963年春提出来的。他在《SDS公报》中指出SDS"需要将看不见的反叛转化为基于社区的负责任的反抗政治"，"SNCC的工作方式应该可以放在北方，应该扩大组织的权力与意识形态的影响"。① 由此，在联合汽车工人工会的赞助下，大学生运动开始在北方开展消除贫困、失业和种族不公正的"跨种族穷人运动"。这场运动旨在通过对黑白穷人的组织和联合，改善他们的经济状况，达成种族间的谅解，以推进民权运动，同时通过集体组织消除贫民个人的疏离感。

不久，经济调查与行动计划就蓬勃开展起来，到穷人中去，组织穷人和失业者，与穷人一起工作和生活，或者参与政府的反贫困中心工作，成为众多学生新左派分子的选择。至1964年夏秋之际，数以千计的SDS成员出没于北方许多城市的贫民区或衰败街区，宣传种族平等和经济公正，并承担了社区教育工作，帮助半熟练和非熟练工人摆脱结构性失业的威胁，同时向富人区中持自由主义观点的白人募集资金，"力图与倾向于改革的政治力量结盟，形成一股自下而上的政治压力以推动地方和联邦政府关注贫困问题，研究解决途径"。②

不过，由于经费缺乏、穷人支持热情低、后期出现的平等主义和反等级制思想（认为经济调查与行动计划的家长式管理有违民主与平等原则）、SDS内部对运动中心的看法分歧（以大学校园为基地的"校内派"与认为中心应在校外的"校外派"之间的争议）等原因，经济调查与行动计划并没有取得太大的进展。到1965年1月，经济调查与行动计划决定放弃在安阿伯的总部，取消高层领导；3月，经济调查与行动计划因缺乏统一组织的指导而无法支撑，最终归于失败。

经济调查与行动计划的提出虽非偶然，却与不久后约翰逊宣布的消除贫困的运动不谋而合，这使得SDS成了这一运动的前锋，因而又一次

---

① Kirkpatrick Sale, *SDS*, p. 97.
② 吕庆广：《60年代美国学生运动》，第180页。

扩大了运动的影响。同时，作为负责任的反抗政治，在美国没有一场其他的运动，或者其他来源的行动，能像它那样执着于探求社会变化的方法，并将这些方法运用于实践，这一计划使得SDS的理念逐渐被许多大学生接受。

经济调查与行动计划是学生运动初期的有代表性的校外实践，学生是作为"各种族间的贫民运动"的鼓动者而发挥作用的；而自由言论运动则是发生在大学校园内的第一次大规模、以学生自身作为主要反叛力量的运动，"经济项目（指ERAP）的失败将革命的衣钵又归还到学生手中，这样便使新左派又回到了休伦港的路线上来"。①

1964年9月14日，加州大学伯克利分校发布了一系列禁令：禁止学生在校园内进行校外政治活动，禁止在选举中持有党派观点，禁止募捐和招募新成员，并特别声明，位于萨西尔门外面、电报大街和班克罗夫特大街交叉口的街角处属于校产，禁令也有效。② 禁令所谓的"街角处"多年来一直都是校方默许的、学生开展政治活动和宣传的区域，是伯克利分校学生交流政治思想和观点的场所，是学生言论自由的象征地带。因此，禁令一发布，便引起大学生的抗议。特别是10月1日，在学生中享有声望的民权运动的支持者——杰克·温伯格因违反校规被捕，进一步推动了自由言论运动走向高潮。

大学禁令只是自由言论运动最直接的触发因素，更深层次的原因有以下几点。

一是大学的"代理父母制"对大学生的严格管理激起学生的不满，家庭中的代际冲突被移植到大学中来；二是加州大学是战后多元巨型大学的代表，是最大的"知识工厂"，在这里学生被当作原材料和成品，缺乏人格；三是加州大学伯克利分校领导层的保守激发了学生的不满；四是加州大学尤其是伯克利校园一直都是美国西海岸学生激进活动的中心，有着浓厚的激进政治氛围。

自由言论运动是一场针对大学管理的运动，以与学生关系密切的校园事务而非社会事务为关注点，"伯克利的激进分子不是把学校作为进入

---

① 〔美〕戴维·斯泰格沃德：《六十年代与现代美国的终结》，第192页。
② http://www.fsm-a.org/stacks/FSM_chronofcontrov.html.

社会的基地，而是寻求学校内部的创新变革"。① 其领导人之一马里奥·萨维奥就强调，"自由言论运动要求的不多也不少，只是宪法第一修正案权利所赋予的校园宣传的权利，只有法院才有权去决定与惩罚对自由言论的滥用行为"。② 因而，它实质上是一场学生民权运动。它得到了包括校园内和平组织、民权组织、右翼组织、教员组成的学术委员会等组织的支持。运动从9月一直持续到第二年春，学生组织与校方经过多回合的斗争之后，取得胜利。第二年春季学期开始，伯克利分校新校长马丁·梅尔森宣布取消禁令，并向学生保证以后发布任何新规章都会事先通知学生，并同他们商讨。这样，自由言论运动也逐渐平息。

与温和的经济调查与行动计划相比，自由言论运动中学生的思想和行为也开始变得激进，学生逐渐认识到学生群体遭受的不公正待遇和所处的被压迫地位，"学生担当的角色就是去扩大那些大学经营者的利益"，"大学成了职业训练营而非受教育的地方"，"越来越认识到自己所受的是工厂式的教育"。③ 自由言论运动领导人米歇尔·罗斯曼（Michael Rossman）在谈到这种感觉时说："问题成为，我们是什么？第一次我们把我们的生活条件、我们自己生活的规定条件，不再看成是讨论其他问题的基础，而是看成是我们自身被压迫的根源。"④ 这种意识加强了激进者对学生被压迫地位的认同，为更大规模的学生运动奠定了思想基础。

二 学生运动的高涨时期

1965年初，经济调查与行动计划遭受失败，仍有很多成员选择继续待在贫民区，因为"他们不知道社会上还有其他什么地方能去"，他们仍然认为联合贫民是开展运动的唯一途径。⑤ 事实上，经过几年的发展，虽然青年学生激进者积累了丰富的运动经验，也取得"自由言论运动"的成功，但是运动的方向却迷失了。而这时"婴儿潮一代"最早出生的一批人在1964年前后已经跨入了大学，美国的大学校园内已经出现了新

---

① 〔美〕戴维·斯泰格沃德：《六十年代与现代美国的终结》，第193页。
② Katope G. Christopher, *Beyond Berkeley: A Source Book in Student Values* (Cleveland and New York: The World Publishing Company, 1966), p. 85.
③ Ibid., pp. 86–87.
④ http://www.diggers.org/cavallo_diggers.htm.
⑤ Kirkpatrick Sale, *SDS*, p. 138.

兴的力量；同时，由于高等教育的日益大众化、普及化，这一代大学生进入大学的数量剧增，快速地占领了校园。到60年代末，已经完全改变了大学格局。新一代大学生对公平和平等社会的渴求、对和谐世界的期望远远胜于之前的大学生。学生运动与这一代大学生的结合，很大程度上是由越南战争促成的，"与经济活动不同，对于促使学生加入到运动中来，越战是一个理想工具"。① 1965年2月7日，约翰逊总统命令美国空军轰炸越南民主共和国，并宣布在东南亚增兵，引发了全国性的校园示威。

学生运动最初关注越战，一方面与1964年8月以来美国在越南扩大军事介入的规模有关，另一方面也与《休伦港宣言》的宗旨一致，即学生运动组织反对美国在冷战中扮演的角色，也对殖民地区的遭遇深表同情和支持，反对美国的干预。早在1964年，SDS的一些成员还参加了由进步劳工党②控制的"5月2日运动"（简称M2M），参与了5月2日的反战示威游行。1965年4月17日，SDS发动了大规模的向华盛顿的反战进军活动，反对美国的外交政策，反对干涉越南政治。这次进军有25000人参加，极大地扩展了学生运动及SDS的影响力。这年夏天，SDS决定放弃社区组织工作，放弃改良主义，全力投入反战活动。SDS的新主席卡尔·奥格尔斯比（Carl Oglesby）在演说中宣布，越南战争说明自由主义已经腐败，除了革命看来别无选择。这一年，SDS与其母体组织争取工业民主联盟脱离了隶属关系。下半年，SDS还支持并参与了10月15~16日的反战游行以及感恩节的反战游行。

1966年春，当约翰逊政府决定征召大学生入伍时，越南战争变得与大学生个人的前途命运紧密起来，反战与反征兵运动蓬勃发展起来，无论其自身的政治意识如何，"与其他的因素相比，征兵令迫使男大学生选择了反战立场"。③ 由于个人根本利益受到触动，加上社会舆论的支持等原因，大批的学生加入了这场运动，进一步增强了学生反战的力量，但

---

① 〔美〕戴维·斯泰格沃德：《六十年代与现代美国的终结》，第196页。
② 1964年由从共产党中分离出来的一部分成员组成，他们坚持工人阶级在革命中的作用，同情红色中国，在1965年前后加入了SDS，后来逐步控制了SDS，对1969年SDS组织的分裂负有主要责任。
③ Rudy Willis, *The Campus and a Nation in Crisis: From the American Revolution to Vietnam*, p. 171.

同时也使学生运动偏离了《休伦港宣言》的宗旨。来自中西部的被称为"草原力量"的新领导力量尼克·埃格森（Nick Egleson）、卡尔·戴维森（Carl Davidson）、格里格·加弗特（Greg Calvert）等人，取代了第一代领导人哈伯、海登、吉特林等人。这些新人对新左派的活动毫无经验，也不赞同《休伦港宣言》中的与工人－社会主义者联合的路线，他们提出"新工人阶级论"（学生而非工人是社会变革的伟大力量）；他们对宣言的精髓——"参与式民主"也缺乏深刻的理解。这批新人加入学生运动很大程度上是因为SDS组织的反战声望。他们打破了过去领导人没有特殊权力的"轮换制"，而使领导层的主席成为学生运动的代言人和实际权力掌握者。在他们领导下，学生运动的目标逐渐变得单一化，就是反战、反征兵运动。运动目标的单一化为反战运动的扩大创造了很大机会，但是，它也使学生运动转化为一个反战运动，使SDS与其他反战组织的区别日益模糊，并且使这一运动的未来——在越战结束之后——变得很不乐观。

1966年政府的征召令出台后，学生反战运动转入了校园。他们反对选征兵役局的考试和依成绩优劣缓征的规定，反对学校与政府的"共谋"。在选征考试的第一天，SDS即组织了"全国越南问题测试"，对大学生进行民意调查。但是反征兵调查并没有使抗议增加，也没有引起媒体的关注，未能引起广泛的影响，激起会员们的不满，许多人认为"SDS没有制订出有责任感的计划来反对征兵"。[①] 到秋季，在征兵比例扩大的情况下，SDS改变了策略，转向了激进主义。在克利尔湖全国代表大会上，新任主席卡尔·戴维森提出了"学生权力论"，认为在工业社会，工人是权力之源；在技术社会里，学生是权力之源。新左派学生应该对学校进行激进的改造，最终实现改造整个社会制度的目标。到1967年，SDS又提出了"学生阶级论"，进一步把学生当作社会力量的最终变革者，突出学生群体的作用。与此同时，学生抗议的方式也由温和的示威逐渐转向了公开的抵制和对抗。1966年秋，SDS在芝加哥大学、哥伦比亚大学、纽约市立大学等院校阻止校方将学生成绩送交选征兵役局。1966年11月7日，哈佛大学学生还围困了国防部长麦克纳马拉。

---

① Kirkpatrick Sale, *SDS*, p. 255.

1967年4月15日，30万人在纽约举行反战进军活动，175名学生在中央公园烧毁征兵卡，同时，在威斯康星大学，发生了学生反对军火企业、化学公司来校招募人员事件；10月，普林斯顿大学学生封锁了"国防分析机构"（IDA）大楼的通道，同时，康奈尔、明尼苏达、宾夕法尼亚等大学都发生了反对大学军事研究项目的抗议活动；10月21日，10万名反战学生向五角大楼进军，与军队搏斗。在哈佛大学、斯坦福大学等院校，学生还质疑"美国后备军官训练队"（ROTC）在大学开设学术课程的合法性，认为ROTC是越战的帮凶，反对其在大学的存在。仅在1968年上半年，在101所学院校园内共发生了221次示威，参加者达39000人。①

与此同时，成千上万被征召的学生选择逃离美国，另一些尚未被征召的学生不顾被捕或入狱的危险，选择自残等非法手段，或者选择用合法的临时手段，或移民，或出国学习（比尔·克林顿就是其中之一）、选择ROTC训练课程，或加入国民自卫队等，来避免被征召或延缓征召，"整个越战时期，有15万人移民到其他国家（加拿大、法国、瑞士），其中绝大多数为学生"。② 此外，烧毁征兵卡的活动也在各种示威活动中进行，抵制运动的学生希望通过这一行动，使约翰逊政府的越南政策陷入瘫痪。③

学生运动的激进化既与时局、新闻媒体的炒作、学生利益受侵害有关，也与SDS组织的变化有关。1966年由进步劳工党所支持的M2M组织加入了SDS，将SDS推向更激进和暴力的发展阶段，学生的革命意识进一步增长。1967年马尔库塞的"新工人阶级论"和造反思想迅速传播开来，促进了SDS向准革命组织演变。1968年，SDS会议决定从反战问题转向黑人问题，希望通过支持黑人解放斗争来诱导美国革命的爆发。它逐渐与主张"黑人权力"和黑人暴力反抗的黑豹党联合，对城市游击战等显示了浓厚的兴趣，并将相应的理论付诸实践。

1968年1~5月，全国发生了10起校园被炸事件。这一阶段的抗议

---

① Michael K. Brown, "Student Protest and Political Attitudes", *Youth and Society*, Vol.4, No.4, June (1973): 413.
② Rudy Willis, *The Campus and a Nation in Crisis: From the American Revolution to Vietnam*, p.174.
③ Ibid..

示威，尤其以 1968 年哥伦比亚大学的暴动、芝加哥民主代表大会上的骚乱和 1969 年加州大学伯克利分校的人民公园事件最为典型。

哥伦比亚大学暴动发生在 1968 年 4 月 23 日，SDS 的领导人之一的马克·鲁德（Mark Rudd）带领激进学生发动突然袭击。在四天之内，黑人和白人激进分子共占领了五座大楼。校方召集大批警察，以暴力夺回被占大楼。在对抗中，学生以砖头、石块反击警察的暴力，148 人受伤，700 多人被捕。SDS 发动这次暴动的主要目的在于：一为反对校方支持"国防分析机构"（反战），二为反对大学新建体育馆占用哈莱姆区黑人居民的土地（反种族歧视）。

哥伦比亚大学暴动是学生运动由和平抵抗向暴力性文化革命转变的新起点。鲁德在这次事件中宣称，"自由主义的解决方案、妥协已经不被允许了。问题的实质不是别的，而是我们正在进行着社会和政治的革命"。① 汤姆·海登也呼吁，要制造出"一个，两个，许多个哥伦比亚"。在此之后，一系列类似事件在许多大学发生，在 1968 年发生的 3000 多起校园骚乱，绝大多数是在哥伦比亚大学暴动后的几个月内出现的。② "把战争带回国内"，进行具有象征意义的街垒战已经成为学生运动的主要手段。

由 SDS、易皮士③等组织发起的 1968 年夏天的芝加哥民主党全国代表大会示威活动，是这一时期学生象征性暴力反抗的又一典型事件。学生组织反对民主党大会推选好战的休伯特·汉弗莱为总统候选人，他们与芝加哥市长理查德·戴利（Richard Daley）所精心布置的维持秩序的警察和国民自卫队发生了激烈的暴力冲突，学生遭到大范围的逮捕。新闻媒体对警察的暴行进行了全面的曝光，在电视镜头前，示威者喊着"全世界都在看"的口号，与军警搏斗。这次事件后不久，美国法院对示威组织者汤姆·海登、阿比·霍夫曼（Abbie Hoffman）、伦尼·戴维斯（Rennie Davis）、杰瑞·鲁宾（Jerry Rubin）、博比·西尔（Bobby

---

① Rudy Willis, *The Campus and a Nation in Crisis: From the American Revolution to Vietnam*, p. 183.
② Ibid., p. 190.
③ 即 Yippie，正式名称为青年国际党（Youth International Party），创立人为阿比·霍夫曼和杰瑞·鲁宾，是 60 年代最具影响的政治嬉皮士文化组织。

Seale)、李·韦纳（Lee Weiner）、戴维·德林杰（David Dellinger）和约翰·弗罗因斯（John Froines）等八人进行了审判，即著名的"芝加哥八人审判"。这次示威，显示了民主党的无能，直接促使了汉弗莱竞选的失败。不过，学生的遭遇并没有赢得大多数美国公众的同情，公众反而支持警察的行动，强烈要求恢复秩序。[1] 而经历一系列的暴力对抗之后，SDS 继续走向暴力的革命之路。到 1969 年春，学生抗议活动进入高潮，至少 300 所高校发生大规模骚乱，1/3 的学生卷入其中。在暴动事件中，1/5 是炸弹爆炸、纵火、破坏，1/4 是罢课和占领校园，其余的是阻碍上课和公务。[2]

1969 年 4～5 月，加州大学伯克利分校爆发的人民公园事件，是这一阶段的又一重要事件。人民公园事件的起因，是校方于 1967 年收购了邻近校园的一块地来建造体育场，但遭到附近居民的反对，他们主张改建为公园，伯克利分校的激进大学生赞同居民的想法，希望将此公园作为学生未来的自由的政治活动场所。他们未经校方允许，就在这一地区搭建临时棚、种植花草。校方表示可以考虑他们的提议，但是加州州长里根反对校方的妥协，命令约 6000 名国民警卫队队员和警察进驻校园，用催泪弹、手枪、警棍等暴力手段把公园里的激进学生驱赶出来。学生也以砖块、石头等为武器与之搏斗，在冲突中，一名学生因重伤死亡，128 人受伤。

在学生运动进入高潮阶段时，SDS 却因内部的危机发生了分裂，重视工人阶级力量的进步劳工党人与之分道扬镳。接着，剩余的马尔库塞哲学的信奉者之间也发生分裂，分为革命青年运动甲派和乙派[3]，前者即为气象员组织[4]，后者很快解散了。经过两次分裂之后，SDS 实际上已经不复存在了，继承其名称的进步劳工党与气象员组织，前者的关注点已经转向了联合工人的极左派的路线，在大学生中的影响力渐无；后者

---

[1] John P. Robinson, "Public Reaction to Political Protest Chicago 1968", *The Public Opinion Quarterly*, Vol. 34, No. 1 (1970): 1–9.
[2] 转引自吕庆广《60 年代美国学生运动》，第 249 页。
[3] 1968 年 SDS 通过了《向革命青年运动前进》的声明，标志着"革命青年运动"（RYM）的成立。它是与进步劳工党分立的派别，详见第四章第一节。
[4] 1969 年成立，是革命青年运动的甲派。在 1969 年 6 月 SDS 全国大会上，与进步劳工党分庭抗礼，造成了 SDS 的分裂，后来发展为恐怖组织，详见第四章第一节。

则转入了地下恐怖活动,失去了校园的依托。

三 学生运动的退潮

进入20世纪70年代,学生运动开始进入了退潮阶段。1970年初春,学生运动已经有了退潮的迹象。但是,尼克松政府宣布入侵柬埔寨和肯特事件的发生,又引起全国范围内的一次最大的学生抗议浪潮。

1970年4月30日,尼克松总统违背竞选时的承诺,没有实现从东南亚的全面撤军,反而宣布入侵柬埔寨,激起了全国反战学生的强烈抗议。5月4日,28名国民警卫队队员在俄亥俄肯特州立大学向示威学生开枪,酿成4人死亡、9人受伤的惨剧,引起全美规模空前的学潮。在肯特事件发生五天内,超过200所学院被迫关闭,400所学院受到骚动的影响,示威学生人数达430万人,占在校大学生的60%。一些校园内长达五六周内充斥着暴力、警察行动和集中的政治活动。① 在这次抗议浪潮中,密西西比杰克逊州立学院两名黑人学生被枪杀,14名学生受伤,即为"杰克逊学院惨案"。

这次学潮曾引起美国公众对学生公开叛乱的担忧,但在1970~1971年新学年,人们发现激进活动和激进情绪已经衰退了,教授们也惊奇地发现他们的学生更关注学业成绩而非抗议示威。《时代杂志》报道说,"大学图书馆的灯一直点亮到深夜";同时,许多激进学生退学了。② 《纽约时报》在1970年12月20日刊登的报道说,在多年骚动之后,全国的校园已经变得平静了,虽然学生还有不满。③

1969年从SDS分离出来的气象员组织,已经走向了一条狭窄的、自我封闭的暴力破坏之路。他们人数只有几百人,潜入地下,过着群居生活,以实施暴力为唯一行动方式。他们在法官住所、纽约市警察局、国会参议员家里、五角大楼休息室、大学军事研究机构等地实施爆炸。仅在威斯康星大学的军事数学研究中心,爆炸就造成了1名博士后学生死

---

① Michael K. Brown, "Student Protest and Political Attitudes", *Youth and Society*, Vol. 4, No. 4, June (1973): 413.
② John P. Robinson, "Public Reaction to Political Protest Chicago 1968", *The Public Opinion Quarterly*, Vol. 34, No. 1, Spring (1970): 196.
③ "Campuses Quiet But Not Content: After Years of Turmoil, the Nation's Campuses Are Quiet But Not Content", *The New York Times*, December 20, 1970.

亡，以及 600 万美元的财产损失。① 另据《财富》杂志的统计，1969 年 1 月 1 日至 1970 年 4 月 15 日，全美发生了 975 起爆炸案、35129 起炸弹恐吓案，相当一部分是由气象员组织干的。② 它在大学生中间也迅速失去了影响，沦为一个只有少数成员的学生恐怖组织。1970 年 3 月 6 日气象员组织在纽约格林尼治村的一个地下室里配制炸弹时发生爆炸，3 名成员被炸死，引发警察的密切追查，这一组织逐渐陷于无从实施恐怖活动的境地。

1972 年，一些残余的大学生新左派，与其他左派组织一起，发起了支持民主党总统候选人麦戈文的活动，希望借助麦戈文当选，来继续新左派的理念和实践，但是遭到失败。这是新左派运动也是大学生运动的最后一次政治努力，此后新左派运动、大学生激进运动逐渐消失。1973 年，曾在 1967 年前后大量出现的、在运动中发挥宣传功能的地下报纸、杂志销声匿迹，为其工作的记者要么远离激进宣传，要么进入公开的新闻媒体工作。与此同时，在公众舆论界、新闻界、知识界以及一些前激进者的回忆录中，对学生运动的批评已经渐成气候，学生运动参与者的道德观遭受批评。同年，尼克松政府宣布完成撤军，越南战争结束，这使得自 1965 年以来一直以反战为目标的大学生运动失去了方向。大批的学生已经回归到主流社会，残留的激进分子或者选择"异托邦"的实践，如公社生活等，或者选择进入文化领域，开展文化领域的新左派实践和批评；或者转变为新自由主义者、新保守主义者；或者在"水门事件"后对自由民主的政治梦想彻底绝望，失去了动力，对政治也日益冷漠。可以说，到 1974 年，无论从媒体的关注度来看，还是从运动的真实状况来讲，始于 20 世纪 60 年代的美国大学生运动已经完全地退潮了。

---

① http://library.thinkquest.org/27942/violence.htm.
② 转引自吕庆广《60 年代美国学生运动》，第 251 页。

第二章　社会变迁对大学生
　　　　　运动的影响

20 世纪 60 年代美国大学生运动在 20 世纪 70 年代走向退潮，是由宏观、中观、微观等三个层面多重原因促成的，其中社会变迁带来的一系列变化，如美国的政治经济变化、军事外交政策变化、社会舆论变化、价值观变迁等，是促使大学生运动走向消解的重要的宏观层面的因素。

第一节　美国政治经济的变化与大学生运动

20 世纪 60 年代末至 70 年代中期，美国政治经济状况发生了明显的变化，这些变化对大学生运动的持续性、合法性以及其群众基础带来很大的冲击。美国已持续增长了 20 多年的经济出现停滞，丰裕社会转瞬即逝，这使得学生运动的乐观主义基础发生动摇；而政治上，保守主义思潮代替了二战以来一直占主导的自由主义思潮，新的保守主义政府加强了对学生运动的监控，更促使了学生革命梦想的破灭。

一　丰裕社会的消逝与大学生运动

正如第一章第一节所阐述的，丰裕社会带来的物质富裕和满足，是大学生运动爆发的一个重要背景。参加学生运动的一代人，他们出生、成长在美国有史以来最富庶的时期。他们远离二战，大多在富裕的中产阶级家庭长大，父母给予其所需的一切，从小享用着因经济富庶和科技进步而变得寻常的消费品，如汽车、电视、电影、唱片等，享受着父母以及社会对"婴儿潮一代"的宠爱和呵护。这种无忧无虑的生活环境，以及父母对其自由独立精神的悉心培养，使"婴儿潮一代"产生了对社会美好的期望，其思想逐渐变得更加理想化，对社会的认知显得过于单纯与感性，"那时我们希望关注任何事。所以，那种想在国内发起一场革命以掉转国家既定方向的理想大大地吸引了我们"。①

当现实与青年对美国社会和整个世界的美好想象发生偏离时，存在于心中的理想主义会促使其采取行动主义来改变现状，"在他们看来，物质的富裕是天经地义的，理所当然的，这个社会还不够好，一切应该变得更加美好，他们如饥似渴地汲取各种批判性的思想，希望通过批判的创造，推动社会进步，建立一个更加光明、更加理想的世界。这是60年代美国学生运动最基本的出发点"。② 因此，学生运动最初部分是因为学生对在丰裕社会下实现公平与正义的社会这一乐观预期而爆发的。从此种程度上说，运动是乐观主义的存在方式，乐观主义是运动的基础、内涵。虽然反对纯粹物质主义也是大学生运动、反文化运动的一项内容，但是丰裕社会所提供的优越生活环境和工作环境，始终是大学生关注国家和社会、关注个体自由状态的前提。正如社会学家欧文·昂格尔所评价的，"对于大学毕业生来说，战后经济繁荣背景下充裕的工作机会，易获得的个人成功，是学生激进主义产生的重要因素。繁荣允许青年激进者，特别是在精英型大学的激进者感到在最后一分钟改变计划也是可能的"。③ 由于身处顺境，他们才会假想逆境；由于消费社会的奢靡与浮华，他们才渴望心灵的纯净与意志的自由；由于新政式的自由主义实现了经济的富裕，他们才要求实行参与式民主政治。

也正是在丰裕社会里，美国的高等教育完成了从大众型向普及型的过渡，美国大学吸纳了近半数的"婴儿潮"中成长起来的青年。青年汇集的大学为反叛者提供了组织和积聚力量的空间，给运动的产生提供了温床。

另外，高等教育的普及化使千万青年在成年之后没有立即走上工作岗位，给美国社会带来了迎接"婴儿潮一代"冲击的缓冲时间，正如兰登·琼斯所分析的，60年代"经济状况并没有承受这一代人的全部压力，而是通过把数百万生育高峰一代送往大学和在越战期间送往军队服役以延缓问题的到来"。④ 这样，本来会在60年代出现的社会青年化的

---

① 〔美〕理伯卡·E. 卡拉奇：《分裂的一代》，第161页。
② 许平：《一场改变了一切的虚假革命》，上海人民出版社，2004，第64页。
③ Irwin Unger, *The Movement: A History of the American New Left, 1959–1972*, p. 198.
④ 〔美〕兰登·琼斯：《美国坎坷的一代——生育高潮后的美国社会》，第130页。

重压，积累到70年代初才得以释放，从而使丰裕社会的隐忧暂时被掩盖起来。相反地，60年代的劳动力市场还呈现供不应求的场面，1968~1969年大学毕业的最年长的一批人获得了很好的工作机会和优厚的待遇。这种虚假的劳动力市场繁荣状况也使在读大学生中乐观主义情绪进一步蔓延。对国家未来、个人的经济保障的乐观估计，使大学生群体有暇关注和批判大众消费社会，形成以国家-社会为导向的价值观，进而加入旨在改造国家、社会和大学的学生运动。

但是，20世纪60年代末70年代初出现的滞胀危机，中断了美国及西方社会经济长期快速增长的势头，结束了美国历史上持续20多年的"丰裕社会"时期，从根本上动摇了大学生运动的物质根基，进而促进了大学生运动的进一步退潮。

美国自1933年以来在经济上一直实行凯恩斯主义所倡导的国家干预政策，用积极财政政策和货币政策来刺激经济的增长，促进了国家垄断资本主义的进一步发展。但是随着国家干预的加深，特别是60年代肯尼迪时期为实施"新边疆"政策以及约翰逊时期为实施"伟大社会计划"，采取长期赤字财政政策和膨胀性的货币政策，来对抗经济衰退，建立和完善国家福利体系，这使得美国在60年代中期以后就陷入了通货膨胀恶性发展的境地。随着美国商品在海外市场受到日本、西欧商品的激烈竞争，对外贸易的逆差、生产技术设备的渐趋陈旧、石油价格的成倍上涨、技术革命的间歇期等问题的出现，美国经济在60年代后期至整个70年代出现了"滞胀"，即生产停滞或缓慢发展和通货膨胀并存的危机。滞胀危机持续深化，加上1973年中东战争时期石油输出国对支持以色列的西方国家采取石油禁运措施等因素，1973~1975年，西方国家发生了世界性的经济危机。同时，美元在世界金融体系中的霸权地位结束，战后世界经济体系——布雷顿森林体系开始解体。由于滞胀危机不同于以往的周期性经济危机，常用的应对危机的手段——凯恩斯主义经济政策已经失灵。美国没有能够迅速走出危机，而是陷入了经济危机不断循环发生的怪圈，一直到80年代里根执政时期才有所好转。

滞胀危机结束了美国的丰裕社会，破坏了自由主义者对"新边疆"和"伟大社会"的宏伟设计，也粉碎了美国人追求的"新美国梦"。同时，它也使大学生运动的持续性遭到严重威胁。美国经济的滞胀时期与

"婴儿潮一代"大学毕业走入社会的时间是基本吻合的。以18岁跨入大学、22岁走入社会来计算，1946年出生的最早一批大学生走入社会的时间在1968年，1964年出生的最晚一批则在1986年，而1969年至1985年也为美国经济走入滞胀和走出滞胀的时期。从1964年到1982年，共7600万人先后成年，他们中间有一半以上未上大学，在此期间进入劳动力市场，占总数近一半的大学生则在1968~1986年进入劳动力市场。他们中间，除了最早完成大学学业、1946~1947年出生、1968~1969年毕业的学生受影响较小之外，之后出生的学生都不可避免地受到冲击。

伴随着60年代中后期就业缓冲期的结束，大学生持续大量地涌入就业市场，形势变得严峻起来。经济危机下，劳动力市场没有能力迅速接纳众多的青年，为之扩大就业机会和提供理想的薪酬。相反，由于各行业的衰退，经济的停滞，企业破产或开工不足，能够提供给大学生的机会减少了，这样，"在美国近代史上大学毕业生相对收入首次下降了，作为一种投资，上大学（已）得不偿失"。[1] 值得注意的一点是，美国大学里理想主义观念主导的专业课程设置与大众化、普及化教育的要求严重脱节的情形，更加剧了毕业生的就业压力。在60年代市场能够充分吸纳劳动力的黄金时期，即使是未上大学的青年也不必担忧找不到工作。而在70年代滞胀危机时期，就业机会在急剧减少，学生所学专业与市场对接与否，就成了决定学生能否就业、未来前景好坏的一个大问题了。这一点，对于学生运动组织者和主要参与者非常重要，因为学生左派大多数来自人文和社会科学各专业，这些非技术性、非实用性的专业在经济危机下少有竞争力，职业前景的黯淡，促使他们选择了疏离政治，转而寻求工作岗位。

在1974年之前，受到经济危机冲击的是出生于1948~1952年的青年（也包括极少数出生于1946~1947年，毕业后以学生运动为事业的组织者），他们跨入大学的时间大致在1966~1970年，正是大学生运动急剧发展的时期，他们中的某些人正是运动的组织者和参与者；而其走入社会的时间刚好大致在1970~1974年，处于危机已加深和蔓延的时期。

---

[1] 〔美〕兰登·琼斯：《美国坎坷的一代——生育高潮后的美国社会》，第131页。20世纪50~60年代，美国公众一直被加尔布雷思等著名学者告诫，高等教育是对孩子未来的最好投资，到这时，已经显现出了矛盾。

经济危机与大学毕业生的大规模增加,造成就业前景黯淡的局面,使参与运动的学生对自己的前途充满焦虑,其激进思想发生转变,绝大多数学生"将注意力返回到书本,开始为学分和证书担忧起来。头发剪短了,或至少变整齐了,以适应公司招募人员的要求"①,他们开始了与美国社会妥协,回归主流社会的职业、婚姻、家庭等正常规则的阵痛过程,"对许多人来说,70 年代意味着对 60 年代的承受,意味着他们从作为行动主义者远离'正常的成年'时所遭遇的一连串戏剧性事件和经历中恢复的过程"。②

当然,仍有一部分行动主义者,他们鄙视消费社会,愿意过贫困的革命者生活。但是,由于缺乏足够的会费和捐助,他们也不得不从事各种各样的工作,以使自己在投身政治活动的时候能够维持生计。其间,失业一次次威胁着他们的日常生活,贫困交加的境地也使他们的政治热情衰竭。他们开始反思学生运动反对消费社会和物质主义的合理性,一位激进者在回忆起当时的困惑时说,"我们要永远生活在贫民窟吗?……我们的目标是要把(每个人)降到某一个生活水平吗?……显然这是十分荒谬的"。③ 生活的困顿和对革命信仰的怀疑,使很多人选择从政治活动中隐退,学生激进者多萝西·伯莱奇在谈到自己这段生涯时说,"如果我继续下去,我会越来越走向社会的边缘,整个运动会越来越没有意义。因此最明智的选择是退出"。④

一部分学生左派选择进入高校等科研机构,以学术作为武器,继续对资本主义社会的批判,被称为"文化左派"或"学院左派"。但无论怎样,与学生新左派不同,他们选择了职业,不再坚持对美国社会进行革命和改造,不再宣扬暴力的反抗,而是以主流社会和平的文化边缘人的身份,继续其反美主义的批判和宣传。

仅存的一些学生运动的分支机构,在招募会员上更加艰难。因为,新会员已经不是那些 60 年代进入大学、饱受战争煎熬的学生,而是征兵问题得到解决之后的 70 年代入校的大学生。这些学生,受经济危机的影

---

① Irwin Unger, *The Movement: A History of the American New Left, 1959 – 1972*, p.199.
② 〔美〕理伯卡·E. 卡拉奇:《分裂的一代》,第 348 页。
③ 同上书,第 350 页。
④ 同上书,第 358 页。

响，已经形成了"职业主义"的学习观念。为了使自己的专业技能适应社会的需求，大多数学生已经舍弃人文艺术，而选择了以会计、商学、医学等实用性学科作为自己的主修专业。以职业为导向的学生，对学分成绩的关注、对自身生存问题的关注要远远大于对政治问题的关注，成了"冷漠的一代"。因此，很难期望能在他们那里积聚新的运动力量。

综上，丰裕社会的消逝和滞胀危机的到来，就业市场带来的担忧和恐慌，对自身谋生可能性的悲观预测等，组成了消解学生激进意识的重要力量。

二 美国政治气候变化与大学生运动

美国政治对大学生运动的影响分为三个阶段：第一阶段为1962～1964年，政治对运动几乎没有影响；第二阶段为1965～1968年，自由主义政府开始干预和监控时期；第三阶段为1969～1974年，保守主义政府对运动大规模监控和镇压时期。

1962～1964年，美国政府没有对学生运动施加影响，这是与运动的发展状态、组织行为、政治倾向相关的。这一时期，学生运动处于发轫阶段，两年间SDS会员从几十人发展到2500人左右，虽然发展速度很快，但总体上，规模仍然很小，不足以引起美国政府和社会的关注，并且这一时期学生运动的政治倾向表现为偏向改良和合作的激进主义。虽然SDS在形式上已经从老左派组织——争取工业民主联盟中分离出来，但是仍依赖它的资金支持，直到1965年才完全剥离，因而，与老左派适度的妥协和合作仍为必需。另外，1962年制定的《休伦港宣言》也没有抛弃老左派的联盟传统，要求学生发挥新激进主义者的先锋作用，与工人阶级、自由主义者、老左派、和平主义者、民权运动者联合，促进以"参与民主制"为基础的、真正的民主社会的发展。宣言也承认美国社会制度是可以和平地得到改造或者替代的，它并没有要求采取暴力革命的手段来重建一个新的制度。

可以说，新老左派虽在理念、组织方式等方面有较大区别，但仍是空前团结的，"他们都坚信宪政民主机构可以矫正广泛的不平等现象，坚信只要选举合适的政客上台，再制定相关的法律，就可以建立起一个合作性的共和政体"。①

在偏向改良和合作的激进主义思想指导下，SDS 开展了两项重要活动：一是作为南方民权运动的支持者，在北方开展了"经济调查与行动计划"，期望在北方促进黑白穷人的联合，促进种族间的谅解；二是支持和参与加州大学伯克利分校"自由言论运动"，以促使伯克利校方废除禁令，保障宪法第一修正案所给予公民的言论自由权利。

以上两大活动，虽然内容各异，但都使 SDS 看起来更像一个民权组织，而非美国社会新生的、有着强烈变革和改造社会宗旨的"新左派"。并且，SDS 倡导的"各种族间的贫民运动"的经济调查与行动计划，与自由主义政府实施的"新边疆"政策及"伟大社会计划"的某些内容是重合的，而且该计划的实施还在约翰逊政府提出"消灭贫困"口号之前。可以说，自由主义者还是学生左派团结的对象，不是运动的敌人，同时，自由主义主导的政府也尚未觉察大规模的学生运动即将爆发的迹象。

学生运动引起美国政府和社会关注是在 1965 年，也即学生运动转向以反战为主要目标的这一年。从 1965 年至 1968 年，美国民主党政府对学生运动进行了最初的干预和监控。1965 年 3 月，SDS 被《纽约时报》率先关注和报道（见第二章第四节），其组织、宣言、政治策略和领导人等开始为美国社会所了解。同年 4 月和 10 月 SDS 参与或发起组织的反战示威游行，经美国媒体的广泛报道和渲染，已经引起了民主党政府一些部门的关注。

这年夏天，行政部门的一些温和派建议约翰逊政府在不需基本政治立场让步的情况下，应该积极地向学术界说明其采取战争行动的理由，以赢得大学生和教授们的支持。约翰逊于是指示国务院派出了一个由专家和军官组成的"真相团队"，到几所大学解释政府观点。但是，真相团队并没有说服师生。② 此后不久，这一活动也中止了，强硬派占了上风，他们认为对付校园批评的唯一方法就是镇压。美国参议院国内安全委员会率先指控"师生讨论会"（Teach-in，自由大学实践的继续，1965

---

① 〔美〕理查德·罗蒂：《筑就我们的国家——20 世纪美国左派思想》，黄宗英译，北京：生活·读书·新知三联书店，2006，第 42 页。
② Willis Rudy, *The Campus and a Nation in Crisis*, p. 160.

年春兴起，见第三章第三节）和整个大学异议的现象是教授中间信奉共产主义的颠覆分子对学生进行洗脑使之支持反美观点的一种阴谋。它要求政府进行调查，以撕下其叛国者的伪装。①

5月17日，美国联邦调查局局长J. 埃德加·胡佛（J. Edgar Hoover）和国际警察首长协会（IACP）的发言人就已经向美国国会报告，称共产主义分子介入了1964年秋季的加州大学学生示威。② 随后，他又称，共产主义分子在组织师生讨论会和4月向华盛顿的进军游行中起了领导作用。在他的指挥下，联邦调查局动用了大量人力、物力，采用窃听、制造谣言、鼓励告密、安置线人等手段来对付学生造反派。③ 众议院非美调查委员会要求各大学和学院管理者提交参与反战的组织和成员名单。④

同年10月17日，美国司法部部长尼古拉斯·卡岑巴赫（Nicholas Katzenbach）在芝加哥举行的记者会上，也声称政府已经感到反征兵活动"开始走向了反叛的方向"，并正在仔细观察运动的状况，"有一些共产主义分子在里面，我们可能不得不调查。我们有很多起诉措施"。他同时指出，"司法部门已经揭露了一些为SDS工作的人"可能是共产主义分子，这个学生团体是众多被考察的组织之一。尼古拉斯·卡岑巴赫出言还比较谨慎，没有指控SDS具体的错误。但是，他的下属、伊利诺伊州司法局局长埃德华·V. 汉拉恩（Edward V. Hanrahan）却宣称他的职员已经对SDS开展了全面调查。这一状况说明SDS已经被看作一个叛乱组织了。⑤

1966年春学生缓征政策变更之后，美国政府还试图用新的选兵制作为惩罚措施，征召反战者入伍，引起美国高校行政层的抗议。此外，它还通过支持美国学生联合会、越南的美国友人协会等大学内持中间立场的组织来为战争的合法性作宣传。

在具体对付学生的校园抗议活动和街头示威时，警察、联邦和州国

---

① Willis Rudy, *The Campus and a Nation in Crisis*, p. 161.
② "Hoover Links Reds to Berkeley Strife; Hoover Says Reds Aided Coast Riots", *The New York Times*, May 18, 1965.
③ Peter H. Buckingham, *America Sees Red: Anticommunism in America, 1870s to 1980s: A Guide to Issues and References* (Claremont, Calif.: Regina Books, 1988), pp. 128–129.
④ Willis Rudy, *The Campus and a Nation in Crisis*, p. 161.
⑤ Kirkpatrick Sale, *SDS*, p. 230.

民警卫队都被召集。随着示威的日益激烈，他们开始采用催泪弹、警棍、水枪甚至真枪实弹等暴力工具来应对校园大楼占领事件、街垒战和城市游击战，对付示威者。其中，以1968年的民主党全国代表大会上的表现最为典型。在民主党全国代表大会上，芝加哥市长戴利在会议地点——芝加哥圆形剧场（Amphitheatre）布置了12000名警察，进行24小时巡逻；布置了5000～6000名国民警卫队队员打入示威队伍，并部署了1000名联邦调查局成员进行侦察。此外，他还在市区部署了包括空降兵在内的6000名军人，全副武装，以对付激进学生和嬉皮士的示威。在冲突发生后，警察暴打示威者的场面被美国各大电视台播出，而示威者挨打时在镜头前呼喊着"全世界都在看"，这一暴力场景让世人震惊。

对学生运动的大规模监控和镇压出现在1969～1974年，即尼克松上台执政期间。这一时期也是美国保守主义回潮、国家和社会向传统主义回归的时期。美国社会持续十多年的混乱，尤其是1966～1968年之后的"黑人权力"指导下的黑人暴力革命活动以及学生运动的暴力化，给美国社会带来了持续的恐慌，社会舆论也开始偏向保守，要求恢复法律和秩序的呼声越来越高。在1968年芝加哥民主党全国大会上的骚乱中，虽然美国公众看到的是警察对学生和嬉皮士的施暴场面，但是事后的调查表明，大部分受访观众对示威者的遭遇持冷漠态度，相反，他们认为警察过于仁慈，没有尽到维护法律和秩序的职责。① 长期执政的民主党和其自由主义的执政理念也为美国公众所抛弃。1969年3月盖洛普调查发现，82%的公众支持开除好斗学生，84%的公众支持缩减联邦学生贷款。② 在1968年的总统大选上，共和党候选人理查德·尼克松也正是借助这股保守主义的思潮而上台的。

1969年初，尼克松上台后，即开始兑现自己在竞选中恢复法律和秩序的诺言。其助选负责人、司法部部长约翰·米切尔宣布，政府将致力于起诉那些跨越州界到大学惹是生非的死硬的好斗分子。司法部副部长理查德·克兰丁斯特（Richard Kleindienst）也向政府表示将调查那些激

---

① John P. Robinson, "Public Reaction to Political Protest: Chicago 1968", *The Public Opinion Querterly*, Vol.34, No.1, Spring (1970): 1-9.
② Gerard J. DeGroot, "Ronald Reagan and Student Unrest in California, 1966-1970", *The Pacific Historical Review*, Vol.65, No.1, Feb. (1996): 107-129.

进的、革命的和主张无政府主义的年轻人。他特别提到要关注 SDS,"任何团体如果其行为是推翻美国社会,那么国会就应该通过法律镇压这些活动"。① 司法部门的各个机构都参与了对好斗分子和左翼团体的调查。米切尔组织了由 30 人组成的"校园暴力问题特别工作组",以负责对干预联邦民权保障和联邦资助方案的学生进行起诉,著名的"芝加哥八人审判"即为这一工作组所实施的。

这年春天,尼克松在南达科他一所小型州立学院(被认为是他能去的仅有的几个安全的大学之一)视察时,向学生反叛者发出警告,"挑战一项具体的政策是一回事,而挑战政府的权威则是另外一回事,因为这否定了自由的程序"。司法部部长米切尔在巡视全国时也要求"大学官员、各地司法部门、法院都要认真实施法律……该逮捕的则逮捕,该起诉的则起诉"。②

在对新左派和学生左派的镇压过程中,联邦政府的 20 多个部门都加入这一行动中,这中间有 FBI、保密局、美国健康教育福利机构、众议院国内安全委员会、行政部门委员会等。此外,各州情报部门也参与调查。美国参众两院共提出了 25 条针对性的议案,内容包括削减联邦助学贷款和大学财政预算、建立青年事务部门、对相关学生实施 10000 美元罚款和监禁等。各州立法机构也紧随其后,39 个州提出了 400 多项议案,20 个州通过了针对大学和学生的惩罚措施,包括开除违反校规学生、宣布静坐和占领建筑物为犯罪等。在西弗吉尼亚,当地政府甚至赋予警察未经合法程序就可枪杀学生的权力。③

美国联邦政府和各州政府采取的各项措施已经危害到了大学的学术自由,引起了大学的焦虑。哈佛大学校长内森·普西就曾承认,"我们中的许多人都担心外部力量的反应,这是我们最应该感到害怕的事情"。④为了表明大学有能力处理内部事务,消除社会对大学的不信任,各大学都采取了相应的措施,包括:奖学金委员会向依靠学校资助的激进学生施压,向政府调查委员会提供学生激进分子尤其是 SDS 成员的名单;在

---

① Kirkpatrick Sale, *SDS*, p. 541.
② Ibid., pp. 542–543.
③ Ibid., pp. 544–547.
④ Ibid., pp. 544–547.

示威时召警入校控制局面（在 1969~1970 学年内警察和国民警卫队进入了至少 127 个大学校园）；开除主要的激进学生（1968 年只有 293 人，1969 年达到 1000 多人）；一些大学也指控学生践踏公物，甚至实施绑架行为，将其移交法律部门制裁；等等。①

在大学之外，SDS 等组织领导人成为警方的追踪目标，该组织中的许多人以不同的理由被起诉，如马克·鲁德因吸食大麻被捕，苏珊·帕克因拒绝指证朋友入狱等。警察或联邦调查局的人闯入 SDS 在安阿伯的支部。而 1969 年成立的学生暴力组织——"气象员"更是被列为恐怖组织，遭到美国法律部门的严密监视，在 1970 年上半年的格林尼治村自爆案发生后，完全潜入地下，成员流失严重，完全丧失了对学生的影响力。

美国政府自 1965 年以来对学生运动的监控和镇压逐步升级，给学生运动带来长期的持续性压力。随着越南问题逐步解决，学生运动为许多美国普通人所支持的反战理由已经不存在了，因此，这些措施在美国公众眼里也变得合情合理。这使运动逐步失去了合法性，面临着空前的舆论和制度压力，因此运动丧失学生的支持也在所难免。

当然，也不能过分夸大政府的监控和镇压作用，无论秉持自由主义的约翰逊政府还是主张保守主义的尼克松政府，对学生运动的监控和镇压都不是最严厉的。在越战期间，有近 50 万人本应因逃避兵役入狱，但是联邦政府只对 25000 人进行起诉，这中间只有不到 9000 人被判有罪，而最后真正入狱的只有 3250 人。他们在 1973 年越战结束前后都被释放。② 芝加哥审判中，汤姆·海登等 8 人被判有罪，但是几年后都被判无罪释放。在处理激进学生问题上，尽管政府对大学不信任并进行过威胁，但最终大部分问题还是交由大学自行处理，没有过分干预学术自由。最明显的例子是时任加州州长罗纳德·里根对加州高等教育体系的管理。里根依靠对大学的批评、对教授的指责以及对学生运动的强硬风格于 1966 年、1970 年两次当选加州州长。在第二次竞选时，在解释"为什么现在的骚乱比 1966 年时更严重"这一问题时，里根回答说"政府的作用

---

① Kirkpatrick Sale, *SDS*, pp. 549-550.
② Willis Rudy, *The Campus and a Nation in Crisis*, p. 175.

局限于在骚乱出现时恢复秩序,真正的解决方法还是存在于校园内"。①社会学家欧文·昂格尔甚至认为,"尼克松政府的镇压最终并不是很有效"。② 美国政府的监控和镇压措施,目的主要在于让造反学生、大学激进知识分子、对学生动乱管理不力的大学管理层产生心理上的压力,促使其改变行为。当然,这中间也发生过流血事件,如伯克利人民公园事件、肯特事件和杰克逊学院事件(即杰克学院惨案)等。

第二节 "尼克松主义"与大学生运动

在社会变迁这一宏观层面上,对大学生运动退潮产生影响的各因素中,美国的亚洲外交、军事政策的变化是最关键的一个因素。

20世纪50~60年代,出于应对冷战的需要,美国在亚洲尤其是东南亚一带,推行"多米诺骨牌理论",在越南、缅甸等国加强军事介入,建立主要针对中国的反共包围圈。其中,在越南的军事介入不断加深,1961~1964年,实行的是军事援助、派遣军事顾问援助南越的"特种战争"。1964年下半年,约翰逊政府借口"东京湾事件",扩大援越军队规模,使越战转入地面战争阶段。之后,派遣军队数量越来越多,1966年底达到38.5万人,1967年底达到48.5万人,1969年初达到54.2万人。征兵的规模也越来越大,义务兵役局在1965年9月征召了27500人,超过了1965年以来任何一个月的征兵人数,到12月份,月征兵数量达到40200人。③ 随着兵源需求的扩大,原来属于缓征对象的大学生也因1966年2月约翰逊政府的一纸命令而被纳入了应征群体之中,由此点燃了全美大学生反抗的火焰。

美国大学生反对美国的东南亚外交政策,早在1962年学生运动初期发表的纲领性文件——《休伦港宣言》中就初露端倪。在这份文件中,大学生运动组织SDS对美国的冷战外交政策表示不满,它认为,在苏联已经不再扩张、对外政策变得保守以及苏中冲突爆发、需要重新评价对

---

① Gerard J. DeGroot, "Ronald Reagan and Student Unrest in California, 1966 – 1970", *The Pacific Historical Review*, Vol. 65, No. 1, Feb. (1996): 107 – 129.
② Irwin Unger, *The Movement: A History of the American New Left, 1959 – 1972*, p.192.
③ 〔美〕兰登·琼斯:《美国坎坷的一代——生育高潮后的美国社会》,第82页。

社会主义单一的理解情况下，美国不对国际体系的剧烈变化作出积极反应，反而依旧推行毫无理性的反共思想，这种外交政策只会更有效地阻碍民主而非共产主义的发展。宣言还警告说，美国在第三世界的参与有引发战争的危险。① 因此，早在1964年，SDS的一些成员就参加了5月2日的反战示威游行。1964年秋之后，随着大规模征兵的开展，学生反战运动更是蓬勃发展起来。1965年，SDS号召发起的4月17日向华盛顿进军游行，使大学生反战运动广受关注，吸引了大批反战学生加入。不过，1964～1965年的大学生运动中开展的反战活动，与同时期的经济调查与行动计划、自由言论运动一样，是大学生运动对社会、大学问题关注的一个部分，并不构成运动的最主要目标。正如前一章所述的，推动大学生运动走向以反战为主要目标的是征召在读大学生入伍政策的实施，对多数生育高峰一代来说，尤其是那些在1946～1954年出生的人，越战和征兵是青年生活中最刺痛他们的事件。② 哈佛大学学生斯蒂文·克尔曼（Steven Kelman）形容他当时的感觉，"平静的校园，本来只有部分人关心越战，突然间变得让人绝望。我们感觉自己被装在盒子里。我们就像是被送往毒气室的人们，无路可投，被四周冰冷的墙壁包围"。③ 缓征大学生政策的变更，使大学生从旁观者的批评立场直接转到受害者的反抗行动上来，"许多人感到，战争，不管是出于什么原因，已经失败了，正严重威胁到他们受教育的机会、职业规划甚至生命"。④

在自身职业规划、理想追求、生命安全遭受直接的威胁情况下，大批的大学生向主张反战的学生组织SDS靠拢，使SDS的成员数量从1965年6月的3000人上升到1968年底的8万～10万人。⑤ 除了直接参加了SDS、SNCC、美国社会主义政党等反战组织的"机构激进分子"外，更多的人选择作为"示威激进分子"，他们只参加反战或示威活动，游离在运动组织边缘。随着战争的持续和征兵规模的扩大，到1968年，有

---

① "Port Huron Statement, 1962", http://coursesa.matrix.msu.edu/~hst306/documents/huron.html.
② 〔美〕兰登·琼斯：《美国坎坷的一代——生育高潮后的美国社会》，第81页。
③ Klaus Mehnert, *Twilight of the Young: The Radical Movements of the 1960s and Their Legacy* (New York: Holt, Rinehart & Winston, 1976), p. 35.
④ 转引自Willis Rudy, *The Campus and a Nation in Crisis*, p. 165。
⑤ Kirkpatrick Sale, *SDS*, pp. 663-664.

65%左右的大学生反对越南战争。

新会员的加入以及大批示威型学生的出现直接促成了运动组织内部领导层的变更以及运动宗旨的变化。第二代学生左派领导人取代了创作《休伦港宣言》的第一代，他们以学生最关切的反战、反征兵问题为运动的最主要目标，逐渐背离了大学生运动初期的宗旨。并且，由于战争的持续，征兵规模的不断扩大，反战运动成果的有限性、媒体渲染（见本章第四节）等原因，大学生运动也逐渐走向革命化。新一代学生左派领导人背离了《休伦港宣言》中的宗旨，他们并不认为美国社会的各种弊端可以找到替代的解决方法，更不认同自由主义占主导地位的美国政治有改革的希望，因为美国制度已经造成了道德上的残暴（如自由主义者发动的越战）。因而，自由主义者也是学生革命的敌人。他们也不认同工人阶级的革命性，否定与之联合的必要性，自称"学生阶级"，主张学生权力论，逐渐地陷入僵化的革命思维模式中，"实验主义和实验法的早期精神逐渐被取代，而采用了更激进、抽象、最终也使之瘫痪的意识形态"。①

虽然第二代学生左派领导人努力将主要的政治基调转向革命，但对于大多数学生来讲，他们只在反战本身的问题上看起来变得"激进化"。至于运动其他方面的极端策略，很多人不认同，大多数学生"认为运动的革命倾向已经失去了对美国现实政治的把握"，所以，"到1968年后，即使在大规模的学生反战示威活动中，他们也不再把SDS组织的意识形态化的领导当回事"。② 在这种状况下，以反战作为全面革命起点的学生运动领导层与大多数只以反战为参加运动理由的学生之间，始终存在深层次的矛盾；表面上学生运动壮大了，实际上却始终受制于越南战争问题的解决与否。一旦战争问题解决，寻求扩展运动的其他方面的努力就会变得迅速失去吸引力。

可以说，学生运动与反战这一特定的目标相联结，其影响与作用是双重的。

一方面，这一联结对反战活动、学生运动都有着很强的推动作用，

---

① 〔美〕戴维·斯泰格沃德：《六十年代与现代美国的终结》，第199页。
② Philip G. Altbach, "From Revolution to Apathy: American Student Activism in the 1970s", *Higher Education*, Vol. 8, No. 6 (1979): 609–626.

促使学生运动目标更集中,有利于对政府施加更多的压力,推动越南战争问题的解决。

另一方面,这一联结的后果也是显而易见的,即它会大大弱化学生运动原来的政治构想,使其远离原来的发展轨道,这也构成了运动发展过程中最致命的因素。因为,反战会使运动走入高潮,而一旦战争停止,它也会让运动在巅峰时刻突然间坠落,并且难以找到新的发展方向。学生左派的反战运动正是按照这样的轨迹在进行着,当新一任总统尼克松推出"尼克松主义",实行新的亚洲政策时,学生运动便不可避免地进入了衰亡阶段。

1969年7月25日,鉴于国际政治格局的新变化,为保住美国在世界上的霸权地位,更灵活地应对越南战争的危局,尼克松总统在关岛提出了新的亚洲政策,即"尼克松主义",内容为:(1)"美国将遵守我们承担的全部条约义务,在亚洲继续发挥重要的作用";(2)"如果一个核国家威胁一个同我们结盟国家的自由,或是威胁一个我们认为其生存对我们的安全至关重要的国家的自由,我们将提供保护";(3)"如果涉及的是其他类型的侵略,我们将在接到要求时,根据条约义务,提供军事和经济援助,但是我们将指望直接受到威胁的国家为自己的防务,担负提供人力的主要责任","我们必须避免采取那些会使亚洲国家依赖我们,以致把我们拖入如在越南那类冲突中去的政策"。

在此基础上,1970年2月,尼克松政府把美国的亚洲政策扩展为全球性战略。尼克松宣布把"伙伴关系""实力""谈判"三项原则作为"尼克松主义"的三大支柱,涉及如下几方面内容:与盟国重新定义经济政治关系和防务责任;以实力为后盾,与苏联谈判,以缓和代替冷战;利用中国制衡苏联;在第三世界收缩战线,加强重点;等等。[①]

"尼克松主义"的推行,表明美国政府正在寻求体面地从越南撤军,并力图使越南战争本土化。在推行战争"越南化"过程中,美国逐步减少了在东南亚的美军数量,对征兵数量的需求大幅减少。于是,尼克松政府实行了新的兵役制改革。

---

① 吴于廑、齐世荣主编《世界史·现代史编》(下卷),高等教育出版社,1994,第491页。

1969 年 11 月，尼克松政府宣布实行新的选征兵役制——抽签选兵制。根据新的选兵制，美国 19～26 周岁年龄段的成年男子（学生与非学生）只需抽签一次，得到排列的数字号码，如果不在当年应征兵的数字之列，则此后免予服役。与此同时，尼克松还授权部队完全志愿制委员会实施一项旨在取消强制性征兵制的计划，由前国防部部长托马斯·S.盖茨担任这项计划的负责人，"考虑将美国军人全部转化为由职业技术人员所组成的志愿职业军人的可能性"。① 1972 年底最后一批义务兵服役通知发出。此后，美军取消了义务征兵制，改为志愿兵役制。

总的说来，在 1974 年义务兵役制停止之前实行的抽签选兵制，对全美大学生是非常重要的。因为，它使学生面临服役的危险只集中在一年之内，使绝大多数学生排除了去越南作战的可能性，悬在全美大学生头上的"达摩克利斯之剑"终于落地，"它有助于消除青年反战和从事激进活动的理由"。② 抽签选兵制的实行，使反战的共同体发生了分裂。1966 年之后绝大多数加入 SDS 组织、仅认同反战的大学生逐渐选择退出运动，而那些没有加入组织、仅游离在外的支持反战的大多数大学生更是与激进组织日益疏远。从此时起，"新左派已经发现自己与大多数美国人之间的鸿沟了。1969～1970 年的测验表明，越来越多的美国人对东南亚的事件不关心了"。新左派与其他的政治团体组成的反战同盟也纷纷解体。1970 年 4 月，左翼与自由主义者组成的反战同盟——越南延期撤军同盟（UMC）解散，声称反战已经失去支持，因为越来越多的自由主义者、激进者转向了生态问题。③ 学生新左派运动的根基被动摇了。

不过，由于尼克松政府在撤军问题上的迟缓和对体面撤军的坚持，撤军过程并不如期望的那么迅速，并且还有军队短暂扩大攻势的迹象，因此反战运动也此起彼伏。特别是 1970 年美军侵入柬埔寨，使得新一轮的更大的反战运动出现了，这次大规模的学生抗议几乎造成了美国大学的全面瘫痪，酿成自 1968 年以来的又一次严重的大学危机。此后，随着美国政府撤军节奏的加快，学生运动没有再掀起大的波澜了。研究学生运动的社会学家丹尼尔·杨克洛维奇在谈到越战因素对学生激进政治的

---

① Willis Rudy, *The Campus and a Nation in Crisis*, p. 181.
② Irwin Unger, *The Movement: A History of the American New Left*, p. 196.
③ Ibid., pp. 193 – 200.

影响时，认为"越战与其他的因素相比，更激起了校园的政治激进主义"，"从青年价值观如此紧密地与战争和战争激起的情绪相连这个程度上来讲，60年代是与美国社会历史主流相偏离的一段错乱的历史"。①

"尼克松主义"的推出，对大学生运动产生的影响主要表现为两个方面：一方面，如上所述，新的征兵制和撤军政策的实行，使得大学生反战活动逐渐走向终止，而反战本身是大学生运动中后期最主要的目标，这就造成了大学生运动失去了新的动力和方向；另一方面的影响则在于，"尼克松主义"带来了中美关系的和解，打碎了大学生运动以中国作为"理想乌托邦"的梦想。

第三节 青年价值观的变迁与大学生运动

大学生运动在20世纪70年代初至中期退潮，不仅有政治经济的变化、外交政策变更、舆论方面等原因，更有较深层次的原因，其中，青年价值观的变迁对大学生运动发挥了重要消解作用。20世纪60年代在大学生中间形成的"新价值观"，在70年代与主流社会的价值观发生了融合，并发展成以"自我一代""自恋主义"为标识的价值观，在"自我"为导向的价值观指引下，60年代大学生运动逐渐失去了反抗的激情和动力。

一 20世纪60年代青年的"新价值观"

"无论是早期非暴力基础上的示威、静坐、请愿、社会改革，还是后期急风暴雨式的抵抗与'革命'，无不以创造一种新型生活方式和文化模式的理想为根本动力。"② 20世纪60年代的学生运动既是一场激进的政治运动，也是一场全面的深刻的文化革命，尤其在1968年之后，文化革命的显像更为清晰。

大学生的激进政治运动一旦取得成功，新社会应该呈现一种什么样的新风貌？社会成员应该奉行什么样的新价值观？在1962年的《休伦港

---

① Daniel Yankelovich, *The New Morality: A Profile of American Youth in the 70's*, p. 8.
② 吕庆广：《60年代美国学生运动》，第260页。

宣言》中，第一代学生左派领导人对这两个问题都有比较模糊的描述。在这个社会中，"参与民主制"是代议民主制最好的替代品，是新社会政治的核心组织制度。在此之下，政治生活根源于这样一些原则：政治应该是集体创造的可接受的社会关系模式之艺术，它的功能是帮助公民摆脱疏离感，融入共同体中来；是为公民提供个人感情的宣泄途径，听取和整合公民的反对意见。

至于新社会价值观，宣言内容可以归纳为以下几点：

（一）工作不是为了金钱和生存，而是为了更有价值的东西；

（二）个人主义不是自私主义，无私并不是要埋没自我，慷慨大方是个人的独特品质，不喜欢孤独并非赞成取消隐私；

（三）人类珍藏和拥有"理性"、"自由"和"爱"三种未实现的能力，反对非人格化；

（四）人类应该具备自我培育、自我定向、自我理解和创造力等各项潜能；

（五）人与人的关系应该是友爱和诚实的。①

这样，学生运动早期的价值观已经清晰，即在对国家和社会的各项制度进行改造的前提下（参与制民主政治实施），使公民彻底摆脱发达的技术社会对人的全面控制，实现个人真正的自由与尊严。从本质层面上讲，这是一种个人主义的价值观，以实现人的自由和发挥人的潜能为目标。而从实践层面上讲，它又是理想主义的以及以国家－社会为导向的。说它是理想主义的，是因为它的前提——参与民主制本身是一种乌托邦的制度，类似直接民主制的人人参与协商共同体事务的制度，没有现实的可能性，而人的全面自由也只是未来的想象。并且，正如我们前面所谈的，学生运动及价值观的产生本身也是丰裕社会下青年理想主义的产物。说它是以国家－社会为导向的，是因为它以对国家－社会的根本改造为实现公民个人全面自由的前提，"这一时期更多的是以未来为导向，更多的是禁欲主义的，强调个人对他人的责任，以及给予，而不是索取"。②

---

① "Port Huron Statement, 1962", http://coursesa.matrix.msu.edu/~hst306/documents/huron.html.

② Arthur Levine, *When Dreams and Heroes Died: A Portrait of Today's College Student*, p. 119.

从1967年开始，激进的学生政治运动与另一种青年抗议方式——反文化运动逐渐合流，学生运动组织不仅是激进政治组织，也逐渐成为重要的反文化组织，其成员除了少数反对嬉皮士生活方式外，大多数人都是政治化的嬉皮士（生活方式与消极的垮掉派嬉皮士相比，他们在政治上仍然非常积极，是校园和街头抗议的主力军）。[1] 从这时起，一场街头抗议活动，既是革命者和异议者愤怒政治情绪的宣泄，也是一场嬉皮士的象征性革命的喜剧。其中以1968年美国民主党全国代表大会抗议为典型。在这次抗议前，易皮士的创立者阿比·霍夫曼就对记者透露了这场喜剧的内容，包括：召开有关毒品、逃避征兵、游击剧院的研讨会；上演流行摇滚节目；召开流行诗歌朗诵会；在芝加哥的供水系统中投放致幻剂（LSD）、部分易皮士将色诱代表们的妻子和女儿、将任命一头猪为美国总统并将之宰杀等。[2] 这些活动都安排在示威活动的间歇时间里举行，这样芝加哥的抗议成了既是一场政治抗议也是一场反文化运动的成果展示会。

在此背景下，早期的社会价值观发生了变化，它已经融合了许多反文化运动的价值观念，形成了比较成熟的青年价值观。这种新价值观大致可以分为三个层面，一是与权威、宗教、性、责任感等问题相关的道德价值观；二是与金钱、工作、家庭、婚姻等问题相关的社会价值观；三是与个人对他人的责任、经济保障、自我实现、成就感和内在和谐等相关的个人价值观。[3]

在道德价值观层面上，新价值观反对服从法律、警察、国家、官员、大学、公司等一切权威，蔑视西方宗教的道德价值，反对传统的性道德，不认为爱国主义、忠诚是个人的责任。在社会价值观层面上，他们贬低

---

[1] Kirkpatrick Sale, *SDS*, p.352.
[2] David Obst, *Too Good to Be Forgotten*, p.101.
[3] 依据广泛通用的心理学家米尔顿·罗克奇的价值观的系统理论，价值观包含两个价值体系，即终极性价值观和工具性价值观。终极性价值观是一种目标状态和终极追求的价值观，它分为两类：个人价值观（以个人自我为中心的终极状态，如自尊、内心和谐）和社会价值观（以社会为中心的终极状态，如平等、世界和平）；工具性价值观是实现终极目标的手段方式价值观，它也分为两类：道德价值观（针对人与人之间关系的价值观，如宽容、帮助他人）和竞争价值观（针对自身的而非人与人之间关系的价值观，如逻辑、想象力）。考虑到竞争价值观仍是有关人自身的价值观，这里仍把它归入个人价值观之列。

金钱的作用，反对节俭、勤奋、竞争的工作伦理，甚至拒绝工作，反对家庭和婚姻制度。他们以吸毒、穿着奇装异服等行为来打破社会的禁忌，以享乐主义、感性主义代替新教伦理和理性主义。在个人价值观层面上，他们不认为经济保障、职业成功是工作的重要原则，而认为自我满足、心灵的自由才是最重要的。

与学生运动早期的价值观相比，新的价值观更为激进，它的内容几乎是与主流价值观念相悖的东西。这种价值观的倡导者展示了反叛者的姿态，而没有考虑与主流社会价值观兼容的可能。正如社会学家肯尼思·肯尼斯顿评价的，这一价值观"展现的是传统价值观的反面，而不是新旧之间有效的合成"。① 因而，它与主流价值观格格不入。同时，新价值观也更关注自我，关注自我的存在状态、自我的表达方式和自我的实现途径。吸食毒品、倾听摇滚乐、倡导性自由、向往公社生活、迷信东方宗教等，都是自我的展现。

关注自我并没有使这种新价值观脱离早期价值观的导向，即它仍是以国家－社会为导向的、理想主义的个人主义价值观。新价值观不是纯粹的自我主义，学生运动与反文化运动的结合，将政治革命和文化革命相对接，是马尔库塞的"总体革命"和"大拒绝"思想的产物。马尔库塞认为发达的工业社会对爱欲的压抑、对人的异化和全面控制，已经造成危及"人的本质的灾难"，克服这场危机的革命应该是一场政治、经济和文化意识的总体革命。而反文化运动就是一种意识革命，是对现存社会一切准则的"大拒绝"。因此，参与反文化运动，是20世纪60年代后期学生运动除激进政治外的另一新革命方向，在此基础上形成的新价值观仍然是以改变现代社会的政治文化体制为导向的，"'做你自己的事'（指自我满足）这一通俗话语所包容的伦理思想中绝对没有无限度追逐自我利益的地盘"。②

同样的，这种新价值观不仅没有脱离，甚至超越了理想主义，它既构建了"虚构"的乌托邦的政治蓝图（如参与民主社会、学生阶级革

---

① 转引自 Daniel Yankelovich, *The New Morality: A Profile of American Youth in the 70's*, p.10。
② 吕庆广：《60年代美国学生运动》，第335页。

命),又创造了一个"真实"的异托邦①(由毒品、公社、摇滚乐、性组成的另一个空间)。它与以现实主义、实用主义为中心的功利主义价值观是有着本质区别的。

带有意识形态色彩的激进的学生政治运动,在20世纪60年代,尤其是在1968年之后的美国虽然掀起很大的波澜,但是学生的认同感并不强,在1968~1979年运动高峰期,学生激进者占学生总数的比例也只从4%上升至11%。② 但是,学生运动和反文化运动所形成的新价值观,却在比较短的时间获得了很多学生的认同,继而在社会其他青年中间传播开来,形成了一轮新价值冲击波。③ 到70年代,新价值观已经成为青年普遍接受的观念,而且在其他人群中也得到一定程度的认同,但此时,这种新价值观在某些方面已经发生了本质的变化。

二 20世纪70年代新价值观的变迁

20世纪60年代美国公众见证了青年激进政治的巨大力量,进入70年代,他们更担心青年政治意识形态进一步蔓延,会造成社会更严重的动荡。然而,事实却并没有朝悲观的方向发展,恰恰相反,除1970年短暂的全国大学骚乱外,70年代前期,青年对政治逐渐冷漠。1971年7月1日,美国国会批准的宪法第二十六条修正案赋予18周岁青年以选举权。这一修正案使得近一半年龄在18~20周岁的大学生以及两倍于这一

---

① "异托邦"是后现代主义大师米歇尔·福柯在1967年的论文《另一空间》中创造的一个术语。他把另一空间称作异托邦,"是一种有效地实现了的乌托邦","文化中所有能找到的其他真实的场所,都同时表现着、竞争着、转化着"。异托邦是与现实空间共时存在的,又是与之隔离的、对抗的真实空间。萨利·贝恩斯在《1963年的格林尼治村——先锋派表演和欢乐的身体》(广西师范大学出版社,2001)一书中,把反文化运动的先锋文化阵地格林尼治村称作一个异托邦,吕庆广继而把60年代反文化实践也归为异托邦。笔者也认为,从福柯所概括的异托邦的特质来看,这种归类也是恰当的。
② Seymour Martin Lipset, *Rebellion in the University: A History of Student Activism in America* (London: Routledge & Kegan Paul, 1972), p.46.
③ 学者王恩铭在《美国反正统文化运动——嬉皮士文化研究》(北京大学出版社,2008)一书中认为,1969年8月伍德斯托克音乐节之后,"反正统文化就开始一蹶不振","渐渐失去活力,一步一步地退出历史舞台"(第134页);而70年代初嬉皮士公社的瓦解和消亡标志着反正统文化本身的消失和终结(第179页)。笔者认为反正统文化在伍德斯托克音乐节之后,还有一个猛烈的扩散与泛化的过程,在传播过程中,反文化运动的一些本质特征才逐渐消失。嬉皮士公社确可以作为反文化的最后存在形式,它的大规模破产、消亡集中在70年代前期,少数也存活到了八九十年代。

数目的其他青年获得了选举权。选举权向更多青年开放，曾引起美国社会一些知识人士的担忧，有人甚至预言，"18岁选举权将猛烈地改变国家政治"。① 也正因为此，在1972年大选期间，自由主义者与学生左派等激进政治力量联合，民主党总统竞选人麦戈文希望借助占选举人数1/5的青年力量上台，学生左派等也想借助自由主义的力量继续其政治理想。但是，两者都没有料到，手握选票前来投票的青年却出乎意外地少，26岁以下合格的选民只有12%参加投票，麦戈文的青年路线非但没有笼络上青年，反而疏远了其他年长的选民；而学生左派最后一次挽回政治颓势的尝试也失败了。

青年对政治的冷漠，这种现象出现在60年代末70年代初急风暴雨式的激进政治之后，看似不可理解。实际上，它既与学生左派和自由主义者公众影响力的衰退有关，更与青年价值观的转向密切相关。从60年代末开始，以国家-社会为中心的青年价值观发生了向以自我为中心的价值观的转变，形成了70年代新价值观，这对学生运动的持续、美国民主政治的有效参与、美国社会的批判传统等都造成了非常大的消极影响。

70年代以自我为中心的新价值观的形成，是与60年代新价值观在美国社会的广泛传播、新价值观与主流社会价值观的融合等原因分不开的。新价值观广泛而迅速的传播有着特殊的时代机缘。

首先，自60年代末起，反体制的文化和价值观开始了"去意识形态化"的转变过程。1969年尼克松上台，越南战争结束指日可待，尤其是征兵制改革实施之后，因反战、反征兵原因而加入学生运动中心或团结在学生运动周围的学生、社会青年，逐渐疏离了激进政治运动。以反战为主要导向的学生政治运动迅速降温且失去了新的发展方向，在此情形下，其对反文化运动的影响力也逐渐丧失。政治运动与反文化运动分流，两者的同盟关系解体，使得"自60年代中期以来一直并行的激进政治价值观和生活价值观，在1971年（前后）走上了分离的道路"。② 这样，主要由反文化运动代表着的青年价值观，逐渐摆脱了政治意识形态的束缚，获得了更大的传播空间。

---

① Arthur Levine, *When Dreams and Heroes Died: A Portrait of Today's College Student*, p. 31.
② Daniel Yankelovich, *The New Morality: A Profile of American Youth in the 70's*, p. 8.

其次,青年新价值观的迅速传播也与美国社会体制的兼容性有很大的关系。多元化和自由开放是美国移民社会的重要特征。美国社会对异己观念、离经叛道行为的容忍度和软化能力是非常强的,这在美国移民史、族裔关系史上是常见的现象。主流社会能够通过体制的创新来吸收反体制的思想,通过保障激进者的言论自由来疏导其激进行为,通过适当的打压措施来确立社会对这一运动可接纳的维度,使激进政治和文化不会危害主流社会的根本利益,"自由主义政治理念和个人主义价值所提供的自由空间构成现行制度对异己力量的容忍度,这种容忍度使对立的批评和反叛、对抗性诉求和反常态生活方式变为制度集体的一部分"。[①]青年新价值观作为一种反体制的观念,其激进特征也能够为美国社会所消解。此外,正如以上提到的,不再与激进政治联姻后,青年新价值观获得了独立发展,变得更显开放和宽容,因而也更少受到主流社会的敌视,便于其与主流价值观发生交会和融合。

这样,"一些学生小群体采取极端态度,更大一些的群体采取温和态度。逐渐地,新价值观中的许多内容实现了从大学生先锋群体,到以职业为导向的大学生和其他的青年人,再到城市里的中产阶级上层,最后到人口中的大多数的传递过程"。[②]

20世纪60年代新价值观的广泛传播过程,也是其不断被泛化并发生本质变化的过程。一方面,与政治意识形态的剥离,使新价值观的战斗性减弱。"做你自己的事"是作为反资本主义体制的"总体革命"的一部分而出现的,是无我和利他的表现。而现在,它在失去政治反叛与社会反叛的情境下不但得以坚持,而且进一步在从未体验利他主义激进政治的人群中传播,自然会使它滑入自我主义和享乐主义的边缘,"它在没有反抗的内容下,合乎情理地倒向了享乐主义"。[③] 另一方面,在大众传播中,新价值观的激进能量不可避免地会随着由中心至外围的扩散过程而逐渐失去,尤其当它与主流价值观发生交会时,这种能量的损耗会

[①] 吕庆广:《当代资本主义内部的反叛与修复机制——60年代美国学生运动分析》,《南京大学学报》(哲学·人文科学·社会科学版)2003年第2期。

[②] Daniel Yankelovich, *The New Morality: A Profile of American Youth in the 70's*, p. 10.

[③] Daniel A. Foss & Ralph W. Larkin, "From 'The Gates of Eden' to 'Day of the Locust': An Analysis of the Dissident Youth Movement of the 1960s and Its Heirs of the Early 1970s – The Post-Movement Groups", *Theory and Society*, Vol. 3, No. 1 (1976): 45 – 64.

更大。扩散的范围越广,新价值观的激进特征越微弱,这种新价值观会变得更为温和,与主流价值观之间的兼容性也更强。主流社会的功利主义价值观会对它产生重要的影响。

新价值观的传播途径有两类:一是大学生内部的传播途径,有街头抗议、伍德斯托克音乐节、大学共同体、校际交流圈、公社、大学生报纸和地下宣传出版物等;二是外部传播途径,主要由电视、电影、文学作品、广告、音乐唱片等媒介承担传播功能。在大众化的传播过程中,主流价值观中注重职业选择、节俭、关注个人成就感等个人价值观内容逐渐被吸收进来。大学生对美国传统价值观的态度变化情况见表2-1。

表2-1 大学生对美国传统价值观的态度变化

单位:%

价值观念	1973年	1971年	1969年	1968年
商业有权赚取利润	85	85		
工作无论贵贱都重要	84			
为有意义的工作奉献是重要的	81	79		
人们应该储蓄以免困难时找亲友帮忙	71	67	76	59
私有财产不可侵犯	67	69	75	
人有力量控制身边的事情	65	60	62	51
竞争鼓励杰出	62	62	72	
责任重于快乐	54	63		
辛勤工作就有好回报	44	39	56	69

资料来源:Daniel Yankelovich, *The New Morality: A Profile of American Youth in the 70's*, p.68。

对主流社会一些价值的吸收,由于美国经济危机的蔓延、青年就业压力和生活压力的加剧而得到进一步强化,形成了以职业主义、自我主义、现实主义为特征的新价值观。

与20世纪60年代的青年新价值观相比,70年代的青年价值观吸收了前者很多方面的内涵,并且比60年代持更宽容和自由的态度。如在道德价值观层面,认同宗教是重要价值观的大学生比例由1969年的39%下降到1973年的28%,非大学生比例由1969年的64%下降到1973年的42%;在值得为之作战的理由(爱国主义)问题上,抵御共产主义、保护国家利益、保卫同盟国、为荣誉而战等的比例在两类青年中都有较大幅度的下降，只在国家遭受侵略这一理由上认同者超过一半。

在社会价值观层面，支持禁用大麻政策的大学生比例由1969年的48%下降到1973年的38%；赞同性自由的大学生比例由43%上升到61%，非大学生比例从22%上升到47%。

在个人价值观上，强调要自我表达的大学生比例1973年与1969年持平，而非大学生从70%上升到76%。在个人重要的价值观排序上，纯洁而有道德的生活、宗教、爱国主义居于最后几位。

另外，70年代的青年价值观与60年代的青年价值观有很大的差异，主要体现在青年学生的政治（意识形态）倾向、社会体制诊断、异化感、婚姻家庭、对社会容忍度、暴力使用、职业选择等方面。

在政治倾向上，1969年，保守和温和保守派占23%，1973年为21%；中间路线的分别占44%和52%，自由派和激进派由30%下降为27%；而认同运动的1971年占13%，1973年为6%；认同新左派的由1969年的14%下降到1973年的9%。这说明，很多青年学生远离了新左派、自由主义的立场，或者保守派、极右的立场，而转向了中间路线，对政治的参与度也随之急剧下降。

在社会体制诊断方面，认为美国是一个病态社会的学生，1968年占40%，1973年下降为35%；认为美国体制不能灵活解决问题需取消的学生1971年只占27%，1973年仅为21%。

在异化感方面，60年代学生运动中，异化感和不适感是学生不满的一个重要原因。1973年40%的大学青年认为个人价值观为大多数人分享，远远高于1969年的33%；认为接受社会提供的生活没有困难的比例从1971年的49%上升到1973年的60%。这说明学生的压抑感减少，对社会的适应度上升。

在对婚姻家庭的看法上，1971～1973年期望合法婚姻的学生比例均超过60%，有兴趣组建家庭的则均超过70%。这说明性道德得到认可的同时，传统的婚姻家庭观念在学生中间有所回归。

在对社会容忍度方面，能接受与工作有关的权威、能接受公司老板的权威的青年学生的比例上升（1971年36%，1973年44%），衣着服从工作需要的青年学生比例由15%上升为20%。

在道德评价方面，认为用暴力来实现有价值的目标为不道德行为的学生比例 1971 年为 56%，1973 年上升为 66%；在损坏私有财产是否为不道德行为的问题上，认为属于不道德行为的学生比例则分别为 72% 和 78%。①

从学生接受大学教育的目的来看，1969 年排列顺序依次为学会与人相处、形成价值观、掌握专业知识、学习职业所需技能、接受全面的通识教育；而 1976 年依次为掌握专业知识、学习职业所需技能、学会与人相处、形成价值观、接受全面的通识教育。1976 年，卡内基调查显示，85% 的大一新生是带着职业构想进入大学的，他们不想改变自己的职业计划。②

从以上的比较可以看出，在意识形态倾向、反社会情绪、异化感等政治问题上，20 世纪 70 年代的青年价值观相对温和。学生对新左派、学生运动的认同感越来越低，绝大多数持中间政治立场。这说明学生对激进政治的兴趣和热情大为下降，以国家 - 社会为导向的价值观衰落了。相对应的是，"自我"成了 70 年代新价值观的导向，青年学生倾向于认同与自己利益相关的事物，倾向于选择内向的状态，"今天的学生自由主义植根于个人自由问题，即追求不受外界限制的个人生活权利。他们强调的是'我'，而不是'我们'"。③ 在这一导向下，职业主义成了这一价值观的重要特征。70 年代的学生把学习专业知识和职业技能排在大学教育目的最前列，这与 60 年代青年价值观拒绝工作、拒绝金钱的态度形成明显的对照。并且，为职业需要，他们甚至愿意接受衣着、发型等社会限制，愿意接受公司的权威。当然，以"自我"为导向的 70 年代新价值观，也是现实主义的。它的产生源于对主流价值观念（基于现实主义、理性主义）的吸收和融合，也源于 70 年代美国政治经济的现实。经济危机使大学生的乐观主义和理想主义遭受打击，而美国政治的保守主义使激进政治遭受打压和监控而无法扩大影响，"因为他们失望于没有促成更多的进步，很多年轻人已然变得内心冲突，不知道退入一个更小的私生活圈子呢，还是仍然要参与社会性的有关活动"④ 双重的压力，使青年

---

① 以上数据来自 Arthur Levine, *When Dreams and Heroes Died: A Portrait of Today's College Student*, p. 30; Daniel Yankelovich, *The New Morality: A Profile of American Youth in the 70's*, pp. 66 - 95.
② Arthur Levine, *When Dreams and Heroes Died: A Portrait of Today's College Student*, p. 61.
③ Ibid., p. 85.
④ 〔美〕约翰·洛克菲勒：《第二次美国革命》，朱炎译，台北：新亚出版社，1975，第 24 页。

选择了逃避政治、关注自我的价值取向。

70年代青年新价值观由于过于注重自我,过于强调职业主义、现实主义,遭到当时许多美国学者的批评,他们将之称为"新自恋主义"(The New Narcissism),或者"自我主义"(Meism)。"自恋"一词是精神病人的一种病症,本是心理学和精神分析学上的内容,弗洛伊德最早对"自恋"进行了精神分析学和病理学方面的阐释。1970年之前,它仍未脱离精神病理学的范围。1970年后,一些学者如克里斯托弗·拉希、汤姆·沃尔夫(Tom Wolfe)、理查德·桑内特(Richard Sennett)、布鲁斯·J. 舒尔曼(Bruce J. Schulman)等都把"自恋"看成社会现象。其中,桑内特认为自恋是70年代的"宗教伦理"①,拉希把70年代的美国文化称作"自恋主义文化"。② 布鲁斯·J. 舒尔曼则认为,"70年代的流行观念剩下'自我的十年'(Me Decade)——一个自恋、自私、个人意识而非政治意识的时期"。③ 他们认为,自恋主义导致了传统道德权威的衰落、责任感的丧失、父权制家庭的衰亡和自我满足、性放纵、道德的不可知的兴起,"它从具有道德感和历史感的世界观倒退成一种拒绝互惠和公共利益的世界观","自我代替了社区、亲属、邻居、机遇或者上帝"。④

三 社会价值观的变迁与大学生运动的消解

"自我的十年是激进者、无私的60年代的解毒剂,或者说是对他们的否认"⑤,以自我、自恋、职业主义、现实主义等为标识的20世纪70年代青年价值观的形成,对大学生运动产生非常大的消极影响。

首先,以自我为导向的价值观与以国家-社会为导向的学生运动在

---

① 〔美〕理查德·桑内特:《公共人的衰落》,李继宏译,上海译文出版社,2008,第418~422页。
② Christopher Lasch, *The Culture of Narcissism: American Life in an Age of Diminishing Expectations* (New York: Norton, 1978), pp. 1 – 10.
③ Bruce J. Schulman, *The Seventies: The Great Shift in American Culture, Society, and Politics* (New York: Free Press, 2001), p. 145.
④ Peter Marin, "The New Narcissism", *Harper's Magzine*, Vol. 251, No. 1505 (1975): 45 – 56.
⑤ Bruce J. Schulman, *The Seventies: The Great Shift in American Culture, Society, and Politics*, p. 145.

方向上是完全相背离的。这场大学生运动无论是在早期的参与式民主的构想和实践时期，还是后期的反战运动与暴力革命阶段，其关注点都不在个人或本群体的利益上，而是在国家和社会事务上。以国家-社会为导向，"不要问国家能为你做什么，而是问你能为国家做什么"这种肯尼迪式的理想主义话语不仅在学生运动中间，而且在民权运动、和平运动、反战运动等20世纪60年代的美国社会运动中都存在。60年代，美国各大学管理层、许多高等教育研究机构的分析都指出，学生固然对大学不满并激烈评议，但是学生运动的根源并不在大学，而在美国社会问题、外交政策。而以自我为中心的青年价值观，却只强调个人的情感和体验、经济安全和物质满足，强调无约束的个人自由。这种价值观使学生沉溺于享乐主义和对自我利益的追逐，而不关心与国家社会相关的问题。

在这种价值观的指导下，比较激进的政治行动可能存在，但是皆与个人或者本群体的利益相关，实质上是自我利益群体的政治。其话语不再是大意识形态的"主义"，不再是改变整个社会，而只在于改变与己相关的社会的某一部分。70年代，与学生运动相关的组织如进步劳工党、青年社会主义者联盟等的影响渐失，而一系列主张自我利益的政治团体如黑人团体、妇女团体、墨西哥裔团体、土著人团体、同性恋团体等，数量却增长很快。这些利益团体都是封闭性的，规模小，目的单一，如有的在于服务，有的在于教育和意识培养，有些是政治行动组织，有的则是娱乐性组织。① 这些自我利益型的学生政治团体很难实现60年代那种在新左派领导下的大联合并形成较大规模的抗议浪潮。

在这种价值观的指导下，大学生抗议的议题和手段都会出现很大的差异。60年代学生抗议的议题中排在前列的主要是社会性问题，如越战、民权、大学的管理制度等，而70年代，特别是1972年之后，学费问题、研究机构设备问题、教员的聘用和解雇等与生活学习密切相关的细微问题排在最受大学生关注议题的前列。②

在抗议的手段上，60年代的学生常用的政治策略如占领大楼、罢

---

① Arthur Levine, *When Dreams and Heroes Died: A Portrait of Today's College Student*, pp. 37 - 38.
② Ibid., p. 41.

课、静坐和破坏财物等都逐渐被废弃,并被认为缺乏合法性。如前所述,认为用暴力来实现有价值的目标为不道德行为的学生比例1971年为56%,1973年上升为66%;1971年和1973年分别有72%和78%的学生认为损坏私有财产是不道德的行为。另据1976年的一份调查,64%的学生认为用暴力来达到政治目的没有正当性,73%的学生认为干扰大学运作者应被开除或休学,36%的学生认为不应该在大学校园内示威。[①]

新的学生抗议通常采取游说、诉讼等方式进行。70年代初,在美国大学校园内兴起的、影响比较大的学生政治组织已经不是学生争取民主社会组织、青年国际党(Yippie)或者美国青年争取自由组织,而是两个全国性的游说组织——公众利益研究团体(Public Interest Research Groups,PIRGs)和全国学生联合会。前者在1970年由拉尔夫·纳德(Ralph Nader)发起成立,后迅速扩大。1979年获得卡特政府承认,到70年代末会员人数达到70万人,远远超过SDS的规模。全国学生联合会早已成立,在60年代持保守立场,1967年因与联邦调查局合作以分化学生激进者遭媒体披露而声誉下降。1969年之后,它开始改变保守立场,转向自由主义。在70年代其他学生激进组织失去影响之时,全国学生联合会却获得较大发展,会员人数比1969年多两倍。公众利益研究团体和全国学生联合会的活动策略与60年代有很大不同,它们采用的是游说、诉讼、媒体披露、示威等综合策略,在行动上更温和。并且,两个组织更多地以议题为导向,而非以意识形态为导向,"党派路线的缺失能使他们扩大支持的基础",而"意识形态的忠诚原则要求将拒绝每一位哪怕只有一点异议的学生"。[②] 两个组织关注的议题也是当地的、校园内部的问题,而非60年代那种国家-社会的大视野。而且,这两大游说性组织在大学校园内并不为很多学生所知。[③]

以自我为导向的价值观与以国家-社会为导向的学生运动的完全背离,以及在这一价值观下新的温和学生政治组织的出现,使得"60年

[①] 数据来自 Arthur Levine, *When Dreams and Heroes Died: A Portrait of Today's College Student*, p. 43。

[②] Arthur Levine, *When Dreams and Heroes Died: A Portrait of Today's College Student*, p. 50。

[③] Philip G. Altbach, *From Revolution to Apathy: American Student Activism in the 1970s*, pp. 609-626。

代"风格的大学生运动在70年代的美国失去了合法性,失去了存在的空间。这一时期,残余的学生左派分子也因失去公信力,或选择反社会的暴力生活,或选择改变战斗姿态,重新回归主流社会之路。

其次,70年代的青年价值观是60年代青年新价值观与主流价值观融合而形成的,并且这种价值观迅速地在美国整个社会的青年中间传播开来,继而在主流社会也得到传播。这种状况使得60年代尚被看作前卫的观念,被视为学生左派、嬉皮士身份象征的观念,在70年代变得大众化了。宗教意识淡薄、性自由、蓄长发、穿牛仔裤、吸食大麻、听摇滚乐等反文化运动的内容,在70年代初期,至少是在美国大多数青年人中间,已经成为其日常生活的一部分,成为一种"时尚"。甚至在1972年前后,当大多数学生已经改装换面,呈绅士装扮,意欲融入白领阶层生活的时候,这股反文化的潮流还在社会非大学青年中流行。生活方式和价值观在形式和内容上的趋同,使学生左派、嬉皮士反文化的符号和标识已经失去了往日的反叛意义,反叛也不是学生运动的专利了。[①] 并且,从学生运动后期所秉承的马尔库塞的"总体革命"的理论来看,文化革命、意识革命、爱欲的解放等虽然实际上有些偏离方向,但是确实是部分地达到了。丧失反叛专利的失落感与获得革命局部胜利的自豪感,两种复杂感情交互,再加上70年代的美国经济危机带来的生存压力和现实威胁,自然会驱使学生左派选择远离激进政治,而非继续扩大学生运动的规模了。

再次,60年代反体制的青年价值观和生活方式迅速地成为美国社会的时尚,让学生激进者认识到美国社会的容忍度和自由度,认识到美国体制的兼容性与可塑性。这使得学生运动对美国社会的原初设定——全面压制、单向度的社会失去了现实的印证和说明,更会进一步摧毁学生左派作为社会革新者的自信心和忍耐力,使学生运动失去支撑下去的力量而出现退潮。

综上,"20世纪60年代美国伴随学生运动出现的青年新价值观,在时间上正是处于美国传统工业社会价值观向后工业社会价值观过渡的时

---

① 杨克洛维奇在1969年与1973年的调查对比中发现,在生活方式、个人价值观、社会价值观等方面,非大学青年与大学青年分享着大致相同的观点。参见 Daniel Yankelovich, *The New Morality: A Profile of American Youth in the 70's*, pp. 81 – 94。

期,它既是社会价值观念变迁的一种敏感的折射,同时,也是社会变迁的缩影"。① 这种新价值观在 70 年代迅速地在全社会传播开来,成为众多美国人特别是青年人信奉的价值观念。并且,在新价值观传播过程中,20 世纪 60 年代的理想主义的、以国家－社会为导向的特征发生变化,而转为现实主义的、以自我为导向的价值观。

70 年代新价值观的形成,对美国大学生运动的合法性与学生左派的自信心、忍耐力等造成了很大的冲击,因而对学生运动的退潮起了重要的消解作用。

第四节 新闻媒体与大学生运动

20 世纪 60 年代美国大学生运动,如同时期的其他政治现象一样,与 60 年代之前的美国社会运动相比,有着自身独特的时代特点。这次运动几乎全程由新闻媒体尤其是电视媒体展示,是一场几乎完全暴露在新闻媒体聚光灯下的运动。大学生运动是怎样与新闻媒体结合的,新闻媒体是怎样报道这次运动的,这些报道对大学生运动的发展及其退潮产生了什么样的影响,等等,都是值得思考的问题。

一 大学生运动与媒体结合的背景

60 年代的大学生运动与媒体结合,利用媒体为自己的宣传、组织和招募服务,既有深刻的历史背景,也有着时代提供的机缘;既有运动组织者主动寻求和迎合媒体的因素,也有媒体自身的原因。

第一,在现代民主政治与大众文化型社会中,现代媒体为抗议者、权威部门、公众三方提供了相互了解和互动的中介。每一个社会运动都有一个政治思想和抗议方式的传播、扩散和力量集聚的过程,在这一过程中,它需要向权威部门表达政治要求或施加政治压力,需要向公众宣传自己的理想以引起公众的同情与参与。对社会运动来说,往往过激的行动是在与权威部门交涉无果后,在获得比较多的公众同情或支持下发

---

① 佘双好:《当代青年大学生价值观念基本特征及发展走向透析》,《当代青年研究》2002 年第 1 期。

生的，这在现代民主政治之前的社会非常常见。这是因为，在前民主社会中，抗议者、权威部门与公众三者之间的互动往往大都是地方性的、急速的、直接的。① 抗议者直接到权威部门门前或象征权威部门的标志地段集聚，请愿、呼喊口号或者直接行动、进行身体攻击等，权威部门也以直接的及时的方式做出反应，以警察、军队等暴力机器，或者利用铁腕人物来驱散抗议者。而公众是作为现场的旁观者出现的，通过对现场行为的观察而形成政治倾向。三方之间的互动总的来说缺少一个缓冲的时间和区域，因而易发生激烈冲突，甚至革命行动。

在民主社会，现代大众媒体的出现给三方提供了一个互动的中介。对于社会运动而言，依据这一中介，可以更广泛地传播运动组织的意志和要求，更好地让自己的政治要求和目的为权威部门知晓以获得和平解决的途径；对于权威者而言，他们也特别依赖大众媒体来了解民意，了解社会抗议的种种特点及其社会支持度，以寻找到合适解决之道；对于公众而言，作为旁观者，他已经不是依靠现场的观察来了解抗议和运动了，而是更多的依靠媒体的报道来了解，且早已突破了地域的限制，全国、全世界的各种抗议信息都可以进入眼界。也正因为如此，大众已经形成了对媒介的视觉、听觉上的高度依赖，人们"依赖媒体获得观念、信息、价值观和情感模式、形象、象征甚至语言"。② 因而，新闻媒体是抗议者和权威部门两方争取大众的支持或同情的最有价值、最有效的宣传工具，"在大众选举政治的背景下，对抗议者和权威者来说，赢得观众同情的重要性日益上升"。③

20 世纪 60 年代美国大学生运动的组织者也是深知大众媒介这一中介的重要性的，当媒体最初聚焦在运动上时，SDS 的一位前全国组织秘书承认，运动组织很注重媒体的宣传，即使它怀有敌意，"就像 P. T. 巴纳姆的那句名言一样——'我不在乎他们怎样谈论我，只要他们别把名字搞错就可以'……有人说你糟糕就意味着会有其他人说'如果他们说

---

① Ruud Koopmans, "Movements and Media: Selection Processes and Evolutionary Dynamics in the Public Sphere", *Theory and Society*, Vol. 33 (2004): 367.
② Todd Gitlin, "Spotlights and Shadows: Television and the Culture of Politics", *College English*, Vol. 38, No. 8 (1977): 789 – 801.
③ Ruud Koopmans, "Movements and Media: Selection Processes and Evolutionary Dynamics in the Public Sphere", *Theory and Society*, Vol. 33 (2004): 367.

你糟糕,那你一定非常优秀'"。①

第二,新媒体——电视新闻在20世纪60年代的广泛发展,给运动提供了新的宣传工具。纸质新闻媒体报纸是现代社会非常传统的一种媒体,它给社会提供了丰富的阅读信息,覆盖的范围比较广,但是单独一份报纸的覆盖量比较有限;广播的出现,给社会提供了有声新闻,且无线电波的覆盖范围要远远大于报纸,它为20世纪30年代及其后的社会运动提供了新的载体。电视从娱乐向娱乐与新闻并行发展的过渡,给社会运动提供了新的更为可观的宣传工具。

作为一种新媒体,电视在1960年之前的十几年,发展的目的还仅限于实验性运营,限于培养公众的接纳能力,它的节目普遍是娱乐性的,"在电视业界少有人会把电视看作严肃的政治工具,而更少的人会认为电视业应该或者有责任去做'有意义'的事情"。② 进入60年代,电视逐渐得到普及,作为一种重要媒体而出现。肯尼迪与尼克松两位总统候选人的电视辩论,开启了美国历史上真正的"电视时代"。肯尼迪总统对电视业的推崇,使电视业获得空前的发展机会。电视业也真正走出了纯粹的娱乐,而兼备了娱乐和新闻两种类型和功能,作为新的新闻媒体之优势也逐渐显现。1963年,美国三大商业广播电视公司中的哥伦比亚广播公司(CBS)、全国广播公司(NBC)[美国广播公司(ABC)在1975年]将晚间新闻从15分钟延长至30分钟,并形成新的定制节目。这是电视新媒体力量的体现,"美国已经形成了新的新闻系统——电视新闻系统,在这个系统里,公众越来越依赖电视来了解政治信息,胜过对新闻报纸的依赖"。③

60年代的美国大学生运动正是在新媒体电视的大发展之下进行的。相比纸质媒体,电视能提供生动的新闻视频,能覆盖全美每一个地域,更能便利地宣传运动的思想和内涵。大学生运动的组织者较长时间都与电视台尤其是CBS合作,向它们提供新闻。

---

① 〔美〕托德·吉特林:《新左派运动的媒介镜像》,张锐译,北京:华夏出版社,2007,第59~60页。
② Michael J. Robinson, "Television and American Politics: 1956 – 1976", *Public Interest*, Vol. 48 (1977): 3.
③ Ibid..

第三，这是社会运动本身对媒体的需要所致。现代社会中任何一场社会运动，如果它的政治目的在于建设而不是破坏，是力图局部的"革新"而不是实质的"革命"或"颠覆"的话，那么与主流媒体结合，借用媒体来宣传自己的观点是非常重要的。如果孤立在主流文化之外，那这种运动对于大众来说，可能等于不存在的事件，更不可能受到关注，"对于反抗运动而言，在一个社会的主流文化之外来解释自身和其世界观，并建立能够自我生成文化制度的文化基础是极其困难的，甚至是根本不可想象的"。①

研究运动与新闻关系的政治过程理论学者威廉·加姆森（William A. Gamson）和加迪·沃尔弗斯菲尔德（Gadi Wolfsfeld）把社会运动需要新闻媒体的原因归结为三点：宣传与动员、争取主流媒体的认可以及扩大冲突范围。② 首先，宣传与动员。通过电视演讲和接受访谈，传播运动的理念，以保持运动的持续发展。其次，争取主流媒体的认可。运动需要媒体的聚光灯来确认它是政治的重要参与者，它正在创造着历史的这一事实。只有获得大众媒体的关注，一场运动才是真正发生的事件，而"一场没有媒体报道的示威根本不是一个事件，不可能在动员追随者或目标实现上发挥积极影响"。③ 再次，扩大冲突范围，即依靠媒体的报道使冲突公众化，来获得公众对他们发起的挑战的同情。

这种归纳是有道理的，但并不全面。它忽略了另一个重要原因，即媒体也是抗议者力图与权威者沟通和对话的一个重要平台。60 年代的大学生运动，其口号、示威、演讲、宣言、舞蹈、服饰等，此类象征行为，都可以说是为了谋求与权威者对话的策略行为；而真实的或者虚拟的冲突与流血现场，则是对话无果之后愤怒情绪的宣泄。

无论是出于何种具体的目的，60 年代的社会运动（包括学生运动、民权运动、妇女解放运动、环境运动等）都非常重视新闻媒体的作用，学者米歇尔·沙姆伯格（Michael Shamberg）甚至这样描述当时的状况，

---

① Walter L. Adamson, "Beyond Reform and Revolution: Notes on Political Education in Gramsci, Habermas and Arendt", *Theory and Society*, Vol. 6, No. 3 (1978): 429–460.
② William A. Gamson & Gadi Wolfsfeld, "Movements and Media as Interacting Systems", *Annals of the American Academy of Political Science*, No. 528 (1993): 116.
③ Ibid., p. 116.

"每一个怀有特殊利益的团体,都沉溺于'大众媒体理疗'之中——他们创造事件以获得媒体的聚焦,然后跑回家观看电视上自己的经历有没有得到证实"。①

第四,新闻媒体对运动的需要。社会运动为新闻媒体提供了戏剧、冲突和行动,提供了获取镜头的机会,提供了新鲜的、另类的、独特的能被制作成新闻的原材料。对社会问题的敏感度的大小,是影响电视台、广播收视率及报纸发行量的重要因素,"抢新闻"、争取"时效"、"首发"自然是新闻工作者们最先考虑的问题。

60年代新闻从业者青年化趋势也是新闻媒体关注社会运动的一个重要原因。1963年前后,电视媒体推出长时段新闻节目,因此对新闻记者的需求急剧增加,于是从与电视网有关的行业、自营性的广播电台中招募了一些更年轻的记者,"这些年轻的记者比同行们更好斗、更服从于新型的新闻主义",他们对"城市骚乱、校园暴力以及越南战争的报道给60年代的电视新闻报道奠定了基调"。②

此外,关注一场青年运动,也是电视适应美国社会青年化趋势,迎合青年观众心理的需要,也是各电视台、新闻报刊争夺观众或读者的需要。1968年,美国广播公司的总裁埃尔顿·鲁尔(Elton Rule)就曾指出,"更年轻的人们已经成为社会和政治的力量,要求我们去重新估量我们社会的方方面面","我们知道为什么要迎合他们,因为我们比竞争者更能打破传统"。③

二 20世纪60年代媒体对运动的报道特点及影响

1962年《休伦港宣言》发表后,大学生运动正式开展起来,在最初约两年时间里,运动还是内向型的。它开展的两项主要活动是反贫困社区计划和民权活动。反贫困社区计划是由几位骨干分子进行的实践,局限在美国东北部的几个实验性社区,没有形成较大的规模效应。大学生

---

① David Joselit, "Yippie Pop: Abbie Hoffman, Andy Warhol, and Sixties Media Politics", *Grey Room*, No. 8 (2002): 62 – 79.
② Michael J. Robinson, "Television and American Politics: 1956 – 1976", *Public Interest*, Vol. 48 (1977): 3.
③ Aniko Bodroghkozy, *Groove Tube: Sixties Television and the Youth Rebellion* (Durham [N.C.]: Duke University Press, 2001), p. 199.

运动只是民权运动的参与者和追随者，没有自身的突出特征，也没有象征性的符号、语言或行动。再加上运动组织 SDS 还正处于建制过程中，组织规模非常小，因此要引起大众媒体的关注和报道是很困难的。而对运动本身而言，其组织者最初也无暇去吸引媒体的注意，也没有认识到媒体的重要作用。一位领导人理查德·弗莱克斯事后回忆说，"当时有一种普遍的设想，既然我们不是权力机构的一部分，那么媒体也就不会关注我们"，"我们并无意表现出大众组织的姿态"。①

1964 年下半年，加州大学伯克利分校"自由言论运动"的爆发引起了新闻媒体的广泛注意，大学生运动进入媒体的视野，并成为一个持续多年的热点。根据笔者对 1964 年《纽约时报》摘要的统计，这一年报道"自由言论运动"的文章达到 16 篇以上，分别对运动的示威情形、要求、学生遭逮捕、校方商讨解决方案、运动领导人等进行了比较详细的报道。在对"自由言论运动"的报道之中，媒体发现 SDS 在支持和影响运动发展中发挥了作用，于是 SDS 及其领导的各项活动成为新的热点。1965 年 2 月 18 日，《纽约时报》登载的新闻《14 人在反战行动中被捕》第一次提到了 SDS 组织。1965 年 3 月 15 日，它在第 1 版刊登了弗莱德·波利奇（Fred Powledge）的《学生左派促进改革：新的知识界积极分子正出现在大学校园》一文，详细介绍了 SDS 的情况，并引用汤姆·海登、鲍勃·罗斯（Bob Ross）等人的话以及《休伦港宣言》来介绍它的行为、政治策略、政治信仰等情况，认为"新的小规模松散的知识分子群体把自己叫作学生新左派，希望能引发社会的基本变化"。② 这篇对新左派、大学生运动的详细报道使得 SDS 的组织和参与式民主纲领初次为公众了解。接着，《纽约时报》、CBS 等主要的媒体与机构又对 SDS 组织的 3 月 19 日抗议大通银行贷款给南非（反种族隔离）的示威行动、4 月 17 日华盛顿反战游行进行了报道，CBS 还在 5 月 6 日专门制作了有关 SDS 的评论在晚间新闻播放。③ 这些较大规模的报道，使得 SDS 成为被全国知晓的组织，其知名度迅速上升。

---

① 〔美〕托德·吉特林：《新左派运动的媒介镜像》，第 6 页。
② "The Student Left: Spurring Reform; New Activist Intelligentsia is Rising on Campuses", *The New York Times*, Mar. 15, 1965.
③ 〔美〕托德·吉特林：《新左派运动的媒介镜像》，第 34 页。

1965年秋，美国社会对约翰逊政府将越南战争升级，正式介入战争，扩大征兵已经表现出强烈不满，美国媒体也对战争的前途和道德问题表现出担忧，提出了批评和疑问。① 这样，媒体对反战活动更加关注。10月15日和16日，反战运动组织计划举行抗议和示威活动，为了报道这次抗议，CBS投入了大量的精力，《纽约时报》也连续六天在头版刊登有关反战示威游行的报道。② SDS作为最早开展反战活动的组织之一再一次成为关注的焦点。在媒体的宣传下，许多持反战观点的大学生加入了这一组织，运动组织的规模持续扩大。

之后，媒体继续追踪报道以SDS为中心的大学生运动，其中最关注的事件为1968年哥伦比亚大学暴动、1968年芝加哥民主党全国大会上的抗议活动以及1969年的加州大学伯克利分校的"人民公园事件"等。这些报道在继续展示大学生运动的反战热情的同时，也因其对运动暴力行为的框架设定、对反叛与革命情绪的渲染、刻意塑造运动的"明星"领导人、忽略民主参与制等，使大学生运动在高潮阶段却突然走向瓦解。

20世纪60年代新闻媒体对大学生运动的报道，有以下几个特点。

第一，媒体建构运动，定制报道框架。现代社会，新闻媒体被称作政府的"第四部门"，它具有强大的文化权力，即葛兰西等人所称的"文化霸权"。虽然媒体与社会运动两者之间有着相互依赖的关系，但是这种关系是不对称的。在对事件的报道上，报道与否、如何报道、覆盖程度如何、价值判断、框架设定等，都是由媒体根据自己的权衡来决定的。在权衡之后，报道可能会选择双方和公众都熟悉、能产生共鸣的框架。③ 在对学生运动报道上，这种霸权表现得更为明显。大学生运动与同时期其他的社会运动相比是不相同的，它总的来说是一场"反体制"的运动，缺乏国家和社会赋予的合法性，因此，在与媒体的关系中，没有多少选择余地。报道主题、公众人物的选择、运动性质的设定等都是由媒体决定的。

第二，关注的主题主要集中在大学生运动的反战内容上。虽然媒体

---

① 王云飞：《美国新闻媒体与越南战争研究》，武汉大学博士学位论文，2006。
② 〔美〕托德·吉特林：《新左派运动的媒介镜像》，第50页。
③ Tim Baylor, "Media Framing of Movement Protest: The Case of American Indian Protest", *The Social Science Journal*, Vol. 33, No. 3 (1996): 241-255.

较早也关注过"自由言论运动",报道了大学校园内部的冲突,也报道过大学生运动的纲领和政治理想,但是总体上看,还是倾向于反战问题,倾向于把运动组织定性为"反战组织"。这种定性,一方面是为了新闻聚焦的需要,另一方面也与媒体对战争的看法发生变化有关。在反战运动萌芽阶段,将大学生运动的内向封闭型的组织转变为外向型的组织,赋予大学生运动一种前瞻性的反战功能,其实也是媒体在借助"他者"来表达自己的政治倾向和政治观点。

为了强调学生异议者的规模,媒体甚至不惜谎报参与者的数目。赫伯特·雅各布斯对电视和报纸关于1966年12月伯克利斯帕若广场的一次示威的报道情况进行分析时发现,实际的参与者不到2000人,而媒体报道的数目却是8000~10000人。他对另一次学生示威的新闻报道状况的分析也得出相似的结论:参与者只有2400人,而报道却称有6000~7000人。①

第三,突出对领导人的报道。在新闻报道中,媒体倾向于选择一些具体的有代表性的人物作为报道的中心,结合人物的行为方式、风格、意志、命运等来描述与之相关的事件。这些人中,机构领导人或者有着象征作用的领导人,往往是选择的重点,"新闻总是报道一些与发挥重要作用或象征领导人作用的人有关的全国性的议题。当必要时,他们甚至会创造出领导人"。② 媒体对大学生运动的报道,也倾向于报道它的某几个领导人,甚至出现将领导人的行为等同于运动的做法。其实,早期的学生运动实行民主参与制,并不推崇代言人的做法。媒体从SDS的全国或地方的主要组织者中,挑选出了马里奥·萨维奥、汤姆·海登、马克·鲁德,从易皮士中挑选了阿比·霍夫曼和杰瑞·鲁宾作为领导人物。被媒体塑造出的公众人物,其代表性本身就是可疑的,但是他们的频频现身,已经给社会造成了"代言人"的印象。而公众人物的塑造过程,本身就是一个与普通成员的疏离过程。汤姆·海登就曾谈到作为明星的不安,"我们受到万人景仰,大家都把我们视为摇滚明星","你没有什

---

① Clark Kerr, *The Great Transformation in Higher Education* (Albany, N.Y.: State University of New York Press, 1991), p. 174.
② Herbert J. Gans, *Deciding What's News: A Study of CBS Evening News, NBC Nightly News, Newsweek, and Time* (Evanston, Illinois: Northwestern University Press, 2004), p. 62.

么真正的朋友也没有真正的组织，只依赖于媒体，飘飘然地同其他'明星'四处游历"。①这一种从平衡式的体制向金字塔式体制的转化过程，使得运动的组织原则——参与式民主在媒体塑造公众人物的过程中被破坏了，"由大众媒介支配的个人崇拜，增加了运动的脆弱性"。②

第四，把运动的主要行为描述为暴力行为，刻意突出运动与体制的对立。媒体对60年代大学生运动的报道，基本都持保守主义的观点。赫伯特·J. 甘斯（Herbert J. Gans）在分析60年代的媒体报道时就发现，"在60年代，反战进军、示威本来属于抗议活动的范畴，但是新闻却几乎都把它们看作对社会秩序的潜在的和真实的威胁"。③虽然媒体赋予该运动以反战的性质，给予一定程度的认可，但这也是因为它在某些程度上迎合了媒体对战争的新看法。在媒体的眼中，这一反战组织依然是主流社会价值观的反对者，是反体制文化的一部分，是社会秩序的威胁者，暴力是其行为最主要的表现方式。即使某一时期，这种暴力并不存在，也是可以人为地贴上这一标签，或者是值得期待的。

1967年5月7日《纽约时报》头版刊登保罗·霍夫曼的新闻《新左派转向暴力以取代抗议》，报道称，左翼学生民主社团的秘书乔治·卡尔弗特声明正在建立一支游击力量，组织正在积极地组织叛乱，格瓦拉的理论适用于美国。④而据卡尔弗特反映的情况却是，他的话完全被断章取义了，他并没有称自己是格瓦拉主义者，也没有提过学生运动要组建力量，只是提到格瓦拉虽死，但是精神仍在，"仍然活在人们的心中"。卡尔弗特向组织代表们承认，接受霍夫曼的采访是一件非常不明智的事情。⑤

查看《纽约时报》《华盛顿邮报》等报纸的索引，学生运动新闻有如下几个重要检索词。

1964年：不安（unrest），静坐（sit-in），示威（demonstration），反抗（revolt），不安（unrest），担忧（disquiet），抗议（protest），罢课

---

① 〔美〕戴维·斯泰格沃德：《六十年代与现代美国的终结》，第239页。
② 〔美〕托德·吉特林：《新左派运动的媒介镜像》，第113页。
③ Herbert J. Gans, *Deciding What's News: A Study of CBS Evening News, NBC Nightly News, Newsweek, and Time*, p. 54.
④ *The New York Times*, May 7, 1967.
⑤ 〔美〕托德·吉特林：《新左派运动的媒介镜像》，第135~136页。

(strike);

1965年、1966年比1964年增加了几个关键词：反叛（rebel），异议（dissent），行动主义（activism），进军（march）；

1967年新增关键词：好斗分子（militant），危机（crisis），骚乱（riot），暴力（violence）；

1968年新增关键词：学生权力（student power），混乱（turmoil），煽动（agitation），混乱（disorder），造反（rising），叛乱分子（insurgent），革命者（revolutionary）；

1969年新增关键词：激进者（radical），动乱（ferment），叛乱（rebellion），革命（revolution）。①

从以上的统计可以看出，1967年之后新闻报道中倾向于用"暴力""动乱""骚动""革命""好斗"等词来描绘学生运动的"过激"行为。这些词的使用频率远远高于"不安""异议""抗议"等1964~1966年常用的词语，说明1967年之后媒体看待大学生运动的角度已经发生了重要变化，从客观描述转向了主观的暴力、反体制的形象定制。

60年代新闻媒体对大学生运动的持续关注与深入报道，给大学生运动带来了双重影响，主要表现为以下几点。

第一，正是因为媒体的关注，才使大学生运动组织从一个附属于民权运动、缺乏自身特色的封闭型组织转变为以反战为目标的开放型组织，扩大了运动在全国大学生中的影响，促进了它的成员的扩募。1964年底，当SDS尚未被关注之前，它的会员仅有2500人，支部仅有41个，但由于1965年媒体对其关注，到1965年10月，会员达到10000人，增长了3倍，支部数达89个，增加了1倍以上；到1968年，会员已经达到8万~10万人，在350~400所大学设有支部。②

第二，新闻媒体对运动报道框架的定制，给运动组织者的宣传和组织带来很大的限制。通过媒体的宣传，受众很容易接受它塑造的大学生形象，特别是在运动组织主动配合宣传、运动"公众人物"频频露面接受采访的情形之下。这样，真实的运动在观众中间不被知晓，而媒体展

---

① *The New York Times* Archives, before 1980; *Washington Post*, 1964-1976.
② Kirkpatrick Sale, *SDS*, p.663.

示的大学生运动,无论是温和的还是激进暴力的形象,都成了"真实"的运动本身。运动依靠媒体获得声誉,但是终为媒体的霸权所控制。

第三,对运动的报道集中在反战问题上,大学生运动组织被定义为反战组织。依赖媒体的报道和传播,大学生运动依靠外部"他者"将"反战"界定为重要的、具有合法性的东西。① 媒体有意忽略运动的最初理念,定制了运动的性质和功能,也迫使运动组织在宣传和行为上与之靠近。当学生运动与反对越战这一特定的目标画上等号时,一方面,这对这一特定的目标下的运动有着很强的推动作用,另一方面却大大弱化了这一运动的政治构想,成为学生运动的致命性的伤害因素。

受媒体报道感召加入组织的大学生大多数仅仅因为反战理由而入会,这就造就了新一代的与运动最初的理想相分离的大学生群体,"新成员从《新闻周刊》、《时代》或《哈布斯》的报道中形成有关运动形象,'好斗的游击队员的夸张形象',这种可能性远过于形成"参与式民主的继承风格形象"的可能性"。② 新成员与组织原有成员之间这种天然的隔阂,使得运动在 1965～1966 年出现了严重的分化,被称为"草原力量"的西部成员取代东北部的"元老派",成为新的领导力量。因媒体宣传而入会的新领导人比"元老派"更深知媒介宣传的重要性,也更依赖于媒体来为运动宣传造势,这进一步淡化了运动原本的理念,使反战组织的标签进一步清晰。

以反战、反对征召大学生入伍为目的这一大学生运动旨趣的转向,既使运动特定的目标明确化,也使运动失败的后果有了预示,"60 年代后期蓬勃发展的运动,被媒体纳入了一个其自身经验的去情境化之中,而这对运动的政治平衡和连续性是致命的"。③ 反战会使运动走入高潮,但一旦战争停止,它也会让运动在巅峰时刻突然间坠落。1968 年后,反战几乎成了全民性的活动,大学生运动组织作为反战组织的特色逐渐消失,其重要性也急剧下降。特别是,随着大学生征兵计划的取消,美军

---

① Ruud Koopmans, "Movements and Media: Selection Processes and Evolutionary Dynamics in the Public Sphere", *Theory and Society*, Vol. 33 (2004): 367.
② Nigel Young, *An Infantile Disorder? The Crisis and Decline of the New Left* (London: Routledge & Kegan Paul, 1977), p. 325.
③ 〔美〕托德·吉特林:《新左派运动的媒介镜像》,第 176 页。

在越南战争的逐步撤退,以反战—反征兵为主线的大学生运动取得特定目标的胜利、运动航向迷失之后,瓦解态势必然会出现。

第四,媒体刻意突出运动的暴力性、反体制的行为,也倾向于只报道此类新闻,"60 年代政治性的团体,只有当它们领导抗议示威或者与国内骚乱有关联的时候才会被关注,而没有这类活动的就会在新闻中缺位"。① 在这种背景下,依赖媒体的运动组织新领导层,"必须经常忙于制造大量的戏剧事件来获得媒体的注意"。② 而且,这类戏剧性的事件,"越极端越有戏剧性,则获得媒体报道的可能性就越大"。③ SDS 的一位组织者就抱怨说,"我们只有表现暴力才能上新闻屏幕"。④ 为了赢得媒体的注意,运动或使用真实的暴力,或伪造"流血冲突",或使用激进言辞、标语等来象征暴力,"越来越残暴的行为,导致了媒体制造出越来越多的夸大其词的报道以及警察的镇压,这反过来又助长了运动的愤怒与偏执,从而引起了与警察更多的对抗以及媒体的报道"。⑤ 运动如同一幕戏剧,需要一幕幕的高潮才能赢得媒体的垂青,而促使戏剧不断上演的暴力,却使得运动始终处于与主流政治对立而非交流的处境,加剧了运动的不稳定性。1969 年下半年,SDS 分裂,其中一个重要的原因就是路线问题,在继续走以和平为主的路线还是改走暴力革命的路线上,成员看法发生严重的分歧,也最终酿成了组织的解体。而马克·鲁德、汤姆·海登等人鼓吹暴力革命,与其本人作为"公众人物",接受媒体对运动的暴力化的定性也很有关系。

三 20 世纪 70 年代新闻媒体话语转换与运动的衰微

20 世纪 60 年代媒体对大学生运动的关注给运动提供了极佳的发展

---

① Herbert J. Gans, "Deciding What's News: A Study of CBS Evening News", *NBC Nightly News, Newsweek, and Time*, p. 12.
② C. N. Olien, P. Tichenoir and G. Donohue, "Media Coverage and Social Movements", in *Information Campaigns: Balancing Social Values and Social Change*, edited by C. T. Salmon (Newbury Park, CA: Sage, 1989), p. 151.
③ Tim Baylor, "Media Framing of Movement Protest: The Case of American Indian Protest", *The Social Science Journal*, Vol. 33, No. 3 (1996): 243.
④ Nigel Young, *An Infantile Disorder? The Crisis and Decline of the New Left*, p. 348.
⑤ 〔美〕托德·吉特林:《新左派运动的媒介镜像》,第 137 页。

机会，但是也使运动为新闻报道的框架所限制和歪曲。大学生运动对媒体的依赖，使得它在1970年的报道高峰过后，随着媒体对其失去关注兴趣，也几乎同时进入了低潮。

1970年，新闻媒体继续追踪报道大学生运动。这时运动的主要组织SDS已分裂为主张暴力革命的"气象员"和以工人阶级为革命阶级的进步劳工党控制的SDS两派。两派都走入自我封闭状态，前者为极少数人所坚持，后者逐渐与大学生剥离了关系。但是，在反战的旗号下，大学生运动仍在继续，激进大学生的激情仍在。1970年4月30日，尼克松宣布出兵柬埔寨，以及5月4日俄亥俄肯特州立大学四名学生、5月14日杰克逊州立学院两名黑人学生遭国民警卫队枪杀事件，引发了全美大学生的抗议浪潮，近51%的大学、60%的学生参加了这场运动。

新闻媒体对这次大规模抗议进行了集中的报道。由于流血事件的发生，媒体对尼克松不履行竞选诺言、延迟从越南撤军不满等原因，以《纽约时报》、CBS为主的报道大学生运动的新闻媒体与机构在报道中明显倾向于同情和支持学生。1970年对大学生运动的相关报道，以9月为界，可分为两个阶段，前一阶段主要集中在肯特事件、杰克逊州立学院事件以及其他大学的骚动、尼克松政府对大学生骚动的政策和声明、公众对惨案的回应等内容上，后一阶段主要集中在枪杀事件的调查、各大学的安全管制、激进分子的处理、政治人物对大学和大学生的批评等问题上。此外，对学生运动前领导人、公众人物汤姆·海登、萨维奥等人的新闻仍有一些。与1968~1969年的报道相比，1970年的报道关注更多的是政府、大学、重要政治人物以及公众对大学生运动的看法和处理问题，而非对大学生运动状况的描述。在1970年9月之后的报道中，对激进大学生行为、大学管理的批评日渐增多，这与之前的报道形成很大区别。

进入1971年后，大学生的抗议仍在继续，但是有关大学生运动的相关报道已经急剧减少了。根据对《纽约时报》1970~1974年摘要内容的统计，与"校园不安"（campus unrest）相关的报道1970年为229条，1971年为22条，1972年为6条，1973年为8条，1974年为2条；与"学生反叛"相关的报道1970年为22条，1971年为6条，1972年为2条，1973年为2条，1974年为2条；与"学生抗议"相关的报道1970

年为235条，1971年为26条，1972年为29条，1973年为17条，1974年为27条。①

从以上统计可以看出，1971年及其后，作为大学生运动新闻报道的领军媒体的《纽约时报》，对运动的报道出现大幅减少的状况。同样的状况也在CBS的电视新闻中出现。这当然与1971年以后的学生运动的逐渐衰落有一定的关系，但更重要的是，新闻媒体的关注点已经发生了转移。

一是从对大学生激进活动的关注转向了对大学生学习、就业、教育等问题的关注。赫伯特·J.甘斯在对20世纪60~70年代电视、新闻报纸和新闻杂志有关大学生的报道内容分析后发现，60年代中后期人们关注的是叛乱者和抗议者，70年代早期，媒体依然把学生当作"恶作剧的制造者"，但这个形象很快让位给了沉默的、学习勤奋的、狂热竞争好成绩、在萎缩的劳动力市场上竞争好工作的一代。②

二是从对大学生运动的关注转移到对妇女解放运动、同性恋解放运动、环境保护运动等新社会运动的关注。其中，妇女解放运动问题尤其引起媒体的关注，"70年代新闻报道中的基本问题是性别之间的问题。妇女成为最近所有少数群体中最有新闻价值的群体"。③

新闻媒体对大学生运动关注点的转移也可以从其对大学生运动有限的报道中看出来。从1971年到1974年，相关报道主要集中在和平反战抗议学生参与程度、校园秩序、肯特事件的调查、运动亲历者回忆、研究者对学生运动的起源和影响的分析以及新生对抗议的看法等问题上。另外，它也报道了少数学校的抗议活动，如1972年康奈尔大学百名学生占领图书馆抗议学校领导对战争问题的表态的活动，1973年哈佛大学研究生院和新泽西拉马波学院的学生反对校方奖学金政策的抗议活动、布鲁克林学院学生抗议学院任命的官员活动、曼哈顿社区学院学生破坏学校公物被捕以及1974年纽约州立大学的骚动等。不过对这些问题的报道篇幅都不大，大都只在新闻里出现一次，且新闻记者们在新闻写作中都

---

① 数据源于对《纽约时报》文章档案（*The New York Times* Articles Archives）的统计。
② Herbert J. Gans, *Deciding What's News: A Study of CBS Evening News, NBC Nightly News, Newsweek, and Time*, p.29.
③ Ibid., p.28.

强调只是极少数人参与此事,这些抗议并不影响全美大学校园的安静状态。1973年4月23日,《纽约时报》刊登了《校园激进主义衰退,20世纪50年代风格流行》一文,宣称"政治激进主义在纽约、新泽西和康涅狄格已经死亡,如今的学生以自我为中心、对社会冷漠"。① 而1974年11月,《纽约时报》报道了在普林斯顿大学举行的常春藤盟校的年度第一场足球赛赛况,标题为《新的"正常"的普林斯顿;"六十年代已经死亡"》。② 这些都表明,《纽约时报》等新闻媒体正在建构一个新观念,即激进运动正在消亡,大学已经恢复常态(虽然抗议还在持续)。

新闻媒体对大学生运动关注点发生的转移,原因可以归结为以下几点。

首先,1964年以来新闻媒体对学生运动持续关注,最重要的原因是它关注的焦点在于学生运动的反战内容。学生运动是越战之初美国社会共识体制下唯一的"异议",并且其声势日渐浩大,自然会引来新闻媒体从不同角度进行关注。在新闻媒体于1968年前后公开反对反战运动之前,对反战运动尤其是学生运动的报道是媒体借助"他者"表达观点和异议的手段。而在这之后,对国内学生反战运动(国内战场)的报道是新闻媒体在越南战场进行的反战报道的一个重要补充,它有益于强化受众对反战问题的感知和领悟。但是,1971年后,随着尼克松政府对从越南撤军问题的加速解决,战争结束的形势进一步明朗,新闻媒体自身的反战活动也逐渐平息下来。在此背景下,被新闻媒体设定为"反战性质"的学生运动自然也会失去关注。

其次,新闻报道对大学生运动状况长期的、超常规的追踪报道,无异于是对受众的长期信息轰炸,使新闻受众逐渐产生了感官与心理的厌倦。因此,有关学生运动的新闻也日益在受众中失去了吸引力。而此时,学生运动组织本身早已四分五裂,失去了统一的旗帜、口号和话语,而且力量也逐渐式微,不利于新闻媒体的聚焦与叙事。尤为重要的是,从学生运动中分离出来的一些组织,如"气象员"等,从事恐怖活动等反社会行为,严重影响了学生运动在媒体中的声誉,使其已经不适合被放

---

① "Campus Activism Fades, Style of 1950's Prevails", *The New York Times*, April 23, 1973.
② "The New 'Normal' Princeton; 'Sixties Are Dead'", *The New York Times*, November 11, 1974.

置在同情的立场上加以宣扬了。而其他一些组织，如妇女解放运动、同性恋解放运动和环境运动等，因其宣扬的独立性，也不适合放在学生运动的报道框架中加以报道了。因此，1970年全国大学骚乱平息之后，学生运动的新闻价值也大大降低了。

再次，长期的报道，尤其是对学生暴力行为的报道让观众产生了不安全感，对运动的反感和恶意也逐渐增加，促使商业性的新闻媒体减少相关的信息内容。1970年6月，肯特事件和杰克逊州立学院事件刚发生不久，新闻媒体在报道中倾向于同情大学生。但据盖洛普测验的结果，却有82%的公众反对学生以罢课为抗议的方式。[1] 在肯特城，市民对学生的愤怒远远甚于对死难者和受伤者的同情，一些抗议的学生还遭到当地工人的身体攻击。

最后，新闻媒体对运动的报道历来遭到政府、公众和大学校长们所施加的多重压力。约翰逊、尼克松两人都对新闻媒体的反战运动报道进行过干预，特别是尼克松时期，这种干预进一步加强。虽然新闻媒体对运动持保留态度，但并没有得到公众的长期认可，公众对媒体的不信任感反而随着时间的延长而加深。1968年民主党全国大会上的动乱发生后，美国三大电视台对芝加哥市市长戴利动用警察镇压学生反战分子的行为进行了空前猛烈的攻击，但是公众却压倒性地支持警方维持秩序，57%的人表示警察做得对或者镇压还不得力。[2] 18%的受访者表示知道电视台站在示威者一方，但是他们中3/4的人仍表示芝加哥警察做得对，或者是镇压不得力。[3] 在肯特事件上，受访者也表示了对警察的支持，尽管媒体倾向于同情学生。很明显的，大多数新闻受众对新闻媒体对大学生运动的倾向性报道持反对或怀疑态度。

大学校长给新闻媒体造成的压力到底有多大仍值得深思，但是在1964～1970年，一些大学校长表示希望媒体报道大学生运动状况时保持克制。1965年CBS制作的关于"自由言论运动"的纪录片——《伯克

---

[1] "82% in Gallup Poll Opposed to Student Strikes as Protests", *The New York Times*, June 4, 1970.

[2] John P. Robinson, "Public Reaction to Political Protest", *The Public Opinion Quarterly*, Vol. 34, No. 1 (1970): 2.

[3] Michael J. Robinson, "Television and American Politics: 1956 - 1976", *Public Interest*, Vol. 48 (1977): 26.

利的反叛》播出前，加州大学校长克拉克·克尔就写信给 CBS 的总监弗兰克·斯坦顿，对纪录片进行干预，称它"对大学和 CBS 来说会带来麻烦"。结果，CBS 对纪录片做了相应的删改。① 1968 年，哈佛大学校长内森·普西（Nathan Pusey）曾拒绝电视新闻报道校园内的一场反越战讨论，他声称，"运用科学技术为一种观点辩护是和哈佛大学的基本原则相违背的"。②

1970 年以后新闻媒体对大学生运动的关注点，对 1965 年之后已经对媒体形成很深依赖的大学生运动来说，是非常不利的。1970 年之后，伴随着媒体对其他新社会运动的关注和对"和谐大学校园"的建构，大学生运动迅速从公共视野中消失，逐渐成为只有在纪念、反思、口述类的文章中，或者在大学改革类新闻中才会出现的内容，而真实的尚在延续的运动，也因失去聚焦逐渐退潮。正如吉特林所指出的，"运动的'事件时间'是与媒体一起出现的"，"媒体对于连续性事件有限的忍耐，会导致一个运动事件半途中止，或减少对其相关的报道"。③ 一场没有受媒体关注的运动，在西方，可能意味着一场无人知道的运动，更无传播社会运动理念的可能；而一场受到媒体广泛关注的运动，却不一定能得到更多的益处；尤其是那些受到媒体长期关注的运动，当媒体选择对它沉默时，对它的冲击力是非常大的。从受关注到失去关注，基本可以记录运动从发展到衰退的轨迹。

综上所述，"社会运动是一个公共事件。因此，媒体对运动的报道及其方式都会对运动的公共认知、大众支持度和发展产生重要影响"。④ 20 世纪 60 年代青年学生创造历史的梦幻感觉很大程度上来自大众媒体的大肆渲染，新闻媒体对大学生运动的持续关注，为大学生运动理念的传播、成员的扩募、公共影响力的增长带来了很大的机会。大学生运动组织非常重视保持同媒体之间的亲密关系，以期取得媒体和美国公众的支持。但是，与新闻媒体结合所带来的风险远大于机会，媒体依据自身运作机制和价值观念，给学生运动设置了暴力的、反体制、崇拜领导人的反战

---

① 〔美〕托德·吉特林：《新左派运动的媒介镜像》，第 36~37 页。
② 〔美〕理查德·诺顿·史密斯：《哈佛世纪——锻造一所国家大学》，第 302 页。
③ 〔美〕托德·吉特林：《新左派运动的媒介镜像》，第 174 页。
④ 赵鼎新：《社会与政治运动讲义》，第 44 页。

组织的报道框架，迫使运动不断地远离原来的理想，并不断地制造相应的新闻来获得关注。这种长期的状况加剧了美国公众对运动的不安全感和恐慌感，使得美国社会对运动的反感逐渐加深。而当这场依赖媒体聚焦的运动在 70 年代突然失去了媒体的关注时，其自身也迅速解体，大学生运动不仅从公共的视野中，而且从真实的世界中消失了。

第五节　好莱坞青年反叛电影与大学生运动

> 电影反映或解读它们所处的时代的文化，只不过比现实的事件稍晚一点而已。
>
> ——Helene Keyssar[①]

作为美国社会青年化的标志，20 世纪 60 年代美国大学生运动及其相随的激进政治与反文化现象，也在美国好莱坞电影史上留下了明显的印记。

60 年代美国好莱坞电影形成了一个电影亚类型——青年反叛电影（teenpics），这一类型影片开启了好莱坞电影史上的"文艺复兴"时代。这类电影因其在解读、建构和解构青年新伦理与学生激进政治方面的作用，对 60 年代美国大学生运动的发展进程产生了非常重要的影响。电影与社会运动的结合，是 60 年代美国（也是西欧）社会运动史、电影史上一个独特的现象。电影对青年学生的反叛伦理、学生运动中的历史事件是怎样解读的？电影与学生反叛的关系如何？电影制作和宣传与大学生运动的退潮有何关系？弄清这些问题，对于我们更深入了解大众媒介与学生运动的关系以及这一时期美国大学生运动的特征有很大的帮助。本节笔者试图考察 60 年代美国好莱坞电影与大学生运动的互动关系，并把研究重点放在电影对大学生运动的双重作用上，以期对大学生运动衰微的原因作出一些合理解读。

---

① Peter Lev, *American Films of the 70's: Conflicting Visions* (Austin, TX: University of Texas Press, 2000), p. 1.

一 好莱坞青年反叛电影出现的背景

二战以后，虽然"婴儿潮一代"人口增长迅速，但好莱坞长期以来都没有把青年作为电影叙述的主题。直到1967年前后，它才表现出对青年文化和青年激进政治的浓厚兴趣，开始推崇青年伦理和同情学生激进政治。这种变化，是由以下一系列内外因素综合促成的。

从内部因素来看，好莱坞陷入生存危机及由此引发的影业格局变化，是促使其走向新好莱坞的主要动因。

20世纪60年代，与美国丰裕社会的繁荣和兴盛相悖的是，好莱坞影业陷入了严重的生存危机。首先，电视的普及和电视节目的推广，促进了娱乐的家庭化，抢夺了大量电影观众。1959年每周观看电影的人数大约有8700万人，而到了1969年，这个数字下降到了1500万人。[1] 根据1967年美国电影协会（MPAA）的研究，除30岁以下的青年之外，其他年龄层的电影观众人数正在急剧减少。[2] 这使得好莱坞电影的上座率急剧下降，票房收入直线下挫。仅在60年代晚期至70年代早期，联美公司就损失了8500万美元收入，米高梅公司损失了7200万美元，21世纪福克斯公司损失了6500万美元，而哥伦比亚公司陷入破产边缘。[3] 海外市场本来占票房收入的一半以上，但是这时受欧洲新浪潮电影的冲击，境况发生了质的变化。好莱坞的海外市场份额直线下降，已经只能依靠吸引本国观众来赢利了。[4]

其次，海外片的持续引进对美国国内电影市场造成了严重冲击。60年代好莱坞仍然沿袭了旧好莱坞的制作方法和风格，如摄影棚制作方法、故事性的叙述风格等。而此时，在欧洲，以法国电影界为首，新浪潮电影取得巨大成功。它以非叙事的风格、自然景的拍摄方法、大胆的个性表演，赢得美国青年的喜爱。海外片持续流入美国市场，"戈达尔、特吕

---

[1] Carl Foreman, "Films and Film-Making in the Seventies", *Royal Society for the Encouragement of Arts, Manufactures and Commerce Journal*, Vol. 121, No. 5207 (1973): 699–706.

[2] Aniko Bodroghkozy, "Reel Revolutionaries: An Examination of Hollywood's Cycle of 1960s Youth Rebellion Films", *Cinema Journal*, Vol. 41, No. 3 (2002): 38–58.

[3] Ibid..

[4] Carl Foreman, "Films and Film-Making in the Seventies", *Royal Society for the Encouragement of Arts, Manufactures and Commerce Journal*, Vol. 121, No. 5207 (1973): 699–706.

弗以及安东尼奥尼的革新，已征服了新一代的年轻电影工作者以及艺术殿堂之观众"①，这进一步压缩了好莱坞电影的生存空间。

好莱坞影业的萧条，促使其内部格局发生了重要变化。50~60年代，联美公司先后落入辛迪加集团和花旗银行之手。1966年，派拉蒙公司成了海湾和西方石油公司的一部分。1967年，环球公司被美国音乐公司收购；华纳兄弟公司与七艺公司合并，两年后又归于华纳通信公司旗下。1969年，米高梅公司被超美集团并购。八大制片公司只剩下了20世纪福克斯、哥伦比亚和迪士尼3家公司暂时能够独立运作，至此，好莱坞历史上的大制片厂制度逐渐消亡。

好莱坞出现的新格局对实验性电影的制作起了很大的推动作用。新的不熟悉电影业务的、以追逐利润为目的的商业资本家掌控好莱坞，使得美国电影业进一步商业化。"60年代晚期电影公司不再有兴趣制作电影，它们只控制着整个流程最后的营销环节"②，这种新的分工体系给主张实验性新电影观念的青年导演提供了足够的创作自由。这种格局的变化对好莱坞的转型起了非常重要的作用。

从外部因素来看，美国社会的青年化、学生运动与反文化运动显示的青年力量的增长以及深受青年反文化影响的被称为"电影小子"的青年导演逐渐主导好莱坞，是好莱坞青年反叛电影出现的强大外在动力。

20世纪60年代正是美国社会快速青年化的时期。到1964年，二战后出生的庞大婴儿潮群体，最年长一批已经成年，此后，步入成年的人口数量逐年急剧增长。到1967年，美国人口的52%是年龄低于25岁的青年。悄然进入青年时期的"婴儿潮一代"，对美国人口结构的冲击是完全可以预见的，这是因为人口达7600万的"婴儿潮一代"直到1982年才能全部进入青年时代。青年数量的增长，也给电影业带来了新的潜在的观众群。事实上，在60年代，青少年群体是电影观众中唯一数量在上升的群体。根据1967年美国电影协会的统计，好莱坞48%的票房收入

---

① 〔美〕杰·马斯特：《好莱坞1966年至1978年》，《世界电影》1992年第6期。
② Leonard Quart & Albert Auster, *American Film and Society since 1945* (Westport, Conn.: Praeger, 2002), pp. 73 – 74.

来自 16~24 岁的青少年观众。① 创造符合青少年口味的文化产品，挖掘最具潜力的青少年观众，是好莱坞弥补中产阶级成年观众流失的最好办法。

美国人对社会青年化的趋势虽有所预见，但面对汹涌而来的青年潮，安置和接纳工作仍无法到位，因而引发了一系列的青年问题。这些社会问题又因冷战局势的恶化、美国社会向后工业社会的转型、高等教育由大众化向普及化的发展、越南战争的升级等特殊氛围而进一步突出，最终引发了影响深远的新左派运动、大学生运动与反文化运动。

1962 年至 1964 年底，大学生运动属于改良性的社会运动，它以建立一个替代性的参与式民主社会为奋斗目标，提倡青年学生应明晰自身群体及大学在社会中的角色，积极关注和参与社会问题的解决。学生运动初期实施的校外"经济调查与行动计划"，并未引起很大的社会反响。1964 年 9 月，在加州大学伯克利分校爆发的"自由言论运动"，在美国社会产生了强烈的影响，大学生运动开始受到关注，青年力量逐渐为人们所重视。1965~1966 年，美军在东南亚大举增兵并征召大学生入伍，引发大学生强烈不满，大学生运动进入以反战、反征兵为重心的高涨阶段。与此同时，反主流文化、反主流价值观的青年反文化运动也蓬勃开展起来，与学生运动形成合流，共同组成那一时期一道特殊的政治文化风景。这样，在美国历史上，青年首次占据了社会最显著、最强有力位置，青年现象成为美国人不能忽视的"存在"。紧跟美国政治文化的变化节奏，尝试与青年政治对接，对青年的文化与政治运动做出某种回应，续写新的"美国梦"以赢得青年观众，这符合好莱坞的生存之道。

真正推动经典好莱坞向新好莱坞过渡的是一批被称为"电影小子"的青年导演。好莱坞格局的变化为青年导演创造了展示才华的最佳机遇。从 20 世纪 60 年代后期至 70 年代末，丹尼斯·霍珀、迈克·尼科尔斯、阿瑟·佩恩、弗朗西斯·福特·科波拉、乔治·卢卡斯、史蒂文·斯皮尔伯格、约翰·卡萨维斯特、萨姆·佩金帕、彼得·波格丹诺维奇、罗伯特·阿尔特曼、马丁·斯科西斯、威廉·弗里特金等人，组成了美国

---

① Aniko Bodroghkozy, "Reel Revolutionaries: An Examination of Hollywood's Cycle of 1960s Youth Rebellion Films", *Cinema Journal*, Vol. 41, No. 3 (2002): 38 – 58.

电影界的文化左派，主导整个影坛。与经典好莱坞时期的师徒培养方式不同，这些青年导演大多属于第一代接受过正规电影专业教育、学院出身的导演。他们懂得电影产业运作的规则，懂得娱乐与价值的结合模式，熟悉好莱坞的商业化模式。更重要的是，他们来自高等院校，与同龄人有着同样的运动体验，分享着相似的价值理念。他们希望能迎合青年学生对关联性电影①的要求，创作出属于青年一代的电影。这些都使得青年导演们能够吸收和借鉴欧日电影经验，大胆地创新和实践新电影。正是这些导演，使好莱坞与青少年观众的关系进入了蜜月期，"市场策略和制片方式的转变引发了青少年内容的电影的流行，也造就了左右当今电影工业的年轻观众群"。②

二 走进青年世界与运动的扩容（1967年）

关注国内社会之关切，瞄准市场的新动向，改进电影理念和技术，这是20世纪60年代好莱坞走出泥潭的唯一途径。到1966年，青年文化与学生激进政治是美国电影业不可忽视的存在，迎合青年学生的风尚和喜好成为好莱坞的共识。

创作青年喜欢的电影这一任务，落在了新好莱坞的导演们身上。在建构学生激进政治和反文化上，新导演们的目的是非常明确的，即要将反文化的、学生政治反叛的因素注入电影制作中去，迎合青年学生对创作"关联性"电影的要求。迈克·尼科尔斯的作品是为了探索"被好莱坞利用得太糟糕并且损毁的主题——青年"。③《逍遥骑士》的导演丹尼斯·霍珀表示，"当我们在拍摄这部片子时，我们已能感觉到整个国家在熊熊燃烧，包括黑人、嬉皮士、大学生。我的意思是说我把这种感觉融

---

① 60年代，学生激进分子对大学的知识与教育的非关联性问题提出了严厉的批评，而他们所要求的关联性主要是，一是要与个人内心体验相关，二是要与社会现实相关，能解决社会问题。激进学生对电影的要求也相似，一家大学报纸称，"电影如果不能使观众参与其中，并产生强烈的共鸣，就失败了"。参见 Elaine M. Bapis, *Camera and Action: American Film as Agent of Social Change, 1965–1975* (Jefferson, N. C.: McFarland, 2008), p.32.

② T. Noherty & J. Belton, *Movies and Mass Culture* (Rutgers University Press, 1995), p.14.

③ Elaine M. Bapis, *Camera and Action: American Film as Agent of Social Change, 1965–1975* (Jefferson, N. C.: McFarland, 2008), pp.43–45.

入到影片的每个符号中去"。① 而彼特·方达（Peter Fonda,《逍遥骑士》主演、编剧）则强调，"1968年，我们有自己的音乐、艺术、语言和服装，但是没有自己的电影"。②

1967年下半年，《邦妮和克莱德》和《毕业生》先后发行，标志着经典好莱坞完成了向新好莱坞的过渡，青年叙事与青年反叛类型成为衔接这一过渡的内容与形式。好莱坞进入了与青年政治与文化亲密接触的时期，这势必对大学生运动产生重要影响。

影片《邦妮和克莱德》（阿瑟·佩恩导演）被称为新好莱坞的开山之作，获得了第40届奥斯卡最佳女配角奖、最佳摄影奖。它是一部根据大危机时期美国两个银行抢劫犯的故事改编而成的电影。整个故事虽然发生在30年代，但很明显的与60年代的政治文化氛围相一致，反英雄、反主流价值、反秩序的主题在电影中有着清晰的呈现。影片中，两个强盗邦妮和克莱德被塑造成有血有肉、有正义感、有尊严的形象，而相反，秩序的维护者——警察，却被塑造成了无能、奸诈的群体。连最后的结局，两个强盗的死都显得那么无辜，他们死于警察预设的阴谋，死于对同伴父亲的信任。在影片中，强盗充当了无情冷漠的资本主义社会的审判者，他们的反叛行为在普通美国人那里，是有口皆碑的。邦妮和克莱德是资本主义社会合理的反叛者，也是无辜的牺牲品。阿瑟·佩恩颠覆了强盗的传统定义，同时也为60年代青年、大学生反叛行为的合理性写下了很好的注释，"个人反抗社会、反常规和享乐主义的生活风格强化冲突，直接反抗社会不公正和禁锢个性自由的暴力获得了正当性"。③

迈克·尼科尔斯的《毕业生》真实地反映了60年代大学生内心的彷徨和冲突。男主角本杰明是加州大学伯克利分校的高才生，在面对人生目标时总是茫然和孤独。"担心我的未来"，"我希望它与众不同"，"我只是有点不适应"等言辞，表现了大学生们普遍的迷茫心态。而父辈所秉持的美国社会主流价值观却显得庸俗、虚伪与糜烂，不再有道德说教的功能（鲁宾逊太太与本杰明的不伦关系即可说明）。其主题歌《寂静

---

① 〔美〕彼得·比斯金:《逍遥骑士，愤怒的公牛——新好莱坞的内幕》，严敏等译，上海：文汇出版社，2008，第67~68页。
② Peter Lev, *American Films of the 70's: Conflicting Visions*, pp. 5-6.
③ 游飞、蔡卫:《世界电影理论思潮》，北京：中国广播电视出版社，2002，第307页。

之声》很好地表现了青年与父辈之间无法跨越的代沟，"我的话如雨滴般落下，在寂静的围墙中回响"，"他们交谈无须言语，他们领悟无须倾听"。本杰明最后挣脱了父辈们的控制，以逃婚的反叛方式，重获自己的爱情和幸福。

《毕业生》揭露了父辈传统家庭价值观的虚伪，宣扬了自由的、纯真的青年的爱情。它真实地反映了年轻人的精神状态，是一曲60年代青年大学生新伦理和新价值的颂歌。

1967年两部青年反叛电影的发行，在美国青年中产生了强烈的反响。在好莱坞电影与学生运动的关系史上，《邦妮和克莱德》和《毕业生》的发行具有里程碑的意义。

好莱坞青年反叛电影的问世，对开展得如火如荼的学生运动和反文化运动而言，无疑是一剂催化剂。早在1965年，学生运动就开始为新闻媒体所关注。其后一年，最早举起反战旗帜的学生运动组织——学生争取民主社会组织成为新闻媒体追逐的对象。作为另一种媒介形式，电影以其亦真亦幻的青年叙事，以及对青年反体制、反文化的隐喻或明示的支持，将运动的理念进一步地推广开来，使运动进一步进入了公共视野，扩大了运动的影响。这主要体现在以下两个方面。

其一，它促进了大学生运动的扩容。与新闻媒体的时效性强、观点模糊、不连续的文字或视频报道相比，电影文本的青年反叛叙事在学生中产生的影响更强烈而持久。电影文本为反文化、反体制活动正名，让更多的原本疏离激进政治和反文化的青年学生加入运动中来，或者成为运动的同情者。在好莱坞《邦妮和克莱德》首映式上，"从后排的观众中传来了让警察滚蛋的喊声"。①《毕业生》在曼哈顿放映时，众多青少年冒着严寒，排队等候观看这部为他们制作的电影。纽约州立大学石溪分校的高年级学生米瑞安·韦兹（Miriam Weiss）曾谈到看《毕业生》的感受，"我为之笑，为之流泪"，"我把他（本杰明）看作是同感兄，他对未来、对个人在社会中的身份的困惑，我也如此"。② 迈克·尼科尔斯在后来谈到《毕业生》的结局时承认，即使五年后，反叛者和父母一

---

① 〔美〕托德·吉特林：《新左派运动的媒介镜像》，第147~148页。
② Glenn Man, *Radical Visions: American Film Renaissance, 1967 - 1976* (Westport, Conn.: Greenwood Press, 1994), pp. 34 - 36.

样，融入主流，观众也一样会被刺痛而产生愤怒，因为他们分享着与本杰明一样的体验。① 一位受访者回忆，尼科尔斯的电影是"我们这一代紧抱着的影片，把它看作即将到来的革命的预言"。② 媒介的正名，越战的未决，都促进了学生运动的扩容。1967年后，是SDS成员急剧膨胀的时期。1967年6月，成员约为3万人，一年后，最保守估计也有4万人；到1969年，成员已经达到了10万人，在组织外围的学生规模更为可观。1970年春夏之交的骚乱中，参加者达430万人，占全美大学生总数的60%。

其二，它对运动的新走向起了重要的推动作用。1967年下半年，一向以示威抗议为主的相对温和的学生运动，开始转向暴力抵抗。同年10月，在向五角大楼行进过程中，学生与军警发生了搏斗。1968年前五个月，就发生了多起校园被炸事件。学生运动走向激进和暴力，虽然牵涉到多重原因，但电影的影响仍不可忽视。在《邦妮与克莱德》中，暴力是作为一种美学来欣赏的。影片中杀人越货的行为并不可耻，因为它首先是反体制的，是为反体制而采取的极端手段。一位名为杰拉尔德·朗的气象员组织成员就认为，邦妮和克莱德是与弗朗茨·法农和第三世界民族解放阵线领袖一样的英雄。阿比·霍夫曼称："美国早已把它的魔球遗失在了边疆，自那时起已不再有无所不能的神话，我们独自在影院看《邦妮和克莱德》时猎获了它。"③ 1968年及以后的影片，暴力与革命叙事更为直接，它无疑助推了学生运动的新转向。

好莱坞青年反叛电影的尝试促进了学生运动扩容与激进化，不过，学生运动与反文化也对新好莱坞电影的发展产生了非常重要的影响，即运动参与者逐渐形成的观影生活习惯，将使新好莱坞电影的青年叙事进一步延伸，鼓舞着好莱坞继续行走在青年路线上，追逐着青年的时尚。与青年为伍，最终使新好莱坞电影一度成为60年代青年自己的媒介形式。

两部影片的发行，使美国电影上座率出现自二战以来的首次上升，

---

① Glenn Man, *Radical Visions: American Film Renaissance, 1967–1976*, pp. 48–49.
② Elaine M. Bapis, *Camera and Action: American Film as Agent of Social Change, 1965–1975*, pp. 59–60.
③ 吕庆广：《60年代美国学生运动》，第243~244页。

青少年成了最大的观影群。至此，好莱坞历史上的复兴开始了，由经典好莱坞时代迅速进入新好莱坞时代。

好莱坞对青年文化和伦理的阐释，虽然浅陋，但是抓住了青年的心理，即好莱坞是同情青年反叛的，它正记录自己这一代正在创造着的历史。观看电影，对青年学生而言，就如观看银幕上的另一个自我，给人"一种正在掌控大学、国家或者世界的行动主义感觉"。① 也正因为如此，看电影逐渐成了青年反叛者的生活习惯，"这是100年电影史上一个特殊的时段，看电影，思考电影和谈论电影已成为大学生和其他年轻人的热情所在，大家钟爱的不只是演员们，还有电影本身"。② 好莱坞通过青年反叛电影，通过对冷漠的资本主义和中产阶级价值观的攻击，成功地俘获了大量的青年，尤其是大学生，造就了一个18~25岁观影群。

青年反叛电影尝试的成功，国内票房收入大增，青年观众数量的稳定增长，进一步鼓励新好莱坞导演坚守青年路线，追逐青年时尚。随着大学生运动在1968年之后逐步走向激进化和暴力化，导演们的创作也变得更为大胆、更为激进。为了赢得更多青年大学生观众，1968年之后，导演们直接将现实的激进政治场景搬上了银幕。1967年之后的几年里，无论作为影视创作者、影评家还是作为观众，青年都在用这样那样的方式影响着美国电影业。著名编剧家莫里斯·拉波特（Maurice Rapf）就曾感叹：电影成了青年的媒介，而青年热爱着电影。③

三 建构青年激进政治、文化伦理与运动的发展（1968~1970年）

进入1968年，全美及西欧的学生运动风起云涌，游行、示威、占领校园及街垒战等场景，在欧美各地先后上演。上半年，法国发生了"五月风暴"，而在其他西欧国家，1848年革命的场景似乎重现。在美国，哥伦比亚大学暴动以及芝加哥民主党全国代表大会上的骚乱是这一时期运动的典型事件。这些运动再次见证了青年的力量，引发了欧美电影制

---

① Elaine M. Bapis, *Camera and Action: American Film as Agent of Social Change, 1965 – 1975*, pp. 33 – 44.
② 苏珊·桑塔格语，转引自〔美〕彼得·比斯金《逍遥骑士，愤怒的公牛——新好莱坞的内幕》，引言第7页。
③ Elaine M. Bapis, *Camera and Action: American Film as Agent of Social Change, 1965 – 1975*, pp. 26 – 27.

作理念的进一步变革,青年反叛类型电影得到更深入的发展。"五月风暴"之后,欧美拍摄的电影于1969年集中推出,使1969年成为欧美电影与青年文化全面接触的一年,"无论是电影风格还是电影内容,或是观众,欧美电影都发生了剧烈的变化"。① 在戛纳电影节上,英国的学生反叛电影《如果……》(*If…*)获得金棕榈奖,美国的《逍遥骑士》获得了新导演奖,《午夜牛仔》(*Midnight Cowboy*)获得了最佳美术贡献奖。《爱丽丝的餐厅》(*Alice's Restaurant*)和《媒体的冷漠》(*Media Cool*)也获得了许多好评。同年,好莱坞还发行了《雨族》(*The Rain People*)、《野帮伙》(*The Wild Bunch*)、《最后的夏天》(*Last Summer*)、《鲍勃、卡罗、托德和艾丽丝》(*Bob & Carol & Ted & Alice*)以及《再见,哥伦布》(*Goodbye Columbus*)等一系列反文化影片。影评家彼得·列夫(Peter Lev)评论道,"如果说好莱坞与大学生激进政治相遇的话,那么正是在1969~1970年,伴随着《逍遥骑士》《爱丽丝的餐厅》等影片的发行,好莱坞才公开地宣扬反战激进主义和青年文化"。②

1969年的青年反叛电影中,丹尼斯·霍珀导演的《逍遥骑士》,"以充分的叙述自由","表现了60年代青年无政府文化的能量"③,成为60年代最有影响的一部反文化影片。它讲述了两个长头发的摩托车手——嬉皮士青年比利和华特的自由与冒险之旅。两人从墨西哥贩卖可卡因,在洛杉矶销售,然后一路驶向新奥尔良。摇滚、毒品、麻醉剂、嬉皮公社、妓院是他们在路上感到舒适的内容,异化和疏离是两人始终无法拭去的感受。与主流社会的一次次接触让他们一次次遭到野蛮的攻击和伤害:餐馆拒绝服务,参加节日游行被捕,警察偷袭,无端遭到当地居民恐吓与射杀。最终,两人在路上的青春与生命被保守的乡下人毁灭。

在影片中,避世、逍遥自在的两个嬉皮士青年,是美国社会的无数嬉皮士青年的代表,他们反美国、反体制文化,追求无所顾忌的自由。这既宣扬了反文化的伦理,又激发了青年们实践异托邦的梦想,也使毒品成为反文化的"象征"。导演霍珀就承认,"可卡因在美国成为一个大

---

① Peter Lev, *American Films of the 70's: Conflicting Visions*, pp. 16 – 17.
② Ibid., pp. 60 – 61.
③ Ibid., pp. 2 – 6.

问题，说真的全因为我"。①

20世纪60年代青年反叛电影大都只表现青年内心的异化感、反文化的行为，或者边缘人物的暴力，激进政治电影还很少见。《毕业生》虽有加州大学伯克利分校场景，但对发生于两年前的"自由言论运动"保持缄默。1970年至1971年，受反文化电影成功发行的鼓舞，也为回应如火如荼的学生反战运动，好莱坞新导演们开始直接书写和叙述激进政治。

1970年春，好莱坞各大影片公司集中推出了多部反映学生激进政治的电影，如《激进分子》(*The Activist*)、《青春火花》(*Getting Straight*)、《草莓宣言》(*The Strawberry Statement*)、《革命者》(*The Revolutionary*)、《扎布里斯基角》(*Zabriskie Point*) 等。

在此类作品中，《草莓宣言》和《扎布里斯基角》最具代表性。《草莓宣言》是根据哥伦比亚大学学生詹姆斯·西蒙·丘嫩（James Simon Kunen）的自传改编的一部电影。它以1968年哥伦比亚大学暴动为背景，主人公西蒙是对校园政治不感兴趣的普通学生，卷入了哥大正在进行的静坐抗议、占领校园大楼的活动。西蒙不是运动的坚定支持者，但在与警察的对峙中，在目睹警察对学生的暴行之后，变成了一个激进政治分子。

影片对大学生政治的同情，对警察破坏大学自治、镇压学生的谴责，都是非常明晰的。为了揭露镇压行径，导演甚至用20分钟的时间来展现警察对躲避在体育馆内示威者的施暴过程。戴维·皮里（David Pirie）在《每月电影公告》上作了这样的评论："即使三年前，也没有人能够预想到像《草莓宣言》这样的影片会在米高梅公司的旗帜下出现。这部电影或多或少认为美国左派（反体制、反政策、反战等）的基本观点是正当的，才会去探讨哥伦比亚运动中一个大学生的内心世界。"②

《扎布里斯基角》由意大利新浪潮代表人物安东尼奥尼导演。它讲述的是一位革命忠诚度不明确的大学生马克的故事。在校园冲突中，他枪杀了一名警察，偷了一架飞机，飞往亚利桑那沙漠。在那里，他遇见

---

① 〔美〕彼得·比斯金：《逍遥骑士，愤怒的公牛——新好莱坞的内幕》，第67~68页。
② David Pirie, "Strawberry Statement, the U.S.A., 1970", *Monthly Film Bulletin*, Vol. 37, No. 432/443 (1970): 142.

了年轻的达利娅，一个不关心政治、正在赶往公司老板隐居地的兼职秘书。两人相爱、同居，然后分道扬镳，马克在归还飞机时被杀，而达利娅继续自己的行程。得知马克已死，达利娅眼前出现了老板的房屋被烧毁的幻觉。在这部电影中，导演同样给青年观众一种思想导向，即政治上不够激进的青年在形势所迫下也会变得激进。达利娅的幻觉告诉人们她的信念变化，"幻觉是一个诅咒，它预言她将献身于暴力的生活"。①

出于对变化无常的青年观众市场的担心，这些在 1969～1970 年初拍摄的影片，于 1970 年春季抢先集中发行。不久，受肯特事件和尼克松宣布美军入侵柬埔寨的影响，美国发生了全国范围的大学骚乱，60 年代大学生运动达到巅峰的阶段。好莱坞青年反叛电影关于大学生激进政治和革命的预言似乎得到了应验。不过，这些电影在票房上却出乎意料地遭受重挫。除了明星埃利奥特·古尔德（Elliott Gould）加盟的《青春火花》取得较好的票房收入外，其他无一成功。② 尤其以安东尼奥尼导演的《扎布里斯基角》为甚，这部电影广受批评，它的制作成本为 700 万美元，而收入仅为 90 万美元，被称为"现代电影史上最突出的灾难之一"。③

1971 年，好莱坞继续发行了《比利·杰克》（*Billy Jack*）等少量暴力革命系列电影。它们在情节和拍摄手法上并无多大的超越，《比利·杰克》的故事与《扎布里斯基角》具有较大的相似性，其他的也只不过延续了激进政治电影的制作风格，票房收入无一取得成功。此后，激进学生政治电影淡出了新好莱坞导演的视线。

1968～1971 年，新好莱坞继续追逐青年时尚，取悦青年观众，对大学生激进政治产生了推波助澜的作用，对运动的进程及理念施加了重要的影响。

其一，这一时期的青年反叛电影无一不宣传"反美主义"，宣扬反体制、反文化的正当性。在这些电影中，无论是精神上的反叛，还是行

---

① Maurice Yacowar, "Private and Public Visions: 'Zabriskie Point' and 'Billy Jack'", *Journal of Popular Film*, Vol. 1, No. 3 (1972): 197 - 207.
② Stephen Farber, "Movies from Behind the Barricade", *Film Quarterly*, Vol. 24, No. 2 (1970 - 1971): 24 - 33.
③ 参见维基百科，http://en.wikipedia.org/wiki/Zabriskie_Point_(film)。

为上的大逆不道,都是值得同情和支持的。安东尼奥尼在影片发行时就明确表示,"我喜欢他们所做的一切事情,甚至他们的错误,他们的怀疑"。① 影片极力刻画"警察与强盗"、"父与子"、"保守者与革命者"以及"他们与我们"的对立,并且为每一对关系的后者正名。而反文化的符号,如毒品、摇滚乐、长发、性自由等被看作个人摆脱社会异化、寻求精神自由的武器。

为反体制、反文化正名自然为青年尤其是学生的反叛行为提供了合法性,也鼓舞了青年学生进一步参与政治革命和文化反叛。1968年至1970年,学生运动与反文化运动同时达到了顶峰;1974年,当政治革命偃旗息鼓之后,文化和生活方式的革命则继续在社会青年、中产阶级乃至整个主流社会中扩散开来。

其二,这一时期的电影很多带有"实录"或"纪实"的性质。一些电影为纪录片,如《媒体的冷漠》、《伍德斯托克》和《激进分子》。《媒体的冷漠》直接由1968年芝加哥民主党全国代表大会的示威者参与拍摄、制作而成。在《激进分子》中,导演也用了加州大学伯克利分校的马克·史密斯等激进学生,"作为电影真实性的证据"。② 在《伍德斯托克》中,导演米歇尔·沃德利(Michael Wadleigh)力图以纪录片的形式再现1969年反文化运动的最重要集会——伍德斯托克音乐节的盛况。它虽然没有当事者直接参与,对音乐节所传递的信息理解也有所扭曲,但是仍然反映了部分的现实。学生运动的地下报纸《自由新闻》(*Free Press*)就曾评论,"作为一个文本,它能够在重申反文化青年关于不同社会秩序的观点中起到作用"。③

也有一些电影采用现实文本,如《草莓宣言》。它以一位运动新同情者的底层视角来刻画学生运动以及政府镇压对其心理和行动的影响,记录一位普通的自由主义者投身激进政治的历程。

此外,一些电影还将故事发生的场景设定在学生运动或反文化的标

---

① Jeffrey S. Golden, "The Moviegoer Zabriskie Point at the Parls Cinema", 1970,参见 *The Harvard Crimson* (http://www.thecrimson.com/article/1970/3/5/the-moviegoer-zabriskie-point-at-the/)。

② Aniko Bodroghkozy, *Reel Revolutionaries: An Examination of Hollywood's Cycle of 1960s Youth Rebellion Films*, pp. 38 – 58.

③ Ibid. .

志性地带,如《毕业生》中的加州大学伯克利分校,是60年代学生运动最活跃的大学之一;《草莓宣言》发生的现场在哥伦比亚大学——1968年骚乱最严重的大学;《媒体的冷漠》发生在1968年广为人知的学生示威所在地芝加哥。一些电影制作者还直接前往大学、群居村、先锋文化中心格林尼治村进行实地拍摄。他们或者直接记录激进学生反文化的生活,或者以之作为叙事背景。SDS早期领导人卡尔·奥格尔斯比就曾提到,1969~1970年,在其隐居的群居村里,就有电影制片人前来拍摄学生政治革命题材的影片。[1]

"实录"或"纪实"电影,直接将普通激进学生的政治体验、学生运动中一些重要的事件搬上银幕。在故事的叙述中,它们在价值上倾向于肯定青年反叛的合理性(通常会设置一个悲剧性的结局来警示暴力革命与反文化所要承担的代价,但电影中大部分叙事与之无关),这会给学生运动、反文化的参与者和观望者产生很大的影响。一方面,由独立影片制作人自行创作,但由大影片公司冠名发行的电影,自然会给青年观众造成整个好莱坞认同他们的新价值观和行为方式的印象,更强化了其对反叛的合法性的认知;另一方面,纪实电影,通常被看作对某种历史真实的记录。当自身体验过的真实或者自己熟悉的一些人的行为被作为历史记录时,"婴儿潮一代"创造历史的感觉在银幕提供的真实中得以实现。无疑,这增加了青年反叛的勇气和力量,将对参与者的持续卷入、旁观者变身参与者等提供很大程度的心理暗示和行为刺激。

其三,好莱坞电影极力宣扬暴力,把学生激进政治等同于暴力反抗,刻意突出学生运动与体制的对抗。在这些影片中,既有作为美国体制化身的警察、国民警卫队镇压运动施加的暴力,也有青年的暴力反抗,还有保守美国人对反叛青年随意施加的暴力。早在《邦妮和克莱德》中,两个强盗被警察射杀的场面竟被设计成死亡的芭蕾舞风格,创造了美化暴力的范式。在《逍遥骑士》中,追求个体精神自由的嬉皮士被保守的乡村人无端地枪杀,激化了青年与社会的对抗情绪。在《草莓宣言》中,长达20分钟的警察对示威学生的施暴情景,带来的不外乎是反叛学生对暴力反抗行为合法性的进一步认可。

---

[1] 〔美〕理伯卡·E.卡拉奇:《分裂的一代》,第351~352页。

这类电影对暴力的极力刻画和渲染，势必对大学生运动的进程产生十分消极的影响。

首先，影片中隐喻着暴力反抗的合法性，推动着学生运动迈向暴力和极端暴力。亚特兰大地下报纸——《大斑鸟》(Great Speckled Bird)的一位评论者在观看《草莓宣言》后写下影评，认为这是他见过的最有效的运动宣言书，"看完后我变得疯狂了……相当的疯狂。其他很多人都如此。我们不仅仅同意某人对我们的政治形势的分析，我们的思想也转变了"。① 社会学学者奈杰尔·扬(Nigel Young)也指出，一些以新左派、大学生运动为主题的电影，展现的只是与其经历完全不一致的象征符号和形象。它们弱化了运动，强化了运动的革命姿态；助长了运动内部存在的趋势，即脱离分析、经验的趋势。

1967年美国大学生运动，在电影、新闻媒体等大众媒介对其暴力的形象定制的影响下，开始偏离和平的轨道。《休伦港宣言》所倡导的参与民主制以及非暴力斗争方式被新一代运动领导集体抛弃。这一年，SDS领导人提出了"学生阶级论"，提升了学生的政治要求。1968年，SDS会议决定支持"黑人权力"，希望通过支持黑人暴力解放来诱导美国革命。同时，SDS对城市游击战显示出浓厚的兴趣，并将之付诸实践。到1969年，从SDS中分离出来的气象员组织，已经沦为一个暴力恐怖组织，在大学、政府部门、军事研究中心等地实施了数百起爆炸。学生运动前领导人托德·吉特林就对电影做出了这样的评价："许多电影都将有关暴力的内容进行了浪漫而又粗卑的处理——断章取义的暴力、美化的暴力、令镜头耽溺的暴力和无须理由的暴力。这些电影既是这种新情绪的象征，又是它的催化剂。"②

其次，新好莱坞对学生激进政治和暴力革命的煽动，对反体制行为的隐晦或明示的支持，日益使观众不安，使其对学生运动题材的电影以及运动本身产生了强烈的反感情绪。1970年全国大学骚乱前推出的一系列电影，更加剧了人们对社会动荡的恐慌，遭到持自由主义思想的大学生和大量来自其他年龄层观众的谴责。美国《新闻周刊》评论说："当

---

① Aniko Bodroghkozy, *Reel Revolutionaries: An Examination of Hollywood's Cycle of 1960s Youth Rebellion Films*, pp.38-58.
② 〔美〕托德·吉特林：《新左派运动的媒介镜像》，第145~147页。

大学生被枪杀,各大学正在为自己的生活而奋斗之时,电影业的不人道的笨蛋却突然推出了《青春火花》,一部以充满暴力的大学为主题,热情高昂的小伙子们摧毁大学,以及人们在被包围的大学里扭打的电影。"① 影评家莫里斯·雅各沃尔(Maurice Yacowar)在观看《扎布里斯基角》时曾被坐在后面的成年男性的反应震惊了。在影片中出现黑人学生被杀的情形时,这位男子说"就应该这样";当马克在归还飞机时被杀时,他说"太好了"。② 新好莱坞对学生激进政治、反文化的迎合与建构,在短暂地推动学生运动和反文化的价值延展之后,又因其建构的暴力形象而给学生运动声誉带来十分不利的影响,使运动迅速地失去了公众的支持,合法性随之丧失。

其四,新好莱坞电影在发行过程中,通常会利用学生运动和反文化的宣传工具——地下媒体和大学报纸做宣传,以吸引学生观众。《伍德斯托克》发行时,影片公司和影院特地在《洛杉矶自由新闻》(*Los Angeles Free Press*)、《万花筒》(*Kaleidoscope*)等有名的地下媒体刊登广告。一些导演还特意接受地下媒体的采访,表达对学生运动与反文化的支持。《草莓宣言》的导演斯图亚特·哈格曼(Stuart Hagman)和编剧伊斯雷尔·霍洛维茨(Israel Horovitz)就曾接受了《洛杉矶自由新闻》记者的专访。霍洛维茨表示,这部电影是为了触动 400 万名观众的心,激发青少年的集体感,"这部电影目的不是提升那些已经信奉激进政治的人们的忠诚度。电影假定参与运动的人早已形成了集体意识。它保护的是那些如同早期的西蒙一样,必须了解社会不公正准则的人们"。③ 通过地下媒体的广告宣传和地下记者对电影的评介,新好莱坞电影在学生运动、反文化运动中的影响日益扩大,其制作人也在某种程度上被运动的参与者们假定为"圈内人"。1969 年哈佛大学罢课事件中,一位新生说,现在的商业电影告诉他们,他们正在为同一个理由占领建筑物,而过去进大

---

① Stephen Farber, "Movies from Behind the Barricade", *Film Quarterly*, Vol. 24, No. 2 (1970 – 1971): 24 – 33.
② Maurice Yacowar, "Private and Public Visions: 'Zabriskie Point' and 'Billy Jack'", pp. 197 – 207.
③ Aniko Bodroghkozy, *Reel Revolutionaries: An Examination of Hollywood's Cycle of 1960s Youth Rebellion Films*, pp. 38 – 58.

学就是追求异性。① 从以上分析可以看出，60年代末70年代初，新好莱坞与青年文化、激进政治联系已经非常紧密。反文化与激进政治被好莱坞制作成了文化消费品，成为这一时期好莱坞追崇的时尚。好莱坞反叛电影的引导，促使更多的学生走上了政治或文化反叛之路。但是电影对运动内涵和理念的曲解，对暴力革命的宣扬，对运动的公信力和合法性造成了严重的消极影响。

值得注意的是，成为流行的时尚，对学生运动的损害也将是致命的。一场严肃的政治运动，最终衍化为一幕过程与结局均受新好莱坞随意框定的戏剧。而一旦运动话语过时，好莱坞很快就会调整方向，寻找新的时尚；即便它还关注尚在进程中的运动，也只是对其进行解构和批判。

当然，电影与青年文化政治密切联系，好莱坞的进一步发展也必然会受到青年文化政治走向的影响。

反叛青年群体本身的政治文化价值的变动与审美情趣的变化会影响好莱坞电影的受关注度，这无疑给电影业带来了相当大的潜在风险。20世纪60年代美国的大学生运动，除了深受媒介的影响之外，其本身也存在一定的问题，使其缺乏持续的动力。作为一场志在革新社会的运动，这场运动却在指导思想的多元与急速切换、行动无序以及多次组织分裂中渐失元气。从主张自由主义的《休伦港宣言》到新马克思主义意识形态的急速转变，运动从未真正出现过统一的指导思想，反叛学生也未在自由主义与激进主义的选择中达成共识。竞争多元的思想，使运动的主题也急速地切换。从民权运动的同盟者、大学的改造者到反征兵、反战者再到暴力革命者，学生运动主题变化无常，使得好莱坞青年叙事的主题也处于急速变化之中。如果说，好莱坞最初的反文化作品还能激起大多数青年的兴趣的话，到了1970年左右，它的激进政治作品要在大多数青年中获得认可，无论从理论上还是事实上，都是比较难以实现的。这是因为，运动发展到激进暴力阶段，追随的反叛学生已经越来越少了。由此看来，1970年还沉迷于激进政治的好莱坞，事实上是存在巨大风险的，它可能会失去那些已经或正在疏离激进政治的大量学生观众。追逐

---

① Dziga Vertov, "Revolution…at 16 Frames Per Second", 参见 The Harvard Crimson, 1970 - 7 - 28。

运动的时尚，同样给好莱坞的"文艺复兴"蒙上了一层阴影。

此外，对于推崇激进政治的反叛者，电影的取悦能否奏效，电影能否成为他们中意的宣传媒介，这也是一个未知的难题；电影与青年之外的观众的对话，在这种情境之下也会变得异常困难。1970年电影的青年叙事，多重困境已经显现了出来。在电影界，这些担心其实早已存在，这是1970年激进政治电影集中推出的关键原因。但是，1970年这些电影的惨败，却是新好莱坞实验者始料不及的。

四　解构建构与运动的衰微（1970年至今）

1970年新好莱坞推出的以校园革命和青年反叛为主题的电影，虽然切中了学生运动的脉搏，成为全国大学生骚乱的预演，但是几乎全部归于失败。这种结局，看似不合情理，实则在情理之中。

第一，激进政治电影在大学骚乱前后推出，情境与现实的相似性，加深了人们对社会动荡的恐慌。在国家经历动荡不安的十年后，许多美国人已经对各种各样的政治运动感到厌倦，渴望安宁。1967年以来喧嚣的、血腥的、程式化的银幕，遭到持自由主义思想的大学生和其他年龄层观众的抵制，他们渴望观看到有安全感的电影。

激进政治电影在好莱坞内部、影院业主协会中一直都是备受争议的话题。有些人担心政策是否允许，销售总监们则担心反体制的主题将对开拓海外市场不利。一些公司老板对电影不得不取悦傲慢的、自以为是的青年的状况非常不满。[①]

出于对票房收入、公众抵制的担心，1970年电影发行时，制片人和导演都有意弱化影片的反叛主题。《草莓宣言》的制片人就声明，这不是关于大学革命而是关于成长的影片，关于一个大学生在大学骚乱时期如何渡过认同危机的影片。《青春火花》的导演理查德·拉什（Richard Rush）也有相似的言论。[②] 制作者们都力图使人相信影片是遵守"安全叙事法则"的，虽有暴力，却是无害的。

为了吸引观众前来观看，影片公司在广告方面下了不少功夫。《草莓

[①]　Aniko Bodroghkozy, *Reel Revolutionaries: An Examination of Hollywood's Cycle of 1960s Youth Rebellion Films*, pp. 38-58.

[②]　Ibid..

宣言》被设计成长头发的男主角双膝跪地，保护着一位尖叫的女孩，旁边是骚乱的图景，而画面顶端写着"他们的梦想是上大学"。《扎布里斯基角》的广告则是沙漠中男女主角裸体相拥的画面，希望突出青年的性问题以淡化反叛色彩。

不过，虽然制作者们将电影强拉入一个安全的叙事空间里，来淡化意识形态色彩，但是原本的真实意图是无法更改的，因而这些影片遭到广泛的抵制。

第二，好莱坞电影对学生运动叙述的不真实性，引起了激进媒体和大学生的反感。虽然新好莱坞对学生运动、反文化投怀送抱，但仍遭到不少激进学生的非议。激进分子希望这类电影能记录60年代美国社会运动的真实状况，电影导演能坚定地站在他们一边，认同他们的价值观念。

《青春火花》《草莓宣言》都因其纪实电影的"非纪实性"遭到学生运动的喉舌——地下媒体和大学报纸的攻击。《凤凰》杂志指责《草莓宣言》的导演哈格曼没有对革命、暴力或青年表明态度，电影只是为了娱乐；而指责《青春火花》从头到尾都只是抗议，不是社会改革的主题。激进学生甚至在各地阻挠《伍德斯托克》的上映。[1]《哈佛深红报》(*The Harvard Crimson*) 也发表了多个评论员的文章，对《草莓宣言》《革命者》《青春火花》等电影进行了批评。有人评论，影片"没有阐释青年文化、校园抗议或者各种各样人们称之的'革命'"。[2] 也有人批评影片"把革命简缩成几丝战栗、恐惧、英勇和笑声，目的在使观众在情绪上得到满足"。[3]

第三，激进政治类电影直接将激进学生的经历搬上银幕，抹杀了艺术作品与现实之间的距离感，鉴赏性大为下降。这些电影将大学生运动的细节简单地加以改造，就搬上了银幕。电影只是对现实政治的简单重演，且电影本身对政治观念的挖掘又不够深入，使其情节失去了悬念、失去了鉴赏性。

---

[1] Aniko Bodroghkozy, *Reel Revolutionaries: An Examination of Hollywood's Cycle of 1960s Youth Rebellion Films*, pp. 38 – 58.

[2] Dziga Vertov, "Revolution…at 16 Frames Per Second", 参见 *The Harvard Crimson*, 1970 - 7 - 28。

[3] Jim Crawford, "At the Cheri the Revolutionary", 1970, 参见 *The Harvard Crimson* (http://www.thecrimson.com/article/1970/8/4/at-the-cheri-the-revolutionary-phollywood/)。

总的来说，1970年的革命电影在价值审视、获取商业利润、激进者的期望以及作品的娱乐与艺术性等问题之间始终难以取得平衡，也无法取得平衡，从而酿就了惨败的结局。

1970年及其后，以激进政治与革命为主题的电影逐渐归于沉寂。影片公司及新导演们开始调整创作战略，新的方向主要表现为怀旧与反思。1971年2月，美国娱乐媒体《综艺》指出，"思乡病已经在电影及其他艺术作品中突然出现"。[①] 好莱坞制作了一系列怀旧类型的电影，如1970年的《爱情故事》（Love Story）、1973年的《美国风情画》（American Graffiti）、1975年的《龙虎少年队》（Cooley High）等电影。其中，《爱情故事》和《美国风情画》是最有代表性和最有影响力的两部电影。

《爱情故事》被影评家称为"复兴时期好莱坞转向保守与传统的先行者"。[②] 它讲述的是20世纪50年代末期（即各类社会运动、越南战争之前）哈佛大学学生奥利弗和詹妮之间的爱情故事。这部关于大学生活的影片，与同年发行的其他青年政治电影风格完全不同，它将叙述的时间拉回到50年代末期。在这个时代，哈佛的校园宁静而有诗意，哈佛的学子们勤奋苦读，哈佛的爱情故事既浪漫又感人。纯真的过去给人们带来了怀旧的情感和诱惑，影片让人远离了现实中大学校园的骚乱，与1970年的现实隔离开来。这部电影既是对遥远的50年代的追忆，也在动荡的1970年创造了一个"乌托邦"。

这部由派拉蒙公司推出的试探性影片，取得了意料之外的成功，创造了巨额的票房收入，成为1970年最受欢迎的两部影片之一。一位评论家认为影片的成功，"不能归功于作家对人物的刻画和塑造，而可能归功于这部小说的梗概，它允许普通的读者去幻想浪漫场景"。[③]

1973年上映的《美国风情画》（乔治·卢卡斯导演）轰动整个影坛，是20世纪70年代美国怀旧电影运动的又一经典范例。故事发生在1962年，即总统被刺、越战以及反文化运动之前，加利福尼亚州的一个祥和

---

① Aniko Bodroghkozy, *Reel Revolutionaries: An Examination of Hollywood's Cycle of 1960s Youth Rebellion Films*, pp. 38–58.
② Elaine M. Bapis, *Camera and Action: American Film as Agent of Social Change, 1965–1975*, pp. 175–176.
③ Philip R. Berk, "Love Story and the Myth of Hippolytus", *Classical Bulletin*, Vol. 48, No. 4 (1972): pp. 52–54.

的小镇。导演将视角集中在四个即将开始新的人生历程的高中毕业生身上，叙述了他们参加晚会那一夜的奇妙经历：恋爱、摇滚乐和疾驰的跑车，成年人缺席的、欢乐平等的青年世界，无政府主义的存在方式。成长终须选择，也终有选择。疯狂的夜晚过后，四个青年重新回归主流生活，或进入大学读书，或工作。同《爱情故事》一样，《美国风情画》也是"一场没有伤痛的记忆"，是为"逃避20世纪70年代早期暴力的社会冲突类电影的策略"。①

反思类型电影大致与怀旧电影同时出现，但到1974年前后，怀旧类影片明显减少，反思型电影却大行其道。这一时期，美国国内的经济危机、水门事件等一系列的重要事件，扫除了青年一贯的乐观情绪，加重了美国主流社会的保守氛围，也促使美国社会开始对60年代进行反思。"在1974~1976年的美国电影中，'六十年代的死亡'成为一个突出的主题，当时水门事件、石油危机以及美国明星的社会变革的缺失都强烈暗示着乐观主义的时期已经结束。"② 1970年，电影《乔》(Joe) 被认为是较早的一部反思电影。它讲述的是嬉皮士女青年梅丽莎·康普顿的父亲比利枪杀了她的男友，并在憎恨嬉皮士、黑人、同性恋者的工人乔加盟之后，血洗格林尼治村嬉皮士公社并误杀女儿的故事。在影片中，父与子、主流文化与反文化之间的冲突难以调和。作为中产阶级与工人阶级代表，比利和乔的行为表明"沉默的大多数"的愤怒和反击。

在《乔》中，"诺曼·韦克斯勒（Norman Wexler）的小说很明显的意图，是通过提供青年人被害、中年人的残忍报复以及嬉皮士生活方式的荒淫实验等场景，让观众们自己决定站在代际冲突的哪一边"。③ 但是，这部发行于1970年那个特殊年份的电影，意想不到地被保守观众和持温和观点的观众视为知音，"迎合了保守观众对嬉皮士、黑人、毒品交易的畏惧心理，也迎合了温和观众反对堕落和无序的心理"。④

《乔》的成功，促成了一系列反思类电影的面世。新好莱坞先后推出了《唐人街》(Chinatown)、《纳什维尔》(Nashville)、《香波》(Shampoo)

---

① Peter Lev, *American Films of the 70's: Conflicting Visions*, pp. 61 – 62.
② Ibid., p. 61.
③ Nigel Andrews, "JOE", *Monthly Film Bulletin*, Vol. 38, No. 444/455 (1971): 75 – 76.
④ Peter Lev, *American Films of the 70's: Conflicting Visions*, pp. 24 – 25.

和《飞越疯人院》（*One Flew Over the Cuckoo's Nest*）等影片。① 这些影片无一不在描述 60 年代理想主义的失落，无一不对 60 年代的精神价值表示怀疑。电影的这一新方向，以及相伴随的美国国家和社会生活的日益保守，促使新好莱坞逐渐回归到体制内运作。

反观 1970 年及其后新好莱坞的电影，其对学生运动退潮的刺激作用也是非常明显的。

首先，1970 年之后好莱坞青年电影制作已经迅速远离了"激进政治、暴力和革命"的叙述主题，青年叙事已经发生了逆转。

在新的电影叙事中，新好莱坞开始为观众打造"安全的叙事空间"，同时也开始走向回归主流价值观的路途，"制片人无助地去取悦观众，却对票房收入的微小数字感到困惑，现在，他们开始期望制作安全的娱乐产品，制作道德纯正的电影了"。②

《爱情故事》《美国风情画》等影片，将视角拉回到混乱的 60 年代之前，在静谧、祥和的空间里展开叙述。这中间，青年有叛逆行为，但它只是成长过程中的正常现象，不是离经叛道。在《乔》中，暴力的使用被看作"沉默的大多数"保护他们的自由、恢复美国和平与安宁必要的手段。

新好莱坞电影推动学生运动走向暴力并将学生运动框定为暴力政治之后，又迅速转移了对该运动的关注，转向完全相反的"安全叙事"导向。这一突然的转向，对已经对其形成依赖的学生运动及参与者的打击无疑是非常大的。

一方面，作为"暴力叙事"的学生激进政治，已经成为过时的时尚。由于远离了普通青年的视界，通过电影等媒介的宣传效应来征募新会员已经变得不可行了。对于老成员来说，当电影等媒介不再记录他们的历史时，创造历史的激情也会随之消散。1970 年秋季之后，从 SDS 分离出来的各类组织，已经失去了凝聚力，面临人员严重流失的困境。大

---

① Nigel Young, *An Infantile Disorder? The Crisis and Decline of the New Left*, pp. 346 – 347. 对学生激进政治、新左派运动和反文化运动进行反思的这类电影源源不断，一直持续到 80 年代前中期，如 1977 年的《言外之意》（*Between the Lines*），1979 年的《希考克斯七君子之归来》（*The Return of the Secaucus Seven*），1983 年的《大寒》（*The Big Chill*）等电影。

② Stephen Farber, *Movies from Behind the Barricade*, pp. 24 – 33.

一新生只关注学业成绩,对政治兴趣降低,无法征募新成员;而很多激进者退出大学,步入主流社会。

另一方面,"安全叙事"实质上是对新好莱坞前一时期盲目追逐青年时尚的否定,也是对现实学生激进政治的合法性的否定。这样,新好莱坞的去意识形态化和反意识形态化,既压缩了运动的扩展空间,又造成了运动合法性的消失,使学生运动的衰落与新好莱坞的转向相伴而行。1971年前后,美国人发现作为革命基地的大学已经恢复了平静。

其次,怀旧型与反思型两种类型的电影,都对运动的价值和理念进行了或明示或隐喻的批评,推动了大学生的价值观转向。

怀旧类电影回避了20世纪60年代的各种冲突,以更早时期尤其是20世纪50年代的美国作为叙事的起点,精心描绘青年浪漫的年华、纯真的情感与成长的烦恼,这与混乱的60年代的现实形成鲜明的对照。"对许多人来说,50年代象征着幸福和单纯的黄金时代——一个未受骚乱、种族暴力、越战、水门事件和暗杀扰乱的时代。人们已经对60年代至70年代初的创伤感到麻木了,他们期待一个更安宁、更幸福的时期。"① 新好莱坞的导演敏锐地捕捉到了电影观众对"暴力叙事"的反感,走上迎合美国人新观感之路。

毫无疑问地,规避现实,尤其是完全与现实相反的叙事本身,就是对运动价值和观念的回避和批评。好莱坞警示那些运动的坚持者,暴力的手段、颠覆的行为是不受欢迎的,也是新好莱坞已经主动抛弃的时尚。同时,它也向不曾参与运动的新生代传递讯息:应该平静地享受生活。在《爱情故事》中,男女主人公的生活非常个人化,20世纪50年代的重要政治事件都与之无关。而《美国风情画》再次强化了好莱坞对学生运动的新态度,即疏离和训诫。疏离,即远离对好莱坞商业有害的激进化的反叛风格;训诫,即以怀旧的叙事,浪漫情节的铺排,教育和启示尚迷离在运动中的人们,回归主流社会才是前途。

反思型电影对运动的价值和理念的批评则更直接、更明确。在《乔》中,以往被视为前卫、新社会生活象征的嬉皮士生活方式,被正

---

① Elsebeth Hurup, *The Lost Decade: America in the Seventies* (Aarhus: Aarhus University Press, 1996), pp. 136 – 139.

统秩序的恢复者乔和比利视为堕落的、腐朽的、不能原谅的。电影《纳什维尔》中，运动的参与者并非"无我"和"利他"。嬉皮士、摇滚歌手等都声称热爱政治，而实际关心的只是利益。青年的自私与短视，使"观者在反文化的视域中不能找到与主流文化不同的那种舒适感"。[①]

两类电影都对青年价值观的转向产生了一定的作用。60年代，支撑学生热情参与运动的是从《休伦港宣言》中延伸出来的新价值观——以国家-社会为导向，理想主义和自由主义的价值观。而1970年之后，这种新价值观逐渐脱离了国家-社会导向，走向了自我主义，它考虑的是"我"而非"我们"。在这种价值观影响下，整个70年代被理查德·桑内特（Richard Sennett）等社会学家称为"自恋"的十年——自恋、自私、强调个人意识而非政治意识的时期。在自恋主义的价值观下，运动的平息也在情理之中了。

好莱坞回归安全叙事与体制内叙事的原则，在推动学生运动的平息和对反文化的深层反思中发挥了重要作用。不过，无论在反思型还是怀旧型电影中，青年仍占据银幕的中心位置。热情澎湃的60年代青年是被批判者，50年代传统青年是新宠，无论如何，好莱坞仍然选择与青年有关的叙事，作为其转型的基础。青年不离经叛道的反叛仍被支持，如《美国风情画》中青年对欢乐的追逐，《爱情故事》中男主人公对资本家父亲的反感等。可以说，在新好莱坞时期，运动给电影烙上的"青年印记"是不可磨灭的。在好莱坞其后十几年的发展中，创作青年喜爱的电影、争取青年观众仍是其最重要的发展策略，而怎样满足而非追随青年的文化价值需求，如何在变动的社会中寻找到非青年观众的价值与审美标准，使电影满足不同年龄层次观众的需要，成为好莱坞发展的新思路。

从以上分析可以看出，在美国青年力量占据强有力地位的60年代，好莱坞与大学生运动、反文化运动之间的紧密联系给好莱坞和大学生运动造成了很深的影响。对于好莱坞来说，它应该走进青年世界，从行业危机中走出，进入新好莱坞时期，重新焕发生机；而过度追随变动无序的大学生运动，特别是深陷激进政治及暴力革命叙事，却使好莱坞一度面临极大的风险。在遭受惨败之后，好莱坞走向体制内叙事，但是运动

[①] Peter Lev, *American Films of the 70's: Conflicting Visions*, pp. 65–66.

为其烙上的"青年印记"仍是无法消除的。

对于大学生运动来说，好莱坞电影在建构和解构运动的合法性、青年新伦理价值方面，都发挥着重要影响。20世纪60年代末70年代初好莱坞以青年文化、学生政治为电影创作主题，这对美国大学生运动的快速发展起着推波助澜的作用。但是，电影对运动的追随，也造成了运动泛化为一种流行的时尚；同时，电影把运动简单地等同于"暴力反抗""与体制的对抗"，使运动被框定于特定的形象定制之中，存在于"暴力叙事的空间"之内。这对运动日后的发展极为不利。

1970年及其后，电影制作重新回归"安全叙事"，远离激进政治和暴力革命。好莱坞通过怀旧和反思类电影，对原来所追捧的青年价值进行批判，将美国大学生激进政治及反文化置于质疑和诋毁氛围之中。这些因素，都进一步促进了60年代美国大学生运动的退潮。

第三章　大学与大学生运动

大学是 20 世纪 60 年代美国大学生运动组织和发起的重要基地，因此，大学内部的变迁以及管理者对大学危机的治理，对大学生运动的平息也起到了非常重要的作用。本章分四节叙述，第一节论述 60 年代的美国大学危机，包括危机状况、大学生运动对大学的批评和诉求、大学经受的双重压力等内容；第二节论述美国教育机构、学者对大学危机的评估和建议；第三节论述大学对危机的治理方式、内容以及它对大学生运动进程的影响；第四节论述大学内环境的变迁对大学生运动退潮的影响。

第一节　20 世纪 60 年代美国的大学危机

一　克拉克·克尔的预言

1963 年 4 月，加州大学校长、著名教育学家克拉克·克尔在哈佛大学举行的讲座中，对美国的大学发展状况作了一个简略而精辟的分析。他认为，美国的大学已经远远超越了英国教育家、红衣主教纽曼所言的"学院回廊"，即大学教育目的在于提供社会理智的格调、培养大众的心智、净化民族的情趣、造就有道德感的绅士；同时，它也超越了 20 世纪 30 年代美国教育学家弗莱克斯纳的大学定义，即大学是"有意识地献身于寻求知识，解决问题的机构，是批判性估价成就和真正高水平地培养人的机构"。克尔指出，现代的大学是"多元化的巨型大学"，"它有若干个目标，不是一个；它有若干个权力中心，不是一个；它为若干种顾客服务，不是一种。它不崇拜一个上帝；它不是单一的、统一的社群；它没有明显固定的顾客。它标志着许多真善美的幻想以及许多通向这些幻想的道路；它标志着权力的冲突，标志着为多种市场服务和关心大众"。[①] 克尔认为多

[①] 〔美〕克拉克·克尔：《大学的功用》，第 96 页。

元化巨型大学的重要特征是，大学与社会日常生活从未有过如此密切的联系，美国联邦政府正以前所未有的力量去影响大学，尤其是那些一流的、具有最强特性的大学，这使得以往作为修道院和象牙之塔的大学已被摧毁。正因为如此，大学已经成为实现国家目标的一个主要工具。

在分析美国大学的新特征之后，克尔指出，这种现代大学会产生一系列的问题，联邦的资助弱化了大学管理层的权威，使教授与大学的关系变得松散，并且教授将科研置于教学之前的位置，忽略了对本科生的教学。克尔认为，这种状况很容易引起学生的不满，甚至引起反抗：

> 如果教师们把自己看成一个行会，那么学生则更把自己看成一个"阶级"。有的学生甚至觉得自己是"游民无产者"。教师不关心教学，数不清的法规和要求，以及非人格化就是这种感觉的刺激因素。一些"不墨守成规的人"，他们头脑里有另一种反抗方式。他们按照拉丁美洲和日本的模式，要求把大学变成一座堡垒，从这里他们可以不受损失地冲出去，勇敢地抨击社会。①

在讲演中，克尔对学生反抗情绪的分析，目的只在于揭示多元巨型大学的某些弊端，以期引起同行对这一问题的关注。但是，他没有想到，不到一年半，在他主管的加州大学伯克利分校，这种预言变成了现实。1964年9月，"自由言论运动"在这里兴起。此后，学生大规模反抗大学的事件频频发生，美国的大学危机出现了。加州大学、哈佛大学、耶鲁大学、密歇根大学、康奈尔大学、斯坦福大学等全国最优秀大学的学生们率先举起反抗大学的旗帜，然后反抗活动扩展到一般性的州立大学、社区学院等，这次大学危机规模之大、聚集人数之广都是前所未有的。

在这场持续多年的大学危机中，美国大学的教学秩序、校园规章制度、校园财产等都遭到一定程度的破坏。众多大学在危机期间都曾陷于短暂的瘫痪状态，其中以1970年为最，这一年全美60%的大学生参与了春夏间的反战示威，200所学院被迫关闭。在1970年之前，每所大学发生示威，几乎都会导致内部行政管理层的剧烈变化，大学校长被迫辞职。

---

① 〔美〕克拉克·克尔：《大学的功用》，第73页。

从 1964 年到 1970 年，加州大学伯克利分校、哈佛大学、耶鲁大学、康奈尔大学等大学和学院，出现了校长集中更替的状况。对学生的反叛情绪作出了准确预言的克尔，也在"自由言论运动"之后的 1967 年，在加州州长里根的坚持下，被加州评议委员会解除了校长职务。

克尔虽是第一个预测出大学存在学生反叛动能的教育学家、大学行政管理者，但是他并没有认识到学生群体反叛内在的、真实的根源。即便在 1967 年，他也没有充分考虑到加州大学伯克利分校学生反叛可能带来的连锁效应，他仍认为根本不存在大学危机之说，即使在伯克利分校，所谓的"危机"也只出现在人文、社科领域，其他的如工程、农学、商学等领域，根本不存在类似的问题。① 而事实是，这种危机早已大大超出了加州大学伯克利分校的范围，学生的不满不仅是对教师忽视他们的不满，也不仅是人文、社会科学领域学生的不满。这种情绪广泛地存在于全美大学生中间，而学生运动虽然过激，但是从某种程度上来讲，就是这种情绪的表达。

二 学生左派的批评和诉求

在学生运动的整个过程中，美国的大学一直是激进学生和其同情者的批评对象，并且，激进学生向大学行政管理层提出了众多改革诉求，要求尽快实施，这给大学造成了持续的紧张和严重的压力。这些批评和诉求主要涉及"代理父母制"、知识的非关联性、学生权力、大学的社会角色（如何服务社会）、大学对社会敏感问题的政策等议题。

"代理父母制"是 60 年代美国大学生校园反叛的一个很重要的内容。"代理父母制"，即大学担负起父母的功能和职责，对学生进行管理。它是美国大学管理学生的传统，自 1636 年北美殖民地第一所大学——哈佛学院开办以来就开始存在了，这与早期的大学对学生的培养目标和管理模式有关。早期北美殖民地学院强调传统的宗教价值，对学生道德品格的培养甚于对学生智力的培养。学院制定严格的规章，对学生在校学习和生活的各个方面进行管教。这时的新生平均年龄偏小，只有 14 岁，且

---

① Robert A. Nisbet, "Crisis in the University?", *Public Interest*, Vol. 10 (1968): 55–64.

学生的食宿都在学校，这使得学院充当了类似于父母的角色。① 学院代理父母行使管教职责的惯例，最终因美国联邦最高法院的几次判例而具有了法律地位，成为"指导高校和学生之间的法律关系的一种主导理论"。② 美国学者别克尔（R. D. Bichel）和莱克（P. F. Lake）曾概括了"代理父母制"的三个主要特点：一是对学生进行管教、控制和管理的权力；二是父权，如同家庭中的父权，它是州父权的直接委派；三是州、学校董事会和大学官员权力的合同委托。③

长期以来，美国高校根据"代理父母制"赋予它的地位，对学生进行严格的控制和管理，本科生不得不服从学校制定的种种限制个人生活的校规，包括女生晚上作息时间严格限制、男女生分开居住管理、男生不能到女生宿舍探访、大学有权开除违反道德的女生等。大学生的学习生活也受到很多的限制，教授掌握了从课程内容、考试、学分到奖学金评定等各方面的主要决定权。在大学里，只有教授的学术自由，而没有学生的学习自由。④ 此外，一些大学还对学生的言论自由进行了限制，如加州大学伯克利分校1964年秋季就颁布新校规，禁止学生在校内进行校外政治宣传。

总的说来，"代理父母制"把学生当作未成年人看待，且限制了学生依据宪法享有的公民权利。因此，在大学生运动初期，学生就把斗争的矛头指向了"代理父母制"。他们要求取得宪法所赋予的人身自由、言论自由等权利，要求大学取消严格的、非人性的监护制度，要求大学把他们当作有自我管理能力的成年人看待。"自由言论运动"的领导人之一马里奥·萨维奥就曾指出，伯克利人民公园事件表明学生遭受了更不公正的待遇，学生要求的仅仅是宪法第一修正案规定的公民权利。⑤ 在60年代，反对"代理父母制"体现了全美大学生的真实诉求。因此，当"自由言论运动"在伯克利兴起的时候，激进学生得到了持不同政治

---

① 李奇、洪成文：《代理父母地位说：美国高校与学生法律关系的主导理论》，《比较教育研究》2004年第4期。
② 同上。
③ 转引自李奇、洪成文《代理父母地位说：美国高校与学生法律关系的主导理论》，《比较教育研究》2004年第4期。
④ Katope G. Christopher, *Beyond Berkeley: A Source Book in Student Values*, p. 78.
⑤ Ibid., pp. 85–86.

观点的校内学生政治派别的支持,也得到了全国各大高校学生的支援。

知识的非关联性(irrelevance)是学生对高校知识体系传授、课程设置的一项严厉控诉。激进学生认为现有的知识学习应该与学生的生活相关,与学生的内心体验相关联,黑豹党的领导人休伊·牛顿就曾抱怨,"从来没有一位教师教给我与我的个人生活或个人经验相关的东西"。[1] 同时,激进学生也认为,大学应承担服务社会的职能,应该对社会的种种问题采取一种旁观者的批判态度,它须研究并寻求解决当代社会的各类问题,如越战、种族不平等、贫穷和环境破坏等。[2] 因而,大学的课程设置也应体现出这两类关联性:既能与学生的内心体验相关联,也能与当代社会的现实相关联。

激进大学生对大学课程的改革要求,与20世纪60年代的存在主义教育思潮有一定关系,也与蔓延于60年代大学生中间的理想主义有关。

存在主义教育思潮是当代西方人本主义教育思潮的一支,它以存在主义哲学为理论基础。存在主义哲学家雅斯贝尔斯、布贝尔等人认为,人是教育的主体,在发现自我的境遇中进行人的自由发展才是教育的目标。因此,教育应把个人的"主观性"作为出发点,"课程的重点应从事物世界转移到人格世界"。教育应该以学生为中心,"应该总是关切着学生整个人,即当前你所看到的他生活的现实情况,以及他能成为什么样的人的种种可能性"。[3] 存在主义教育应该是学生与教师的对话,即"我"和"你"的对话,这是两个自由个体的对话,而不是作为知识和真理掌握者的教师对学生的灌输。这种思潮为60年代的激进大学生在大学师生关系、课程设置等问题上提供了批评的工具,也被内化为激进者的诉求。

存在主义教育思潮影响了学生对知识与自我体验关联性的认同,而洋溢在大学生中的理想主义的激情让学生将关注的视野放在了社会问题上。早在1962年的《休伦港宣言》中,学生左派就表达了对大学教育忽

---

[1] Christopher Bone, *The Disinherited Children: A Study of the New Left and the Generation Gap*, p.145.
[2] 〔美〕菲利普·G. 阿尔巴赫、罗伯特·O. 伯巴尔等:《21世纪美国高等教育——社会、政治、经济的挑战》,第63页。
[3] 华东师范大学教育系、杭州大学教育系编译《现代西方资产阶级教育思想流派论著选》,北京:人民教育出版社,1992,第300页。

视外部社会事务的不满，"我们的教授和管理者牺牲了对公共关系的争论，他们的课程比世界形势的变化要慢，他们的技能和沉默被军队投资者所收买，他们的热情不是学者的热情"。① 学生左派反对正常的课程要求，要求校方开设东南亚国际关系、存在主义、马克思主义等与当代社会形势和学生个人兴趣密切相关的课程，"反对正常的课程要求和学分要求，而要求课程有更大的灵活性和更多的相关性，要求更少依赖书本和读物而更依赖实际经验和工作领域"。②

学生左派的第三个诉求是取得"学生权力"（student power）。"学生权力论"是大学生运动组织 SDS 主席卡尔·戴维森在 1966 年秋季提出来的。他认为在技术社会里，学生是权力之源。与之对应的，1967 年学生运动提出了"学生阶级论"，认为学生是社会变革的主导力量。"学生权力论"与"学生阶级论"的提出，使学生运动从温和改良走向了激进的反体制革命阶段。激进者要求对大学进行彻底的改造，要求学生在大学管理中发挥突出作用，能够参与大学政策的制定过程，如教师聘用、学习课程制定和社会政策制定等，并享有发言权。1969 年，哈佛大学新成立的本科生教育委员会中的一些学生成员就曾提出建议："将本科教育改为 3 年，课程安排随意，不学外语和写作，也不需要通识教育达标；教工任命和提升委员会以评估教师的教学水平为主，校方要随时听取学生对所有事情的意见。只有学生们看重或是职业培训的课程才采取打分制；不过要采取及格或不及格的打分方式。"③ 在哈佛大学、斯坦福大学、普林斯顿大学、宾夕法尼亚大学等多所高校，激进学生还强迫校方改变政策，取消美国后备军官训练队在大学开设的学术课程以及国防分析机构在大学的军事研究项目。

大学充当的社会角色、大学社会政策也是学生运动对大学进行批评的一个重要方面。在大学充当的社会角色上，激进学生并不否认多元大学应为社会服务的观点，他们批评的只是大学的"服务对象"，"学生质

---

① "Port Huron Statement, 1962", http://coursesa.matrix.msu.edu/~hst306/documents/huron.html.
② Martin Trow, "The Expansion and Transformation of Higher Education", *International Review of Education*, Vol. 18, No. 1 (1972): 61-84.
③ 〔美〕莫顿·凯勒、菲利斯·凯勒：《哈佛走向现代——美国大学的崛起》，史静寰等译，北京：清华大学出版社，2007，第 469 页。

问最多的只不过是大学的道德基础及其社会职责的真正本质"。① 学生左派认为大学充当了政府和社会的代理人,大学与政府在越南战争问题上形成了"共谋关系","大学是社会罪恶的代理人,它促进了社会的罪恶,是被它邀请进入校园的那些直接被挑战势力(指美国后备军官训练队、国防分析机构)的代理人"。② 大学将学生分数报告表送交当地征兵部门以协助征召大学生入伍,允许军方、中情局等政府部门以及来自道氏化学公司等军事企业的招募人员在校园活动,并且,大学还在武器研究中发挥重要作用。激进学生希望加强大学的道德地位,要求大学就其行为是否道德以及符合大学规范作出评价,取缔那些服务于政府军事利益和外交政策利益的行动。③

虽然激进学生认为大学偏离了它传统的中立立场,但是,他们并没有建议大学退回中立立场,尽量避免外界对它的干预。相反地,他们要求大学更注重它在社会中的道德责任,更积极地介入道德事务。一方面不应与非人道的活动或组织形成共谋关系,另一方面应该对社会问题如民权运动、反战运动、环境运动等公开表示人道主义的同情和支持。就学生左派开展针对大学的抗议和示威而言,学生对这两方面问题的关注,远远超过了对"代理父母制"、知识的非关联性、学生权力等问题的关注。这是因为,60年代的学生运动是外向型的运动,反叛的重点不在大学内部的规章制度或大学教育本身,"学生对大学的不满,很大程度与两类问题相关:一是大学对国家政策的反应,二是学生能否在针对此类问题的大学社会政策制定过程中发挥真正作用"。④

美国大学生运动对大学的批评和诉求,深刻地揭露了战后美国高等教育存在的种种弊端,反映了战后美国高等教育过度的扩张和大学的学术化趋势引起的种种问题。

二战后,特别是60年代中期规模庞大的"婴儿潮一代"进入大学适龄年龄段,美国的高等教育出现了大众化、普及化发展趋势。大量青年

---

① 〔美〕德里克·博克:《走出象牙塔:现代大学的社会责任》,徐小洲、陈军译,杭州:浙江教育出版社,2001,导言第2～3页。
② Kirkpatrick Sale, SDS, pp. 262 – 263.
③ Nathan Glazer, "Student Power in Berkeley", Public Interest, Vol. 13 (1968): 3.
④ Joseph R. Gusfield, "Student Protest and University Response", Annals of the American Academy of Political and Social Science, Vol. 395 (1971): 26 – 38.

涌入大学，造成了美国大学拥挤不堪，大学无法迅速适应新形势。与此同时，联邦政府对大学的干预也是前所未有的。战后，为了保持美国在世界上的科技地位，赢得与苏联争霸中的优势，联邦政府加大了对大学的科研投资。它通过各种拨款，支持全国的大学制订大规模的基础研究计划，引导大学科研重心向基础研究倾斜。这种政策进一步加深了大学对国家、企业、基金会等外部力量的依赖，使大学与社会的联系进一步紧密，也使多元巨型大学的数量倍增。"美国对高等教育的贡献是拆除了大学校园的围墙"，"校园的边界就是国家的边界"①，大学成了实现政治目标的工具。另外，联邦政府的资助使美国各大学和学院都倾向于基础研究，走向了注重研究甚于教学的学术化道路。

战后美国高等教育的大众化以及大学教育的学术化两种倾向势必带来一系列暂时无法解决的矛盾。

首先，大学仍坚持传统的学生管理方式——"代理父母制"，这违背了战后美国社会进一步民主化的潮流，也不利于大学专注于教学科研事务、提高自身效率。

其次，在大众化教育时代，大学应更多地服务于社会，更好地满足学生基本需求，尤其是专业化、职业化的需求。但是，美国大学的学术化倾向却与这种实际需要相反，大学将发展的重点放在文理等基础学科的研究上。即使是在其他的学科课程设计上，也非常强调对学生进行永恒知识的教育——普通教育（或称通识教育）。1945年哈佛大学通识教育报告《自由社会中的普通教育》（即哈佛红皮书）的发表，为现代大学的专业教育和普通教育的有机结合指明了方向。哈佛红皮书指出，"必须对学生进行普通教育，为其社会成员提供共同的知识体系"，"今天美国高等教育的首要问题是把博雅和人文的传统注入我们整个教育体制"。两年之后，美国高等教育委员会发表的报告《美国民主社会中的高等教育》，在强调普通教育的重要性方面与哈佛大学的报告大体是一致的。在哈佛大学的倡导下，到50年代，普通教育已经成为全美高校通用的制度，据1974年美国两位学者的估计，"在50年代最初的两三年间，每年

---

① 转引自〔美〕德里克·博克《走出象牙塔：现代大学的社会责任》，第73页。

都有 250～300 所大学或学院采用新的普通教育计划"。① 美国大学的普通教育，将知识分为自然科学、人文科学和社会科学三类，每一门类都必须选修若干课程，其中"西方文化遗产"构成普通教育的核心。

普通教育课程的设置虽然有利于纠正大学过度的专业主义和职业主义的倾向，一定程度上有利于培养学生的综合素质、公民意识和建立共同的价值体系。但是，50～60 年代专业的细分和以科研为中心的学术化倾向，使大学教授不愿意教授这类基础课程，承担课程的大多数是研究生助教，这使得课程质量、知识的衔接和统一难以达到预期的效果。而此类课程重传统轻现代、推崇西方中心主义而非世界主义、关注永恒的而非动态的知识，又与大众化教育下的实用主义要求、战后美国多元社会和文化的发展以及科学大革命背景下知识的无限膨胀性等不相适应。因此，学生左派提出的相关性要求有一定的现实意义。

再次，"现代大学的兴起大大弱化了学生自治的、非正式的生活"②，使大学生失去了在课程设置、大学规章和大学政策方面的影响。20 世纪 50～60 年代美国高等教育急剧扩张，现代大学走出象牙塔面向社会，这些变化打破了美国高校原有的教授、学生与行政层三方的利益平衡机制。其中，教授们无法解决学术政策以外更大的问题，无法协调专业教育与普通教育的关系，而将它交给了行政层；大学和学院越来越倚重行政管理部门的协调和管理，"急剧膨胀的行政机器已经成为唯一对大学政策负责的机构"。③ 教授由于接受校外各方资助的科研项目，相对大学的独立性越来越强，出现了由"主人"变成"房客"的情形，虽然他们对行政权力膨胀非常不满，但是也因此获得了更大的自由。而学生权力受到的冲击非常大，过去美国大学推行的自由选修课、集中与分配选修课等选课制，从某种程度上"安抚了学生"，给予学生更多的"学什么"与"怎么学"的学习自由。但是，战后的课程设置中，这种自由选择权已经被大大削弱，大学在专业课程与基础课程的设置与学习方式上都有很

---

① Lewis Mayhew, *The Quest for Quality: The Challenge for Undergraduate Education in the 1990s* (Jossey-Bass Publishers, 1990), p. 48.
② Joseph R. Gusfield, "Student Protest and University Response", *Annals of the American Academy of Political and Social Science*, Vol. 395 (1971): 26–38.
③ Christopher Lasch, *The Culture of Narcissism: American Life in an Age of Diminishing Expectations*, p. 146.

多的限制。大学希望通过对学生学习行为和内容的规范，通过课程的合理的、强制的、集中的配置，避免以往选课制下可能造成学生知识不均衡的状况，实现既广博又精深的培养目标。在学生规章和纪律制度制定问题上，过去许多学生自治组织如兄弟会、姐妹会都发挥了重要的作用，而这些自治组织也随着学生人口基数的急剧膨胀，影响逐渐衰微。学生在大学事务上的权力衰微，以及大学管理层对学生要求的漠视，必然会催生学生的极端情绪，"好斗的抗议倾向与学生失去影响大学政策的有效替代方式有关"，而"政治组织是学生试图去重新获取自治和权力的一种途径"。①

此外，美国高等教育的急速变化，造成传统的学术自由、象牙塔等象征大学精神的观念遭到严重破坏，大学在坚守传统与服务社会之间，尚无充足的时间去理解和定义新的大学功能，因而在如何服务于社会、如何处理社会问题方面缺乏成熟的看法和经验。早在30年代，芝加哥大学校长罗伯特·哈钦斯就对大学迎合社会需要而产生的专业主义和职业主义进行过批评。60年代初期克拉克·克尔以"多元巨型大学"概括战后大学的新特征和新功能，并认同这种趋势的必然性。哈佛大学校长内森·普西的认识更为理性，他认为"大学的功用不是从这个现实世界之中向后倒退"，"但是仅仅只有当大学保持其本质时，大学才能很好地服务于这个社会——大学不是政府的一个代理机构"。② 但是，普西管理下的哈佛并没有在实际上解决这种矛盾。大学无法明确自身的功能和目的，自然会在社会政策的制定上出现混乱，当然，它也不能向质疑它的激进左派、传统派作出有力的辩驳和说明。这多少导致大学内部对学生运动合法性判断上的分歧，也加剧了大学的内部矛盾，并延误了对运动的控制与平息。

三 大学遭受内外的批评

20世纪60年代轰轰烈烈的学生运动对美国主流社会造成了很大的困扰与威胁，主流社会在应对这场运动的同时，对培养学生的美国高校

---

① Joseph R. Gusfield, "Student Protest and University Response", *Annals of the American Academy of Political and Social Science*, Vol. 395 (1971): 26 – 38.
② 〔美〕理查德·诺顿·史密斯：《哈佛世纪——锻造一所国家大学》，第264页。

进行了持续的攻击和谴责。其中既有来自大学内部的声音，也有来自社会的声音，这使得大学遭受了多重的压力。

在大学内部，一些同情与参与学生运动的教员（主要是青年教师），反对针对激进学生的强硬行动，指责大学参与越南战争，要求大学改变不合理的社会政策，给予师生更多的自由。而大多数教授虽然也参加了反战行动，但他们反对不受控制的、打扰教学的、暴力的学生示威行动，他们指责管理层在恢复校园秩序上表现得过于软弱无力。即使在行政层，在处理大学骚动问题上也出现了分歧，一些官员强烈反对召警入校控制局面，希望由大学依照校规来解决学生冲突，而强硬派却往往批评主要决策者过于软弱。

在大学之外，1968年之后，联邦政府和各州政府对大学普遍出现的混乱状况极为不满，它们认为大学处理危机时过于迟滞与不力。联邦政府和州政府通过一系列针对激进学生和运动的议案，给大学传递了一个"准确无误的信息，即大学最好采取强有力的措施去阻止学生抗议，否则政府将介入代替它们实施"。① 这些议案都使大学面临严峻的考验，既要应对风起云涌的学生运动，又要说服政府不要介入内部事务，保持大学的独立和自由。

美国公众舆论也对大学失职责任进行了严厉的批评。1968年之后，美国媒体在报道中有意刻画学生运动的暴力行为，这"唤醒了美国社会沉默的大多数"，给美国政治家"制造了控制运动的压力"。盖洛普调查显示，82%的美国人认为应该开除示威学生，而《路易斯·哈里斯调查》（Louis Harris Poll）却显示52%的公众认为无论示威是否和平、合法，参与者都应被开除。② 此外，大多数美国人认为，鉴于大学在管理学生上的失职，应该削减对大学的财政预算，削减联邦政府学生贷款的数额。

公众对大学的强烈不满，尤其可以从里根两次顺利当选加州州长的事实中看出端倪。里根当选加州州长，很大程度上取决于他对大学、学生运动的强硬态度。1966年里根在竞选州长时，对高等教育横加指责，

---

① Kirkpatrick Sale, *SDS*, p. 547.
② Ibid., p. 548.

声称"加州高等教育已经失信于资助这一体系的纳税人以及送孩子到此读书的学生父母"。里根的竞选之战也是围绕"道德、法律与秩序、强有力的领导权、传统价值观和反智主义"进行的。里根指责大学教授将危险的共产主义思想灌输给学生,指责加州大学行政管理层使大学的崇高目的变得岌岌可危,指责"自由言论运动"期间加州大学伯克利分校校长布朗处理学生时采取的宽容态度。这种竞选策略使得里根赢得了1966年选举。在任期间,里根迫使加州大学评议会解雇了加州大学校长克拉克·克尔;指责自由主义教师将大学变成了"骚动的舞台",威胁要对教师进行政治考核,不合格者将被解雇;要求削减激进学生的奖学金,迫使他们"再三考虑拿到头等车票却要付费的问题"。在1969年加州大学伯克利分校的人民公园事件中,里根不顾校长的反对,坚持出动军警,抢回被占的学校用地。里根的这些强硬举措,虽然没有对遏制学生运动起很大的作用,但是没有妨碍里根的再次当选。德格鲁特(Gerard J. DeGroot)在评论这一事件时认为,重要的是加州居民对激进学生和大学的强烈不满,使得里根能够再次当选,"如果里根在与学生的冲突中获胜了,加州人会欢呼,但即使他不能控制动乱,他的失败只能说明好斗者的威胁被低估了,更需要警惕"。[1]

来自大学内外的批评和指责,使大学的声誉受到严重影响,自60年代末期起,大学危机论就一直非常流行,一系列危机论著问世。美国国内的民意调查也显示,人们对国内高等教育体系的信心严重滑落,从1966年的61%下降到70年代中期的33%。[2] 这些批评和指责,给大学的危机治理带来了沉重的压力,而这也自然会影响到治理的实际行动和效果。

第二节 对大学危机的评估

20世纪60年代"大学危机"的出现和蔓延,使得50年代以来"沉默的一代""政治冷漠一代""自我的一代"等用来批评大学生精神状态

---

[1] Gerard J. DeGroot, "Ronald Reagan and Student Unrest in California, 1966 – 1970", *The Pacific Historical Review*, Vol. 65, No. 1, Feb. (1996): 107 – 129.

[2] 〔美〕莫顿·凯勒、菲利斯·凯勒:《哈佛走向现代——美国大学的崛起》,第501页。

的论调偃旗息鼓。危机使美国学界、大学管理层开始了对危机原因、危害程度、应对方式等问题的长期争议过程。同时，对新一代大学生性格特征、意识形态倾向、思想偏好的评估也异常活跃，其中，相应的判断为大学的危机治理提供了成熟或不成熟的建议，因而对大学治理产生了非常重要的影响。

一 大学危机的可能性及原因评估

在对"学生抗议是否引发大学危机"以及"危机的原因"的认识方面，存在两个不同的阶段。

第一个阶段是在1964年"自由言论运动"发生之后，大学危机初露端倪之时。学者们和校长们的看法大都比较一致，即加州大学伯克利分校的事件只是一次例外，并不能说明全美大学的状况。如第一节所述，加州大学校长克尔就否认大学危机的说法，认为即使伯克利分校的骚乱也只局限在人文和社会科学领域的少数学生。哈佛大学校长内森·普西也认为，伯克利的麻烦是"本科生教育质量问题"，"发生在伯克利的情况与坎布里奇的问题不可相提并论。引发伯克利危机的很多问题在哈佛早就已经得到了解决"。[①] 社会学家李普塞特（Seymour Martin Lipset）和教育学家阿尔巴赫（Philip G. Altbach）也一致认为，"伯克利危机是一次由许多特殊的当地原因引发的孤立事件，它并没有预示全国性反抗'多元大学'罪恶的叛乱的到来"。[②]

不过，也有极少数的学者对学生抗议产生过担忧。伯克利分校的社会学家内森·格雷泽（Nathan Glazer）就认为伯克利分校恢复平静并不等于危机已经解决，伯克利人民公园事件的出现有两个主要因素：一是伯克利分校追求大学规模，不可避免地带来巨大的束缚和压力；二是引发强烈情绪的新形式的政治行动（指学生左派政治）的兴起，以及它的合法性遭到质疑。而这两方面因素并不仅仅存在于伯克利，其如何解决

[①] 〔美〕莫顿·凯勒、菲利斯·凯勒：《哈佛走向现代——美国大学的崛起》，第442~443页。

[②] Seymour Martin Lipset & Philip G. Altbach, "Student Politics and Higher Education in the United States", *Comparative Education Review*, Vol. 10, No. 2 (1966): 320–349.

也无答案。因此,"发生在伯克利的事件不是一个局部性的事件"。① 李普塞特和阿尔巴赫两人虽然认为"自由言论运动"是一起独立事件,但是,他们也担心大众媒体、公众和教育机构对学生抗议的过度紧张更可能造成事件的扩大,"尽管在美国,学生人口数量庞大,学生间是异质的,总体上很少被看作政治的关键因素,但是,少数学生的声音可能吸引大量的关注,这会鼓舞更多的人去思考政治和教育问题"。② 不过,少数学者的担忧终究没有引起学术界和高校管理层的关注,在1966年春夏之交学生反征兵运动大规模发生之前,人们对学生情绪的看法总体上还是相当乐观的。

第二个阶段为1966年大规模的学生运动爆发之后。1966~1970年,学生的校园抗议越来越激烈,许多校园的部分教学和行政大楼遭激进分子占领或围攻,并屡有校园陷入瘫痪,大学危机已经成为美国大学行政层不得不面对的一个事实。学术界、高等教育机构、高校管理层开始对危机进行评估,相关的评估结果和建议大多集中于1966年至70年代中期。

在对造成大学危机的原因评估方面,少数学者偏向于认为这是大学内部原因所造成的。其中一些学者认为,战后高等教育环境的急剧变化,造成了大学制度和结构的紧张,造成大学内部对大学功能与本质认识的模糊,而这才是危机出现的真实原因。美国学者罗伯特·A. 尼斯比特(Robert A. Nisbet)于1968年在《公共利益》杂志上发表文章,认为美国很多大学不能"清晰地把它的各种功能转化成明确的、口头化的目标",不能明确"什么是大学"以及"大学培养什么样的人才"等关系大学功能和本质的问题,是造成大学危机的主要原因。其中,"真正激发学术危机的是专业主义",政府和企业资助的研究项目"摧毁了教学和科研的统一体",造成科研与教学的不兼容,并使学生扮演一个被利用的劳工角色而非被传授知识的求学者,从而引发学生的反抗。③ 社会学学者约瑟夫·古塞菲尔德(Joseph R. Gusfield)甚至认为,大学不明白自己

---

① Katope G. Christopher, *Beyond Berkeley: A Source Book in Student Values*, pp. 43 – 66.
② Seymour Martin Lipset & Philip G. Altbach, "Student Politics and Higher Education in the United States", *Comparative Education Review*, Vol. 10, No. 2 (1966): 320 – 349.
③ Robert A. Nisbet, "Crisis in the University?", *Public Interest*, Vol. 10 (1968): 55.

的功能和本质，这不仅会引发大学危机，还会影响大学处理危机的应急能力，"在公众争议的领域里发挥作用，却又没有清晰地定义自己的使命，使得大学难以对学生的批评、要求、行动做出反应"。①

另有一些学者认为高等教育的普及化、大学生就业人口的飞速增长，给学生群体造成了沉重的就业压力，这是引发校园危机的一个非常重要的因素。社会学学者塞缪尔·卢贝尔（Samuel Lubell）在对36个学院学生进行抽样调查后得出结论，"对学生权力的要求不是重建我们大学的真正激烈的议题。在大学改革中，不能忽视的压力是那些数量浩大的青年一代的庞大的职业需要"。②

而其他大多数学者则普遍认为，越南战争是大学危机出现和蔓延的至关重要的因素。研究学生运动的著名社会学家肯尼思·肯尼斯顿早在1967年就指出，学生的抗议并不主要是由对教育的不满引起，"学生抗议者似乎并不是特别对他们所受的教育感到不满，他们或许是比非抗议者得到更多的个别关注和更高质量的教育。所以，尽管有关多元化大学的无人情味和离题言行的学生口号颇受欢迎，但教育机会的绝对水平——如果有的话——肯定是与学生抗议活动的发生有关系的：学校越好，越有可能出现学生示威"。③ 哈佛大学法学院前院长，1971年始任哈佛大学校长的德里克·博克（Derek Bok）也对这种观点表示了认同，在1982年出版的《走出象牙塔：现代大学的社会责任》一书中，他重申了这种观点，即"学生骚乱不可能主要是由大学的规模及其复杂社会的联系等因素引发的；相反，它应该归咎于国会通过草案和越南战争等因素，因为这些因素激起了许多才智超群的学生们特别强烈的反抗情绪——无论他们就读的学校属于何种性质"。④ 约瑟夫·古塞菲尔德也认为，虽然"越南战争和种族危机问题不是大学政策的产物，也不是大学青年的创造物，它们在美国人生活中是独立的存在物"，但是大学危机恰恰与这些议题有关，"激进主义潮流在内容上是高度政治性和全国性的——它的主要

---

① Joseph R. Gusfield, "Student Protest and University Response", *Annals of the American Academy of Political and Social Science*, Vol. 395（1971）: 26–38.
② Samuel Lubell, "That Generation Gap", *Public Interest*, Vol. 13（1968）: 52–60.
③ 转引自〔美〕德里克·博克《走出象牙塔：现代大学的社会责任》，第76页。
④ 〔美〕德里克·博克：《走出象牙塔：现代大学的社会责任》，第76页。

的焦点不在大学和学院内部的规章制度或者教育的政策"。① 内森·格雷泽在《伯克利的学生权力》一文中也认为，激进者指责大学是"社会和它的问题的代表"，"这也意味着大学的中心结构和机构并不真正是主要的攻击目标"。他同时指出大学卷入纷争的原因，"是因为它能为学生激进者的三个目标服务，即庇护所和根据地，压迫社会的代理人以及改造社会的潜在的积极的同盟"。②

二 大学危机的程度和规模评估

大学危机的程度和规模是评估的另一方面。学术界和管理者对大学生参与激进政治的规模、大学生的政治倾向与意识形态倾向、学生对大学机构的态度等问题进行了比较深入的调查和分析。美国国内多家民意测验机构，如盖洛普、哈里斯（Harris）、罗珀尔（Roper）和大学民意测验（the College Poll）等，都曾对此类问题作了相应的调查。1969~1970年著名的高等教育私人评估机构——卡内基高等教育委员会也在美国高等教育理事会（American Council on Education）的合作下进行了抽样更为广泛的调查。此外，还有社会学家杨克洛维奇同CBS电视台合作开展的调查、《今日心理学》杂志开展的调查、吉尔伯特青年民意测验、Rossis调查、塞缪尔·卢贝尔调查以及1969~1970年的Gergen调查等。这些调查结果对于大学行政层了解大学危机的程度和规模、学生的主流政治倾向、学生对高等教育的满意度等，都提供了切实的帮助和指导。

第一，关于大学生参与激进政治的规模评估。多份调查都显示，全美大学生中持激进政治观点的人数虽在1968~1970年有明显增加，但是总的来说，其占大学生人口总量的比例非常小。

1968年卢贝尔调查的结论是，只有1/10的受访学生处于"总体反叛"或"异化"（疏离）状态。③ 哈里斯调查显示，从1968年春至1970年春持激进主义或者极左观点的学生占学生总数的比例由4%上升至11%，

---

① Joseph R. Gusfield, "Student Protest and University Response", *Annals of the American Academy of Political and Social Science*, Vol. 395 (1971): 26–38.
② Daniel Bell & Irving Kristol, *Confrontation: The Student Rebellion and the Universities* (New York: Basic Books, 1969), pp. 6–7.
③ Samuel Lubell, "That Generation Gap", *Public Interest*, Vol. 13 (1968): 52–60.

持保守主义观点和极右观点的从24%下降至15%，持自由主义观点的比例最大，由39%上升至43%，中间路线者由33%下降至26%。① 它表明，持自由主义观点的学生与中间路线者占学生的绝大多数，而激进学生虽在学生运动最剧烈的时期比例有很大增长，但仍不及保守学生的人数比例。杨克洛维奇调查也得出大致相似的结果，认同新左派观点的大学生比例在1968~1970年保持在13%~14%，1970年自由主义者和激进者占调查总数的31%，中间路线者占47%，保守主义者占22%。②

1970年的吉尔伯特青年民意测验表明，只有少数人是"疏离的"，在评价美国政府形式是"需要重要的改变"还是"它较好"的两个选择上，60%的学生选择了后者。③

至于持"革命"观点的学生，占调查总人数的比例则更小，1969年春杨克洛维奇—CBS的调查显示，在13%的新左派中，只有3%的学生自称"革命者"，其余10%则是激进异议者。④

对学生参与激进政治规模的评估，1969年由克拉克·克尔出任主席的卡内基高等教育委员会的调查因其专业性强、覆盖面广、抽样数据庞大，其结果在理论上更可信、更贴近现实。不过，这一调查结果也与上述几个调查结果大致相同。持（新）左派观点的本科生、研究生都只占各自群体数量的5%，持自由主义观点的学生比例在37%~40%，中间路线者比例在27%~36%，持保守主义观念的本科生只有19%，而研究生则达30%，呈现较大差异（见表3-1）。

表3-1 卡内基高等教育委员会对本科生、研究生和教师政治身份的调查

单位：%

	本科生	研究生	教师
左派	5	5	5

---

① Seymour Martin Lipset, *Rebellion in the University: A History of Student Activism in America*, p. 49.
② Daniel Yankelovich, *The New Morality: A Profile of American Youth in the 70's*, p. 75.
③ Seymour Martin Lipset, *Rebellion in the University: A History of Student Activism in America*, p. 49.
④ Ibid., p. 48.

续表

	本科生	研究生	教师
自由主义者	40	37	41
中间路线者	36	27	27
保守主义者	19	30	28

资料来源：Pilip W. Semas, "Student 'Satisfied' with Education, Most of Them and Teachers Agree", *The Chronicle of Higher Education*, Vol. 5 (1971): 2。

多家调查结果除了说明学生激进者人数占全美大学生的比例小之外，它还能够说明，持自由主义观点的学生所占比例最高，"大学校园内最主要的情绪是自由主义，是对民权和反战的同情"。[①] 持中间路线的学生所占比例居其次，他们构成了大学校园激进情绪的平衡群体。两个群体构成学生的绝大多数，说明大学校园内的激进情绪并不代表学生的主流政治倾向，大学危机并没有媒体所渲染的那般严重。

第二，关于学生对大学机构态度的调查与评估。伯克利"自由言论运动"爆发以来，美国学术界和教育机构就一直非常关注学生对大学机构、高等教育的真实评价，重视对大学校园危机的根源性研究。

1964～1965年，许多社会科学家对伯克利人民公园事件中学生对大学的态度进行了调查分析。其中，罗伯特·萨默斯（Robert Somers）的报告是1964年公布的，它是基于对伯克利分校学生的访问而得出的最早的分析报告之一。这份报告表明，绝大多数学生认为学校行政管理层和教员的教育工作做得很好。例如，只有17%的学生对课程、考试、教授等表示不满。更令人意想不到的事实是，在激进学生中，对大学表示满意的人数远远多于不满意的人数。萨默斯在报告中得出的结论是，"调查数据并不说明，对教育过程的不满情绪在这一事件中曾发挥作用"。[②]

1965年春对伯克利人民公园事件开展的另一份调查也认为，大学机构并非学生不满的源泉，"学生对多元大学的抗议——非人的待遇、教师忽视学生等——并不是对加州大学质量而是对政治意识形态的情绪反应"，"各种迹象显示，伯克利的反叛是政治性的促发事件，而不是为改

[①] Seymour Martin Lipset, *Rebellion in the University: A History of Student Activism in America*, p. 55.

[②] Ibid., p. 64.

变大学结构或大学教育政策而发生的"。① 而同一时期针对"学生对大学和教育改革的态度"问题的全国性调查也显示相似的结果。1965年初哈里斯调查中，在回答"你对这些部门的信赖程度如何"这一问题时，"不受信赖"的比例最小的三个部门分别是科学界、金融系统和高等教育，分别为2%、3%和4%。②

1968年之后，是学生运动发展越来越猛烈，暴力和激进的行为越来越多的阶段。不过，相应的调查显示，虽然学生对大学的批评和不满增多，改革大学机构的呼声也日渐强烈，但总体而言，对大学极为不满意者占学生总数的比例比较低，"不同的研究都显示，在学生中间，高等教育机构比其他部门更受尊重"。③

1968年、1969年之交，罗珀尔（Roper）关于"新生与高年级学生对商业、政治体系、行政司法、高等教育等的态度"调查显示：新生中认为高等教育不合理需改革或彻底变革的占新生总数的17%，其他年级学生相应比例为23%；认为高等教育合理或者很好的新生与其他年级学生的比例，则只有19%和32%；大部分的学生虽然认为高等教育基本合理，但是需要某些帮助（两类学生比例分别为56%与49%）。④ 这说明，学生对大学的不满意度逐渐增加，但是总体上对高等教育还是持肯定态度的。

1969年初，杨克洛维奇的调查发现，无论是以职业为导向的学生（占总数的57%）还是对于来自富裕家庭、主修文理科、上更好大学并致力于改变社会的学生来说，大学都被放置在六个需要根本变革领域的名单中的最后一位。同年秋季，盖洛普的调查也显示，学生对大学的信赖度有所下降，但仍远高于对其他部门的信赖度。学生对九个部门的评价结果是，大学获得68%学生的称赞，而国会和商业机构为56%，法院

---

① Seymour Martin Lipset, *Rebellion in the University: A History of Student Activism in America*, p. 64.
② "Campus' 65", *Newsweek*, Mar. 22, 1965, p. 45. 转引自 Seymour Martin Lipset, *Rebellion in the University: A history of Student Activism in America*, p. 52。
③ Seymour Martin Lipset, *Rebellion in the University: A History of Student Activism in America*, p. 65.
④ 转引自 Seymour Martin Lipset, *Rebellion in the University: A History of Student Activism in America*, p. 54。

为 46%，中学为 37%，有组织的宗教为 33%。

1969 年、1970 年之交学生运动高峰时期，卡内基高等教育委员会也开展了关于本科生、研究生和教师对大学态度的调查。针对本科生设置的问题是，"你怎么评价你所读的大学？"得出的结果是，表示"满意"和"非常满意"的学生占了 66%，持中间态度的为 22%，而"不满意"和"非常不满意"的只有 12%。针对研究生设置的问题是"我基本上对我所受的教育感到满意"，得出的结果是，77% 的学生"非常赞成"或者"有保留地赞成"，而 17% 的学生"有保留地不赞成"，仅 6% 的学生表示"非常不赞成"（见表 3-2）。

表 3-2　1969~1970 年卡内基高等教育委员会对本科生、研究生和教师满意度的调查

分类与问题	态度
本科生："你怎么评价你所读的大学？"	非常满意 19%；满意 47%；中间态度 22%；不满意 9%；非常不满意 3%
研究生："我基本上对我所受的教育感到满意。"	非常赞成 23%；有保留地赞成 54%；有保留地不赞成 17%；非常不赞成 6%
教师："总的来说，你对大学感觉如何？"	"这是对我最适合的地方" 48%；"这里对我来说还好" 43%；"这里不适合我" 9%
教师："如果有机会再择业，你还会想做大学教授吗？"	"毫无疑问是的" 54%；"可能会" 37%；"可能不会" 7%；"毫无疑问不会" 2%

资料来源：Carnegie Commission on Higher Education, *Reform on Campus* (New York: McGraw-Hill, 1972), p.12。

1970 年底，即大规模校园骚乱发生不到半年时间之后，哈里斯再次进行了抽样调查，结果也相似，只有 13% 的学生不满意自己所受的教育。

此外，多家调查探讨了学生对大学满意度和信赖度下降的原因，大都认为这是与外部政治环境尤其是与越南战争相关的，对大学抱怨和不满的增多是与 1966 年以来对政治的不满相联系的，是"政治意识形态与教育意识形态变得更加贴近"的缘故。1967~1968 年鲁贝尔在报告中认为，征兵政策及其他对个人规划的破坏性影响刺激了反战情绪的高涨，激起逾 1/5 的学生对课程以及对把他们推向战场的大学政策的不满。1969~1970 年 Gergen 调查显示，对大学批评的增加是关注战争而引起的反体制综合征的病症之一。罗伯特·史密斯（Robert Smith）对加州大学

圣巴巴拉分校学生抗议的个案研究也表明,"即使抗议内容与战争无关,由战争带来的不满仍是学生好斗的决定性因素"。①

而研究学生运动的著名专家肯尼思·肯尼斯顿对此类原因的分析有别于大多数学者的看法。他认为,"全世界范围的抗议学生共享的更多是一种情绪而非意识形态或一项计划,即认为现有的体制——权力机构是伪善的、不值得尊重、过时的和急需改革的","学生到处在谈论压抑、控制和权威主义。而那些声称自己被体制的暴政所压制的人往往进入了那些自由最多的机构"。② 这种情绪与战后西方国家向后工业社会过渡、工业价值观被青年认为失去了合法性有关。在大学里,由于青年不承认道德的合法性,行政层和教师的管理被看作权威的压制行为,日益引起学生的不满。③

三 对校园激进政治的批评与诉求之评估

美国学界对激进学生的校园政治批评与诉求的评估,主要包括"代理父母制"、知识非关联性、学生权力、大学的社会角色等问题。如果说学者们在前两个问题上的观点比较一致的话,那么在对学生左派的政治批评与诉求的看法上,他们的观点存在较大的差异。

首先,在如何看待学生对"代理父母制"的批评这一问题上,许多学者的意见是一致的,即在家庭中父权已经衰微的状况下,大学却依然充当"代理父母"的角色是不妥当的。普林斯顿大学的精神病学家路易斯·赖克(Louis E. Reik)认为,大学时期本来就是一个追求独立的时期,但在大学里学生同样要无条件地服从年长者和更优秀者,这容易使"学生为独立而战",引发两代人之间的战争。④ 老左派批评家、斯坦福大学教授欧文·豪也著文批评"代理父母制",他认为,"就公共争论和少数群体的政治权利而言,美国大学总的来说仍然是民主自由的堡垒,但是作为一个机构,它的内部生活则远不是民主的";美国大学的权力掌

---

① Seymour Martin Lipset, *Rebellion in the University: A History of Student Activism in America*, pp. 65 – 70.
② "You Have to Grow up in Scarsdale to Know How Bad Things Really Are", *The New York Times*, Apr. 27, 1969.
③ Ibid. .
④ Katope G. Christopher, *Beyond Berkeley: A Source Book in Student Values*, pp. 249 – 260.

握在强有力的校长、把持学术传统特权的教师手上,大学的学术标准和程序制定都没有学生的参与。①

在师生关系上,一些学者如克拉克·克尔、罗伯特·尼斯比特等认同学生左派的批评,认为教师不关心学生,引发了学生的不满和抗议。尼斯比特认为,"校园抗议者批评大学的非人性化,使教师们错误地以为本科生正在寻求教授做自己的父亲和朋友,而实际状况却是,学生很愿意逃脱父亲的控制与指导,愿意在同龄人中寻找朋友","他们谴责的是师生之间缺乏交流和关心"。②

也有一些学者反对这种观点,认为师生之间的关系并没有批评家所想象的那么糟糕。1969年,马歇尔·迈耶(Marshall Meyer)对哈佛大学学生的调查,得出的结论是:师生之间亲密关系的消失不是哈佛大学紧张的源泉,78%的哈佛大学生说他们与一个或多个教师关系很好,3/4的学生每周会在课外与导师交谈;1/4的学生一周达三次以上。因此,密切学生与教师的关系将不会缩减骚动的规模。③ 古塞菲尔德甚至认为师生在某种程度上组成了抗议联盟,"不管教师作为道德或是知识分子的同盟者还是自身作为激进分子而言,他们经常在激化校园抗议中发挥了重要作用",并且,教师因与学生更接近而能控制学生,保持较大的权威。无论在伯克利还是哥伦比亚,教师的介入才促进了危机的解决。④

其次,在如何看待学生对知识非关联性的批评上,主要有两种不同的意见。一种观点认为,学生要求知识的关联性,主张大学课程知识与人的体验和当代社会问题相连,只不过是一种"反智主义",是学生逃避掌握永恒知识和智慧的一种借口;它实际上是"专业主义"和"职业主义"思想的一个变种;它实质上并不是对教育的一项改革要求,而是反对教育本身。其中,耶鲁大学戏剧学院院长、著名戏剧批评家罗伯特·布鲁斯坦(Robert Brustein)曾对此作出以下评论:

---

① Irving Howe, "Berkeley and Beyond", 参见 Katope G. Christopher, *Beyond Berkeley: A Source Book in Student Values*, p. 135。
② Robert A. Nisbet, "Crisis in the University?", *Public Interest*, Vol. 10 (1968): 55.
③ Seymour Martin Lipset, *Rebellion in the University: A History of Student Activism in America*, p. 70.
④ R. Joseph Gusfield, Student Protest and University Response", *Annals of the American Academy of Political and Social Science*, Vol. 395 (1971): 26–38.

一方面,"关联性"的要求使大学承担了本应由社会来提供的补偿(指对种族歧视、性别歧视、环境污染等的补偿);另一方面,它是唯我论的一种形式,唯我论容易造成对……学者和批评家的正当功能漠不关心的状态。人类研究的是当下或未来的问题,学生的注意力不在外部世界、过去或未来,而在自己的即刻需要。但这是天真的、浪漫的,反映出学生不愿意在自我之外去审视或关怀世界。①

教育评论家罗素·柯克(Russell Kirk)则认为,60年代对知识关联性的要求是一把双刃剑。一方面,学生要求的关联性可能无非就是赶时髦,疯狂地追逐那些"有用的""合乎时机的""时事类"的知识(这与 T. S. 艾略特所谈的"真正的关联性知识应该是永恒性的知识"是完全相悖的)。另一方面,关联性的要求说明,激进学生追求客观事物与主观事物、理性与超理性等问题相统一的宗教体验,它是激进学生的宗教热忱的一种展示。②

据此,持这种观点的学者和行政管理者认为,由于学生在阅历上的不成熟性,以及关联性之下潜在的反智主义本质,大学如在关联性问题上向学生作出让步是不负责任的,他们都倾向于认为"学生应该填充什么样的知识应由教师而非学生来判断"(美国尼克松政府副总统斯皮罗·阿格纽语)。③

另一种观点认为,应该重视学生(包括教师)对关联性知识和课程的渴求,卡内基高等教育委员会就坚持这种观点。1969~1970年该委员会对大学师生的改革诉求作了一份调查。结果显示,希望课程与当代生活问题相关联的本科生达91%,教师则为75%;希望更多关注学生情绪变化的本科生占83%,教师为71%。并且,本科生赞成此两类改革的比例在各个学科中比较均衡(见表3-3)。

---

① A. K. Bierman, *Philosophy for a New Generation* (New York, Macmillan, 1973), p. 51.
② David W. Parish, *Changes in American Society, 1960-1978* (Metuchen, N. J, & London: The Scarecrow Press, 1980), preface.
③ A. K. Bierman, *Philosophy for a New Generation* (New York, Macmillan, 1973), p. 45.

表3-3 师生对大学相关改革的赞成态度（1969~1970年）

单位：%

改革内容	本科生	研究生	教师
自由选择课程	51		19
取消分数	59		33
课程与当代生活和问题相关联[a]	91		75
更多关注学生情绪的变化[b]	83		71
少强调专业训练，多强调更宽广的自由教育	37		56
学生应该在美国或海外完成一年社区服务	48		56
教学效果而非学术作品应是教师晋升的基本原则	95	89	78

a. 各学科赞成比例：社会科学94%，人文科学87%，艺术95%，物理科学88%，生物科学93%，教育和社会福利98%，工程学85%，健康学88%，其他专业95%。这说明无论政治态度如何，学生在相关性问题上观点是一致的。

b. 各学科赞成比例：社会科学87%，人文科学83%，艺术89%，物理科学79%，生物科学80%，教育和社会福利83%，工程学78%，健康学88%，其他专业85%。比例相对均衡。

资料来源：Carnegie Commission on Higher Education, *Reform on Campus*, p. 14。

  这份调查显示学生和教师大都表示赞成知识的关联性，说明"关联性"并非少数激进学生的要求，而是大多数师生的要求。卡内基高等教育委员会还依此提出三条建议来满足学生对关联性知识的要求。第一，学生应该被纳入其所在的系、专业群和技术学院的课程委员会，以及关注宽广的自由教育实践的委员会中去。如果不能作为成员，则应该召开讨论会，让他们表达观点。第二，在关联性的课程安排上，应该更关注创造性的文理科和世界多样文化。第三，课程安排前，应该逐个地与大学校长商谈，以评估其是否不但对激发学生兴趣而且对于学习经验的积累而言，均具有较宽广的相关性。①

  再次，对"学生权力"诉求的看法。"学生权力论"的提出，意在给大学生群体更清晰的身份定位，规定学生阶级的历史使命。这一理论不仅将学生置于国家和社会革命的领导先锋位置，在大学，它也是颠覆传统大学权威尤其是教授权威的一则宣言。因而，它引起了许多教授的激烈反对。"许多年长的教员反对不受控制的、打扰教学的暴力的学生示威。当校园示威的目标从反战转向'学生权力'或者其他旨在削弱教授

---

① Carnegie Commission on Higher Education, *Reform on Campus*, p. 47.

权威的目标时，舆论调查显示教员的反对意见是一致的。"[1] 1969 年调查显示，绝大多数的教授被学生好斗者占领教学楼、阻止正常教学的行为激怒了，盖洛普测验结果是，77%的教员表示他们支持开除扰乱大学功能的学生。[2]

在大多数学者、教授看来，美国大学享有的四大基本自由——"谁可以当教师，教什么，应该怎么教和谁可以被准入学"是由教授和管理层共享的权力，他们反对学生参与决策，反对由学生来分享这些权力，认为"假如学生在大学事务上有更多影响力的话，那么相应地，教员的影响力会更小"。[3] 在教授主导的课程设置问题上，教授们认为除非加入课程委员会的学生懂得那些科目，不然没有资格去参与决定开设哪一门课程；毕业的标准应该是比较固定的，它不能依据学生的喜好来变化。[4] 明尼苏达大学教授约翰斯通·布鲁斯（Johnstone D. Bruce）就表达了这一观点，"当学生的利益和需求与教育目标密切相关，并且是学习过程中必须要考虑的问题时，决定他学什么和怎么学的最终权力应该赋予那些年长者和更有智慧者"。[5] 关于教师的聘用和晋升问题，他们也反对学生参与，不过，大多数教师还是同意把教学效果而非学术作品当作教师晋升的基本原则（参见表 3-3）。

也有一些学者支持学生取得部分参与决策的权力。古塞菲尔德指出，学生缺乏权力与抗议行为之间的关系，认为"政治组织是学生试图去重新获取自治和权力的一种途径"，"学生在共享的政策中缺位，使学生抗议的暴力破坏行为变得合法化"。[6] 教育学家、《星期六评论》教育版的编辑保罗·伍德林（Paul Woodring）认为，学生能够在教师晋升、招生和课程决策的制定过程中发挥有效作用。但是这并不是说要给予他们多

---

[1] Willis Rudy, *The Campus and a Nation in Crisis*, p. 170.
[2] Ibid., p. 171.
[3] Paul Woodring, "Who Makes University Policy?", 参见 Katope G. Christopher, *Beyond Berkeley: A Source Book in Student Values*, p. 147。
[4] Paul Woodring, "Higher Education for the 70's", *Peabody Journal of Education*, Vol. 48, No. 1 (1970): 4-11.
[5] Johnstone D. Bruce, "The Student and His Power", *The Journal of Higher Education*, Vol. 40, No. 3, Mar. (1969): 205-218.
[6] Joseph R. Gusfield, "Student Protest and University Response", *Annals of the American Academy of Political and Social Science*, Vol. 395 (1971): 26-38.

数选票，需要做的是让他们的声音能被倾听。① 欧文·豪的观点也大致相同，他认为，在学术标准和程序的决策过程中，不与学生协商不是一种健康的状态，应该承诺让学生适当参与协商学术事务。不过，提倡更多地考虑学生要求并非要把决策权完全交给"学生暴徒"，而是通过民主的渠道，允许他们表达他们对最关心事务的观点。②

最后，关于学生对大学的社会角色的批评。学界和行政管理层对此作了分析和评价，主要分为两个方面：一是关于大学的社会角色批评的合理性与否的评价；二是持批评观点的学生在全美大学生中具有多大代表性的问题。

在看待学生对大学社会角色的指责问题上，学者们普遍否认大学与政府在越南战争议题上形成了"共谋关系"，但是他们承认大学已经过多地介入了社会服务，过度依赖政府部门、商业部门、军方的合同、项目资助，它已经无法保持自己的独立性。哈佛大学校长内森·普西（1953～1971年在任）曾强烈批评这种状况，"大学不是现代工业社会的产物，大学也不应该成为那个社会的奴隶……目前对于一所大学或者一所学院来说，主要的危险是来自当前全神贯注地投入商业活动之中，来自令人疲劳的工作之中，来自人们缺乏把握理解精神对于生命的意义是什么、其实质是什么等内涵"。③ 当然，在对现代多元大学的"社会服务"功能越来越强、与社会联系日趋紧密，以及大学已经不再可能完全保持为纯学术的殿堂、独立的精神乐园或者象牙塔等这些问题的认识上，多数学者还是接受了这种现实。

至于激进学生要求大学在社会问题上应尽道德责任，应该对寻求社会公正与平等、人类与自然和谐等诸类社会运动公开给予人道主义的支持，对此类问题，教授与行政管理层之间存在较大的差异。在反战问题上，教授是激进大学生的同盟者，他们公开支持学生反战运动。1966年之后，尤其是1968年后，大多数教员卷入了声势浩大的反战运动中，大

---

① Paul Woodring, "Higher Education for the 70's", *Peabody Journal of Education*, Vol. 48, No. 1 (1970): 4-11.
② Irving Howe, "Berkeley and Beyond", 参见 Katope G. Christopher, *Beyond Berkeley: A Source Book in Student Values*, pp. 135-136。
③ 转引自〔美〕理查德·诺顿·史密斯《哈佛世纪——锻造一所国家大学》，第265页。

学的一些专业团体、学会如哥伦比亚大学教师参议会、哈佛大学文理学科教授团体、美国哲学家联合会、美国历史学家联合会等都纷纷发表公开声明，谴责政府的越南政策。其中，仅在1967~1968学年，高等教育领域的181个学术机构即卷入了反战示威，反战教授公开支持学生抗议者的行动并在筹备学生示威中发挥了作用。1969年9月，曾有24位国内著名教授签署了声明，支持全国范围内学生谴责战争的罢课行动，其中，有哈佛大学著名经济学家肯尼思·加尔布雷思、芝加哥大学著名国际政治学家汉斯·摩根索等。① 在自身公开宣布支持学生反战运动的同时，许多教授也呼吁大学公开表态，支持反战活动以表明自己的道德立场。

而大学管理层的看法却与之不同，他们认为，让大学对社会问题公开表示政治立场是不明智的，这有违大学的"中立"立场，也会削弱大学的学术功能。时任哈佛大学法学院院长、1971年出任哈佛大学校长的德里克·博克在事后谈及自己一直坚持的观点时写道：

> 大学的功能并不是为社会规定和推行严格意义上的道德和政治标准，没有谁让大学承担起这个角色，而且大学也不具有有效执行这个标准的力量。相反，大学的功能在于从事所能达到的最高质量的教学和研究工作。当大学偏离了这项任务，试图通过对一系列政治问题提出自己的观点来替代政府官员的职能时，大学就会冒着令人不堪忍受的危险，作出不明智的决定，削弱教师队伍的质量，从而使自己处于承受来自各个组织或派别的压力中，因为各个组织或派别都希望自己的政治信仰能强加于大学的各项活动之上。②

美国学术界对批评大学社会角色的学生代表性问题进行了调查和分析。1968~1969年，正是SDS与其他反战组织抗议大学保留美国后备军官训练队、参与国家军事项目以及反对军工企业在大学的招募最激烈的时期。大学民意测验的结果却表明，全美大部分学生还是远离极端主义的。在看待大学是否应该保留ROTC项目的问题上，63%的学生赞成保

---

① Willis Rudy, *The Campus and a Nation in Crisis*, p. 170.
② 〔美〕德里克·博克：《美国高等教育》，乔佳义编译，北京师范学院出版社，1991，第39页。

留；当问及如果这一项目由大学自愿设立时，赞成保留的学生则上升至80%；76%的学生表示并不反对自己所读的大学参与援助国家防御的项目研究，而反对者仅占23%。①

1970年美国入侵柬埔寨之后，大学生运动进入巅峰阶段。哈里斯调查显示，尽管对军方与战争的敌意加深，但只有25%的学生受访者赞成ROTC离开大学校园，而37%的学生赞成ROTC项目继续作为学分课程保留，33%的学生支持ROTC项目作为非学分课程保留；只有30%的学生表示教授个人不应被允许承担军事项目的研究，与之相对的是，62%的学生认为教授有权这样做。此外，1970年5月末，学生对军事企业在校招募态度的调查表明，只有22%的学生反对这类活动，而72%的学生认为军事企业应该被允许在校招募。②

这些数据都表明，批评大学社会角色的学生在全美大学生中占的比例并不是很大，但是部分学生的敌视情绪仍值得重视。

四 其他问题的评估或建议

除了以上三个方面的评估之外，一些学者还对校园革命的实质、大学危机的前景和处理抗议学生的手段等提出了意见。

政治学家布热津斯基（Zbigniew Brzezinski）分析了学生革命的实质，认为它只不过是一场"以革命的名义进行的反革命"，"一场既没有程序安排，也没有内容，或者其内容是基于过去而对未来没有指导意义的革命，就是真正的反革命"。③ 因而，这样的革命只不过是盲动和破坏性的，没有任何建设的成分。内森·普西认为好斗学生是左派的"空想狂"，"是一支新麦卡锡主义的先头兵"。④ 学生反叛是一波反知识分子的危险浪潮，是针对学术自由的"麦卡锡主义式"的侵犯。就对学生运动发起的校园革命的看法而言，大多数学者都持保守的态度。伊林·克里

---

① 转引自 Seymour Martin Lipset, *Rebellion in the University: A History of Student Activism in America*, pp. 55 - 56。
② Seymour Martin Lipset, *Rebellion in the University: A History of Student Activism in America*, pp. 58 - 59。
③ "Revolution and Counterrevolution (But Not Necessarily about Columbia!)", *The New Republic*, June 1, 1968.
④ 〔美〕理查德·诺顿·史密斯：《哈佛世纪——锻造一所国家大学》，第303页。

斯托尔（Iring Kristol）对激进学生的评价更糟，他认为，"由暴徒组成的少数学生对高等教育或者大学生活毫无兴趣，他们的热情受到校园内低俗的流行文化的影响而生成"。①

在大学危机的前景预测问题上，1964年"自由言论运动"发生后，人们对运动的平息还保持着乐观的态度，认为仅仅是大学个案。但是1966年后，学生运动风起云涌，并且愈演愈烈，这使得很多人相信"学生革命"不会很快停息。欧文·豪对这一时期的校园激进政治的规模和过程的预测很有见地。他认为，学生的激进情绪会因为不成熟的意识形态和对校园外部事务的不耐心而得到加强，倾向于革命；随后，学生对革命的忠诚并非源于深思熟虑，因而容易产生幻灭感，导致对激进事业的厌倦或者谨慎回归官方的自由主义等结果。② 但是，对于校园激进政治何时终结，学者们没有做出比较准确的预测。直至1970年秋季，内森·格雷泽在对哈佛事件的分析中仍然认为次年肯定还会爆发学生运动。③

关于如何处理抗议学生，大学内部的看法是比较一致的，即校园抗议是大学的内部事务，应该由大学自行决定如何处理抗议的学生，应该尽量避免把学生交由外部司法部门替代裁决，除非这些学生触犯了联邦或州的法律。很多学者反对大学召集警察来维持秩序，一些人虽不反对召集警察，但坚决反对国民警卫队入校维持秩序。其中，丹尼尔·贝尔认为，学院和大学的权威是道德上的而不是行政上的。这些机构不能靠武力来统治。事实上，它们除了迫不得已时以开除相威胁之外，没有什么别的权威。如果叫来警察援助，那只不过是进一步证实了学生和教师之间的对立，而并不能解决问题。无论是学院还是大学都不能通过压制持不同意见者来维护自己的权威。④ 古塞菲尔德等学者则主张，不应该追究学生的责任，"学生抗议更像劳资纠纷，而非破坏大学信条，应以学

---

① Iring Kristol, "A Different Way to Restructure the University", *The New York Times Magazine*, Dec. 8, 1968.
② Irving Howe, "Berkeley and Beyond", 参见 Katope G. Christopher, *Beyond Berkeley: A Source Book in Student Values*, p. 138。
③ 〔美〕理查德·罗蒂：《筑就我们的国家——20世纪美国左派思想》，第461页。
④ 转引自〔美〕约翰·S. 布鲁贝克《高等教育哲学》，王承绪等译，杭州：浙江教育出版社，1997，第45页。

术功能来评判,学生不应该受到处罚"。①

总之,美国学术界和大学行政管理层对美国大学危机进行了比较详尽的分析和评估,给美国大学的危机治理提供了重要的参考和建议,有利于各大学积极应对与平息危机,恢复校园秩序。

第三节 大学治理与大学生运动

20世纪60年代的大学危机,是美国大学史上前所未有的一次大危机,其长期性、持续性和政治诉求的明确性都是从未出现过的。应对这次危机,以往的经验已经不足用,治理者只能凭借专家们对大学危机的评估以及自己的判断来仓促决策。因此,大学对危机的治理不可能有条不紊地进行,相反,在很多情况下,大学都疲于应付。由于危机不断升级,治理者还不得不在某些问题上顺从激进学生的要求,作出较大的让步。

虽然大学对危机的治理并不成熟,但它还是刻意保留了自身的传统,即大学的自治与自由。这表现为:首先,危机治理是大学自治的内容,危机治理的权力不能让渡给大学之外的系统或部门;其次,对学生校园政治诉求的让步以不破坏大学学术自由为限,在不破坏学术自由的状况下可以考虑接受学生的要求,针对大学存在的一些问题作出改革。这一原则始终贯穿于大学治理的整个过程。在这一原则下的大学治理,不仅对缓解学生的激进情绪,粉碎学生的激进政治梦想,削弱大学生运动有实际的帮助,而且对维护大学实体的基本自治和自由起了很大的作用。

总的来说,大学对危机的治理比较零碎,没有形成完整的系统,但是纵观整个过程,还是可以找出基本的脉络。这条治理脉络基本上是与学生的政治诉求及专家们的评估建议相一致的,它是针对学生校园政治诉求而提出的应对措施,包括对"代理父母制"、知识非关联性、学生权力和大学社会角色等各种问题的回应。此外,也包括对校园骚乱参与者的处罚问题以及贯彻肯定性行动等与大学治理密切相关的问题。

---

① Joseph R. Gusfield, "Student Protest and University Response", *Annals of the American Academy of Political and Social Science*, Vol. 395 (1971): 26 – 38. 一些学者还把学生运动看成20世纪由学生发起的"卢德运动"。

一 取消"代理父母制"

在美国大学发展历史过程中,"代理父母制"作为父权在大学的延伸而存在。大学把学生家长而不是学生本人当作当事人,学生受家长和大学双重监护,被看成未成年人(虽已成年)。而美国联邦最高法院的几次判例为大学的"代理父母"地位提供了法律的依据,使"代理父母制"成为校生法律关系的基本理论;同时,联邦政府以大学内部事务为由拒绝介入学生与大学的冲突,"拒绝了学生通过司法途径获得权利救济的可能性"[①],"在高等学校学生权利和学校权力发生冲突而诉至法院后,法院一般会对高校管教学生而采取的惩戒性措施表示尊重,既不认定学生像成年人一样享有各种宪法权利,也不严格套用其他相关法律来解决高校与学生间的争议"。[②] 这种制度自然会对学生的自由和权利构成严重的伤害,被称为"非人性化"的制度也不过分。

"代理父母制"的两个前提是,家庭中父权的"存在"以及学生是未成年人的假定。但是,这两个前提在二战后已经被严重削弱。首先,战后美国的家庭对"婴儿潮一代"的教育是斯波克倡导的放纵式自由教育与"爱的教育",家长与孩子之间形成了平等关系。传统的父权在这种教育模式下进一步衰落。同时,"家长放弃了对上大学的孩子进行控制的努力,自然也不会希望大学官员去继续发挥类似的功能"。[③] 其次,二战后大批退伍军人进入大学学习,他们不但是成年人,而且很多已结婚生子,不需要大学充当"代理父母"角色。"代理父母制"遭到退伍军人学生的强烈反对,校生关系紧张,大学还经常为此官司缠身。此后,随着大众化、普及化教育的发展以及终身学习观念的深入,学生的成分发生很大变化:已婚成年学生增多,1963 年已达到 20%,以后逐年增多。这种新出现的状况使得"代理父母制"逐渐失去了"未成年人的假定"这一前提。因此,在两大前提正在或已经失去的情况下,"代理父

---

① 陈颖、薛传会、熊伟:《国外高校校生关系理论发展和冲突救济演变的借鉴意义》,《教育发展研究》2007 年第 5 期。
② 同上。
③ Paul Woodring, "Higher Education for the 70's", *Peabody Journal of Education*, Vol. 48, No. 1 (1970): 4–11.

母制"的继续存在无疑违背了美国现代社会的发展潮流。

在学生对"代理父母制"的批评不断增加,尤其是大学危机发生后,激进学生将取消"代理父母制"作为一项政治诉求的严峻形势下,美国联邦法律部门和大学管理层逐渐重视这一问题,开始深刻反思"代理父母制"的弊端。在取消"代理父母制"的过程中,司法界一马当先,它首先从法律上否定了"代理父母制"的传统合法性地位。以此为基础,各高校迅速取消了这一制度,学生与高校间的关系开始进入一个崭新的阶段。

1961 年在狄克逊诉亚拉巴马州学校董事会 (Dixon vs. Alabama State Bd. of Education) 一案中,联邦最高法院的判决给"代理父母制"的合法性带来了巨大的冲击。狄克逊案的原告是六名黑人学生,他们因参加要求消除快餐店和其他公共场所中的种族歧视的静坐与示威活动,被亚拉巴马州学校董事会开除。亚拉巴马州学校董事会通过信函将此决定通知了学生。由于该董事会并没有为学生安排听证就作出了开除的决定,学生们声称学校剥夺了宪法第 14 条修正案赋予公民的合法程序权。在这一案件中,联邦最高法院判决学生胜诉。法院在裁决中认为,政府机构的任何会使个人受到侵害的行为必须遵守宪法合法程序要求。而州立学院开除学生的决定事关学生个体的重要利益,因此也要求经过相似的合法程序。而依照宪法合法程序的要求,需要安排听证会,校方须将听证的安排及具体指控及时通知学生。① 联邦最高法院的裁决意义是非常重大的,它表明美国司法界已经积极介入涉及学生宪法权利的冲突,改变了过去作为旁观者或大学的袒护者的立场;同时,这一裁决使大学生成为真正享有宪法权利并受宪法保护的个人,也使大学作为"代理父母"的特权和免责地位不复存在,"第一,它不再是人们可以接受的合法的辩护方法;第二,它不再是高校与学生关系的形象标志"。②

1965 年,在对另一学生诉校方案件的裁决中,美国联邦最高法院认定,学生无论在校内还是校外都是一个"拥有完全权利的人",学校不

---

① Dixon vs. Alabama State Bd. of Education, 294F. 2d 150 (5th Cir. 1961). 转引自 http://homepages.wmich.edu/~nagel/handouts/Sample%20brief.pdf.
② 李奇、洪成文:《代理父母地位说:美国高校与学生法律关系的主导理论》,《比较教育研究》2004 年第 4 期。

能因为"推测学生的行为有可能危害学校的秩序"而制定规则限制他们的权利,只有当学生的行为真正对学校秩序造成实质性影响时,才能对其作出处罚。① 这一判决再次肯定了大学生的宪法权利,也使高校管理学生的行为再次受到重大影响,高校不再具有"代理父母"的那种自行执行纪律和规则的权限,它的管理行为以不与联邦宪法冲突、不侵犯学生享有的基本宪法权利为限,因而,这进一步保障了学生的宪法权利,同时也赋予了学生寻求司法救济的权利。

1971 年美国宪法第 26 条修正案赋予 18 周岁青年以选举权,这一法定年龄的降低使绝大多数学生成为法定的成人,拥有实际宪法权利并承担相应义务。这一修正案使"代理父母制"在高校中存在的前提之一——"未成年人的假定"完全消失,高校对学生的管教、控制和随意处罚的权力完全失去合法性。校生间的法律关系进入一个以宪法论、契约论为基础的新阶段,"由管制与被管制的关系转变为相对平等的权利与义务关系"。②

在联邦政府立法和司法部门的努力下,全美各高校迅速取消了"代理父母制"的管理方式,"教师和管理机构在学生个人生活方面的法律和道德责任逐渐减少,他们越来越把学生严格地当作当事人来看待了"。③

由此,美国大学校园发生了戏剧性的变化:学校规章制度削弱了,学生宿舍楼男女混住,大学行政人员不准涉足。在大多数大学中,那些要求学生必须参加礼拜堂活动的规定被取消了,全校性的宗教集会也取消了。④ 学生的穿着打扮不受限制,宿舍的作息时间限制大都已被取消,男女生可以互访。此外,大麻、精神性毒品等属违禁品,酒在许多高校属违禁品之列,过去人们可能会因为吸食大麻或饮酒而受到校规的严厉

---

① 孙展:《是校规越界还是学生出格?"校园规则"面临挑战》,参见 http://www.chinanews.com.cn/n/2003-06-04/26/310400.html。
② 崔晓敏:《美国高校与学生法律关系的演变——从"代理父母地位说"到宪法论、契约论》,《高教探索》2006 年第 4 期。
③ 〔美〕约翰·S. 布鲁贝克:《高等教育哲学》,第 41 页。
④ 《当代外国教育改革著名文献》(美国卷·第一册),北京:人民教育出版社,2004,第 176~177 页。

处罚，但是，现在学校并不会强力去执行这些规则，比校外的警察更宽容。①

为了表示对学生权利的尊重，多数高校还制定了相应的政策来保护学生的宪法权利，如自由表达权，有关转学和休学的权利，避免体罚的权利，怀孕、做父母、结婚方面的权利，残疾学生的权利，参加课外活动的权利等。② 此外，大学承诺遵守联邦法律，给学生提供申诉的机会和程序，使学生的救济性权利得到保障。

高校管理层在取消"代理父母制"以应对大学危机的效率非常之高，以至于1970年保罗·伍德林在《70年代高等教育》一文中，为大学管理方式的急剧变化而感叹，"今天的学生中鲜有人能够理解这种状况，即，仅仅几年前绝大多数学院还在以饱满的热情去实施管理学生穿着、宿舍作息时间、性行为的校规，并且每栋宿舍楼都配备女舍监来负责规章制度的实施。而不到十年时间，约束学生个人行为的父权式规则都被清除了"。③ 伴随"代理父母制"取消而至的是，大学生真正取得了"学院或大学的成员地位"，成为"学术界的'公民'"④，在学生事务和学术事务管理上开始发挥作用。

二 应对知识的关联性要求

学生运动期间，激进学生对非关联性的大学教育的批评异常激烈，并且这种批评并没有停留在口头上，它还体现在实际行动上，即激进学生创办了独立的"自由大学"（Free University），作为"体制"大学的替代物，对大学的治理形成了严峻挑战。

"自由大学"实践最早可以追溯到1964年初加州大学伯克利分校师生开办的新学校（New School）。在新学校里开设了"美国历史和帝国的

---

① Paul Woodring, "Higher Education for the 70's", *Peabody Journal of Education*, Vol. 48, No. 1 (1970): 4 – 11.
② 何士青、王新远,《高校管理与大学生权利保护》,《新闻周刊》2004年4月1日。
③ Paul Woodring, "Higher Education for the 70's", *Peabody Journal of Education*, Vol. 48, No. 1 (1970): 4 – 11.
④ 转引自 Daniel Bell & Irving Kristol, *Confrontation: The Student Rebellion and the Universities*, p. 169。

成长"、"梦想政治和冷战"和"当代美国的城市问题"等课程。① 这些课程与美国的现实政治密切相关,但是当年秋季因学生骚乱而停设。"自由言论运动"的胜利,鼓舞了激进学生,使其更致力于探索使大学教育体现关联性的改革。

1965年春,由密歇根大学师生开创的反战"师生讨论会"模式在全国众多大学中推广,引发了SDS创建"替代性"(Alternative)大学的思考。这年3月24日至25日凌晨,密歇根大学反战师生2300多人聚在一起举行师生讨论会。整个夜晚,举行了讲座、讨论、乡村歌手演唱、火炬游行等多种活动,"人们真正谈论起自己最关心的事情"②,师生之间平等交流,气氛热烈、活跃而又轻松。师生讨论会的模式经新闻媒体的大量报道而迅速在全国推广。两个月内,已有百所大学或学院参加了这一活动。同年5月,在首都华盛顿还专门成立了"全国师生讨论会",每天12个小时广播台向122个大学校园进行广播,国家教育电视台则向全国进行直播。5月21~22日,规模最大的师生讨论会在加州大学伯克利分校举行,吸引了3.5万名师生参加,讨论会时间长达36小时。③

师生讨论会是以教师为核心的、政治性质但非激进性质的实践,并未完全实现学生新左派对大学课程关联性的改革要求,即大学应该提供直接解决当今政治和社会问题并体现学生内心体验的课程;讨论会也不能解决激进学生意欲改革课程却又不能控制课程内容或结构的难题。但是,这种与大学常规课程完全不同的替代性的教学实践,"却为学生激进者提供了潜在的解决方法——在学习的常规课程之外进行替代性的政治教育"。④ 在1965年SDS全国会议上,学生左派决定创办"自由大学",作为大学改革的模式,以"摧毁非关联性的大学"。到1966年底,全国创办了15所自由大学,几年内数量扩张到几百所,到1970年,仍有500所在运行。⑤ 其中,最具代表性的自由大学是1966年2月SDS组织的、由具有改革思想的大学教师利用大学空余教室创办的宾夕法尼亚自由大

---

① Kirkpatrick Sale, *SDS*, p. 265.
② Ibid., p. 183.
③ Ibid., p. 184.
④ Gerard J. DeGroot, *Student Protest: The Sixties and After* (London; New York: Longman, 1998), p. 155.
⑤ Kirkpatrick Sale, *SDS*, p. 267.

学。在这所自由大学里，开设了30门课程，包括"黑人权力"、"新左派"、"当代教育"及"反叛中的美国青年"等"当代的、有争议的、过于宽泛或狭窄以至于不能成为大学课程内容的"课程。第　学期报名学生达600人，到秋季，注册人数超过1000人。①

自由大学的共同特征表现为：师生共同管理大学（主要由学生管理），实行参与式民主；学生控制自己的教育，选择自己想学的课程；教师的权威下降了，他们作为辅助学习者，用教学方法促进学生积极学习，重视学生的体验；自由大学向所有人开放，拒绝入学的特殊资格审查；学生、社区激进者和其他人也可担任教员；反对政治中立。自由大学的课程范围广泛，能迎合学生的兴趣和时尚，除了上面提到的课程外，还有马克思主义与社会主义、社区组织与运动建构、越战与征兵、中国政治与拉美的剥削、电影制作与游击战图解、当代文学与街头诗歌、嬉皮文化与学生反叛、身体运动与空手道等一系列课程。

在自由大学中，一部分重视社区服务，如旧金山州立实验学院。一些组织者反对在大学内引入学分、考试等竞争性及评估性的机制，认为"学分制只服务于公司资本主义利益"。而另一些组织者却认为，应该使他们的课程得到大学的承认以获得学分，"这是改造常规大学的第一步"。②

自由大学的创办，是学生对大学教育非关联性不满的集中反映，也是学生否定现存大学体制，寻找替代模式的一种实践，"它抛弃了自由教育或普通教育的传统模式，提供了任何只要人们对之有足够的兴趣，就可以拿来教的机构。学院不是一个要证实或证明学生世故深浅的地方，在'做自己的事'方面它毫无束缚"。③ 因而，它必然引起大学内部的担忧。如何应对自由大学蓬勃发展的局面？评估者大都认为关联性问题只是一种反智主义，是逃避真理与价值、规避竞争与评估的体现，因而不能无端地向学生让步。少数评估者则认为反对非关联性的情绪是大多数师生共有的，应该重视学生的诉求。大学治理者在权衡利弊之后，对自由大学采取了兼容的措施。

首先，大学管理层默认自由大学的创立，对自由大学普遍利用大学

---

① Kirkpatrick Sale, *SDS*, p. 267.
② Gerard J. DeGroot, *Student Protest: The Sixties and After*, p. 156.
③ 〔美〕约翰·S. 布鲁贝克：《高等教育哲学》，第100页。

的教室和大学内富有改革精神的教授来开设课程的做法,也没有进行干预。这样,大学中的"自由大学"就成为众多自由大学常见的存在形态,自由大学与现存的大学之间并行不悖地开展教学和其他各项工作,危机的治理者也将异议者包容进了体制内部,给激进师生提供了合法的抗议途径,缓解其不满情绪。

其次,在许多大学,治理者承认自由大学课程的合法存在,选修自由大学课程的学生被给予相应学分。旧金山州立实验学院是其中最突出的代表。该学院允许参加替代性课程的学生得到独立的学分,而且将学分给予学生团体而非个人,一些院系在考核教员工作业绩时也将其在自由大学开设的课程包括在内。[①] 这种做法,意在对自由大学进行"学术化"改造,消解其"激进政治机构"的内涵。同时,使激进学生能够表达政治诉求,又能因政治参与而得到学业学分,这种宽容的做法自然会减少学生对大学的贬抑。

再次,一些大学借鉴自由大学的经验,自行创建了类似的讨论会,并将其交给学生自治组织管理和运营[②],以抵消自由大学的影响,或者引导和规范自由大学的运作过程。加州大学伯克利分校建立了"教育发展委员会",由它发起设立了常规院系课程之外的、不需得到教师委员会批准的课程。这些课程可以由教师或者学生开设,选修课程者都能取得学分(其中,学生开设的课程需得到一位教师发起者的认可)。[③] 伯克利分校的治理方法,也使伯克利自由大学逐渐地与常规大学靠拢,并逐渐学术化、体制化,与伯克利分校形成共存的局面。

大学治理者对待自由大学的兼容和软化措施是很有效果的,自由大学的创立者很快发现,"大学能够在不改革核心教育课程的状况下,与自由大学和谐共存",自由大学并不能发挥改造高等教育的威力,不能被当作迫使大学进行改革的工具。作为大学的替代物,自由大学并没有真正促使大学发生实质性变化,相反,它还减轻了大学的压力。这表现在两个方面。一是激进者在自由大学中寻找变革的力量,使现存大学的激进氛围有所缓解。自由大学的组织者之一卡尔·戴维森就曾认为,自由大

---

① Gerard J. DeGroot, *Student Protest: The Sixties and After*, p. 156.
② Kirkpatrick Sale, *SDS*, p. 268.
③ Nathan Glazer, "Student Power in Berkeley", *Public Interest*, Vol. 13 (1968): 3.

学没有起到所期望的作用,它带走了很多优秀的激进学生,这反倒使现存的大学因为"麻烦制造者"的离开而能更好地运转。① 二是大多数自由大学的学术化、体制化趋势,使其独立性受到严重削弱,这有助于大学恢复学术秩序。

总的来说,大学对自由大学采取的兼容措施,造成了两个后果。

一方面,大学默许了自由大学在倡导知识关联性课程中的作用,并将其逐渐吸纳进大学体制,使其成为大学常规课程的重要补充,回应了学生对相关性的诉求;另一方面,大学对自由大学的改造措施,促使自由大学里的学生激进者不再以自由大学作为改革大学体制的工具,纷纷离开自由大学,而教师成为自由大学的管理者。这种变化,更有利于自由大学向非政治化的方向发展,SDS 赋予它的激进政治视野逐渐消失,"1966 年秋,自由大学课程内容中 2/3 是政治性的,1967 年春则只有 1/2 的内容是政治性的,而 1968 年此类内容只占所有课程的 15%"。②

由于对自由大学替代实践的期望落空,学生激进者放弃了对自由大学的坚持,而重新将批评的矛头指向现存的大学体制,"激进者决定直接与大学发生冲突,迫使大学发生变化"。③ 此后,学生激进者提出的新关联性诉求为,支持黑人学生、激进女性主义者和其他少数族裔学生的要求,敦促大学设立黑人、女性以及其他少数族群研究项目,以促进大学课程和文化的多元性。大学在面对激进学生所支持的多个学生利益群体的诉求时,面临着比前一阶段更大的压力,问题也更复杂。

在多个学生利益群体之间,黑人学生对大学造成的压力最大,取得的成果也远超过前一阶段白人激进学生所创立的"自由大学"。黑人历史和黑人政治是自由大学课程的一部分,当白人学生不再将自由大学作为改造大学体制的工具之时,黑人学生反叛者吸取了白人学生的经验,要求大学创立能够提供关联性教育的"黑人研究项目",以提高黑人的社会地位。由此,他们掀起了一场影响甚远并得到白人激进学生支持的"黑人研究运动","1968 年后,黑人研究而非自由大学,成为大学改革

---

① Kirkpatrick Sale, *SDS*, p. 268.
② Ibid., p. 268.
③ Carl Davidson, "University Reform Revisited", p. 8. 转引自 Gerard J. DeGroot, *Student Protest: The Sixties and After*, p. 157。

最具活力的模式"。①

黑人激进学生对黑人研究项目的组织和管理提出了具体的要求，如该项目的学生和教师必须为黑人，教授的内容是与黑人相关的问题；黑人自行组织与控制教学和管理过程；对黑人历史和文化的研究工作必须由黑人承担，排斥白人学者研究和书写的黑人历史与文化；项目目的不仅在于理解黑人历史和文化知识，更重要的是培养"黑人意识"；黑人学生必须有独立的生活空间等。

很明显，设立黑人研究项目的诉求意在在大学内开辟一个专属于黑人种族的、排他性的、师生共同管理的自治学系。这种诉求是黑人激进者情绪化的要求，而非理性的思考，盲目屈服于这些要求，必然会给大学文化结构和学术自由带来重大的损害。但是，若拒绝此类要求，则势必引起黑人和白人激进学生更大规模的抗议。在最早（1963 年）对黑人学生降低录取要求、实施肯定性行动的康奈尔大学以及哈佛大学等多所大学和学院都曾发生过校园冲突，黑人学生占领大学教学楼、行政楼或图书馆，用武力威胁校方的事件时有发生，作为黑人激进分子同盟的白人激进学生，也公开表示对其行动的支持。

美国大学和学院对激进者设立黑人研究项目的诉求，反应非常迅速。到 70 年代初，已有 800 所大学和学院设立了黑人研究项目。② 这与 1967 年以来联邦政府强制实施肯定性行动有关系，更与黑人的诉求相对具体易于实施有关系。内森·格雷泽就认为，白人激进学生对大学的改革要求宽泛、空洞，他们只把大学当作攻击社会的基地，或者（罪恶）社会的代理人；而黑人的要求具体，它们直接对准大学的课程和结构，且这些要求并不真正具有激进的威胁。这使得"黑人研究运动"比自由大学取得的成就要大。③

不过，大学回应黑人和白人学生对课程相关性的要求，设立黑人研究项目，并不是在一味的让步下进行的。大学教师和行政层一致愿意引入介绍黑人等群体体验的课程，但他们拒绝激进者所要求的与关联性课程密切相关的管理，拒绝在方法和学识上进行更大的变更，始终坚持

---

① Gerard J. DeGroot, *Student Protest: The Sixties and After*, p. 157.
② Ibid., p. 154.
③ Nathan Glazer, "Student Power in Berkeley", *Public Interest*, Vol. 13 (1968): 3.

"研究项目必须服从传统的学术标准"的原则,对黑人研究项目始终没有放弃学术化的改造。

在应对"黑人研究运动"过程中,出现了三种模式,分别以耶鲁大学、霍华德大学和哈佛大学为代表。

第一种模式,大学迅速地回应学生要求,有目的地弱化激进学生的主动性,如耶鲁大学。当黑人研究项目要求提出之后,耶鲁大学校长金曼·布鲁斯特(Kingman Brewster)立即组建了由政治家罗伯特·达尔(Robert Dahl)组织的师生非裔研究委员会。这一委员会提出了建立跨学科专业的建议,在1968年12月12日获得教师的赞成,耶鲁大学成为在黑人研究这一新领域授予学位的首个大学。① 耶鲁大学在黑人研究运动白热化之前的这一行动,使它成功地避免了其他大学所经历的冲突,也使它在这一领域的研究一直居于领先位置。与激进者的要求不同,这一专业由黑人和白人教师共同承担课程教学任务;学生不仅需要学习本专业的课程,还需要学习其他学科中与非裔问题相关的课程;高年级学生也同其他专业学生一样,必须撰写研究论文。② 资助这一项目的福特基金会认为,耶鲁大学虽向激进学生作了一些让步,但总的来说,它仍顺从了温和教师的理念,强调"严肃的教与学"。③

第二种模式,在与激进学生长期斗争之后,拒绝学生的要求,创办了更传统的黑人研究项目,如霍华德大学。霍华德大学在建立非裔研究系之前就遭到激进学生抗议的干扰。学生要求成立进行黑人研究的自治学院,遭到大学行政层的拒绝。最后由教师投票支持设立非裔研究系。大学在学生诉求和学术标准之间找到了一种平衡,"既迎合了学生对关联性活动的渴望,但它也是被大多数常规课程设计者忽视的一个合法性的

---

① 福特基金会帮助促进了黑人研究项目在大学的设立,耶鲁大学和霍华德大学等6所学院和大学的黑人研究项目是它最早支持的项目。福特基金会也对这一项目提出了学术要求,要求它和其他学术领域一样组织,没有种族排他性或者特殊的政治哲学,"黑人研究要在大学内存在,它应该不分性别,不考虑种族或肤色,也不考虑为特殊的政治事业服务的问题"(时任福特基金会主席 McGeorge Bundy 语)。参见 Gerard J. DeGroot, *Student Protest: The Sixties and After*, p. 163。
② "Yale Plans Major in Afro-American Studies Next Year", *Chronicle of Higher Education*, Vol. 3 (1968): 3.
③ 转引自 Gerard J. DeGroot, *Student Protest: The Sixties and After*, p. 164。

教学战略"。①

第三种模式，同意学生要求，创立可能损害大学学术实践的黑人研究项目，但是后来通过改革引导项目步入学术正轨，其中以哈佛大学为代表。哈佛大学也曾想通过设立与耶鲁相似的跨学科专业，以消泯学生的主动精神。以亨利·罗索夫斯基为主席的教师委员会在1969年1月公开提交的报告中建议创立非裔研究专业，同年2月得到教师的认可。4月初，哈佛大学即开始设计基础课程，并将之通告学生。学生们反对这一提议，认为它没有改革现有的课程，他们希望这一项目"更少学术的意图"，并声称项目"不需要相关领域的支持"。他们提出了一个替代性建议：组织一个由6名学生和6名教师组成的特别委员会，由这一委员会来决定聘用非裔研究系的教师；或者通过成立由4名学生和4名教师组成的执行委员会，来决定课程、聘用其他教师以及运营问题。② 这一建议的实质是师生共同管理、组织聘用和决定课程的设置问题。

迫于黑人抗议者的压力，哈佛文理学院教师于4月22日与学生达成妥协，同意学生的建议，但提出两条修正建议：其一，课程描述不应用"激进和关联性"等词，改用"创新"一词；其二，黑人研究项目应该接受两年后即1971~1972学年的全面评估。内森·普西校长将学生修改后的建议交由教授投票表决，最终以较多数选票通过。特别委员会任命劳工关系协调专家、曾指责哈佛大学为种族主义者的尤尔特·吉尼尔（Ewart Guinier）为系主任。③

三年后，新任校长德里克·博克任命了一委员会来评估该系，委员会得出这个项目毫无可赞之处的结论，建议集中于黑人体验研究，将非洲研究和其他群体研究放置到其他院系，缩减社区项目，解散执委会，挑选相关领域资深教授组成委员会，在校外寻找终身教授来担任系主任

---

① "Proposal for Support of a New Department of Afro-American Studies at Howard University", Ford Foundation Archives, reel 2004, grant 69 - 0518. 转引自 Gerard J. DeGroot, *Student Protest: The Sixties and After*, p. 164。

② Gerard J. DeGroot, *Student Protest: The Sixties and After*, p. 165。

③ Richard M. Benjamin, "The Revival of African-American Studies at Harvard", *The Journal of Blacks in Higher Education*, No. 9 (1995): 60 - 67。

职务。① 这些建议的实质就是要将黑人研究部门纳入学术正轨，对其进行非政治化的改造。建议得到了哈佛大学教师的支持，但是在实施过程中被延迟了。直到 1980 年，哈佛大学聘用内森·哈金斯（Nathan Huggins）担任系主任，非裔研究系才开始加强与其他系的合作，以研究机构的形式进行组织②，逐渐转化为一个学术性的学科项目。而在其他许多类似的、以激进模式开展黑人研究项目的高校，也在 70 年代末 80 年代初，出现了博士学历者取代无学术资格教师、社区项目不再列为优先项目等变化，黑人研究项目逐渐向学术组织靠拢。

此外，"黑人研究运动"的广泛开展和取得的成就，也鼓舞了其他群体。黑人研究项目成为这些群体利用大学来进一步推进自身解放运动的模式。在美国西部和西南部，以加州大学圣巴巴拉分校为中心，墨西哥裔学生组建了自己的组织，提出墨西哥裔研究项目的诉求。他们提出了类似的要求，如墨西哥裔师生自行组织和管理项目、与社区紧密联系、以行动为导向的知识、复兴自豪感和自信心等。60 年代末 70 年代初，纽约的波多黎各裔学生、西南部的印第安学生、加州的亚裔学生，均发生骚乱，要求设立服务于本族裔政治和文化的研究项目。③

另一个对大学施加影响较大的群体是女性主义者组成的群体。女性主义者将"妇女研究项目"当作妇女解放运动的"学术臂膀"，要求大学设立这一项目，以帮助妇女群体形成"强烈的自我中心意识"。她们要求相关的课程应反映政治的目的，应展现女性主义关于女性历史、文学和生理的看法，也应该包括"卫生政治"、"妇女与福利体系"和"性别歧视，种族主义和法院"等争议性议题，所有的课程目的都在于提高女性意识，为女性提供"控制自己生活、改变社会或者寻求自立"的工具。同时，她们反对常规的学术标准，认为演讲、考试、论文不是妇女研究的正确方法。④

在回应这些群体的要求时，美国大学治理者也大致遵循黑人研究项目的组建原则，即认可他们设立本群体研究项目、加强知识关联性的要

---

① Gerard J. DeGroot, *Student Protest: The Sixties and After*, p. 166.
② Ibid..
③ Ibid., p. 160.
④ Ibid., p. 161.

求。但是，重视关联性并不能偏离正常的学术标准，以激进政治观念来组织，也不允许这一项目成为割断与其他学科联系的封闭的、自治的、排他性的项目。在圣迭戈州立学院发生的关于设立妇女研究项目的争议，能说明美国大学治理者对这些群体研究项目的态度。该学院妇女研究项目组织者之一——罗伯特·萨尔皮尔（Robert Salper）曾指责校方试图"接管"妇女研究，并驱散其潜在的激进情绪。她指出，学院鼓励组织者去申请福特基金会的资金支持。在申请过程中，行政层坚持只能一人担任官方代表，试图改变项目的集体管理方式；它还希望由校方委派的代表代替妇女研究委员会，全权处理与基金会的接触事宜。此外，学院鼓励其申请基金会资金支持，本身就隐含着目的，因为福特基金会主席马克乔治·邦迪（McGoerge Bundy）早已表明对此类研究的态度：不分性别，不考虑种族或肤色，也不考虑为特殊的政治事业服务的问题。申请基金会资金，使项目处于基金会监督之下，则这一项目就"不会有对美国权力结构的政治、经济和社会方面的研究，不会出现对一系列事件的政治和历史背景的综合而危险的看法，也不会使校内的妇女研究项目与校外的妇女运动有任何互动和联系"。①

由于大学治理者对妇女研究项目进行了学术改造的努力，妇女研究与校外的女性主义运动的联系逐渐松弛，在 1973 年西海岸妇女研究会议上，一群女性主义者指责组织者试图将妇女研究与激进妇女运动分离，"这次冲突弱化了妇女研究与校外运动的联系，更使妇女研究加强了学术的定位。到 70 年代中期，在政治争议已经平息的情况下，这一研究已经专注于学术项目的生存问题了"。②

除了对自由大学和特殊群体研究项目要求采取了相应的措施之外，许多大学主动适应激进大学生的要求，开设了一些学生关注的课程。比如，1968 年秋季学期，哈佛大学社会学系社会关系专业增开了一门评述美国机构和政策的新课程——"美国社会变革"，在春季学期又开设了"激进的视角"，课程涉及存在心理学、资本论、心理学和文学、帝国主义与哈佛大学等众多专题。③ 同时，许多大学还迫于学生的压力，在学

---

① Roberta Salper, "Women's Studies", *Female Studies*, No. 5 (1972): 103.
② Gerard J. DeGroot, *Student Protest: The Sixties and After*, p. 168.
③ 〔美〕莫顿·凯勒、菲利斯·凯勒：《哈佛走向现代——美国大学的崛起》，第 452 页。

分评估上做了相应的改革，将分数评估简化为合格与不合格两个等级，使学生的学分压力减轻。不过，这些改革措施也不过是权宜之计，在学生运动逐渐平息之后，大学治理者很快将政策回归原位。

总的说来，大学治理者在应对激进学生的关联性要求时，对学生作出了很大的让步，使大学增加了一系列关联性的学科或课程，将学生关注的一些政治、社会、环境问题等议题带入大学课程。大学体现出的包容态度，势必对激进学生的对抗情绪产生消解性影响，同时更加能争取持中立的、自由主义态度的大学生的支持。不过，大学的包容，始终隐藏着一个动机或目标，即要对这些学科或课程进行学术化的改造，使其偏离政治的航向，回到学术的轨道上来。这说明，在回应激进学生要求时，无论是教师还是校长等行政管理者，都竭力维护大学学术自由的传统，避免使大学政治化，过于屈从激进者的要求。这一点，在其他问题的处理方式上也同样体现出来。

三 回应"学生权力"要求

"学生权力论"的提出，虽然是学生运动走向激进甚至革命方向的一个标志，但是，学生左派提出的、意在为大学生群体进行清晰定位的这一理论，并没有使学生运动组织者在大学改革问题上提出明晰的纲领或要求。"学生权力论"最终沦为一种泛化的概念，不同政治倾向的学生对其理解和解释各有不同，因此提出的要求也有较大的差异，"客观上它字面所隐含的激进理想和改良意向却为左中右不同立场的学生提供了想象的空间，成为推动他们走向运动并维持对运动持久热忱的重要动力"。① 因此，在回应学生要求时，大学治理者必须对学生权力的差异性要求进行综合分析，提出比较合理的对策。

学生权力大致可以分为两类，分别为两类学生所解释。第一类，主要为自由主义、新左派倾向的学生持有。这种权力主要为学生自我管理个人事务的权力（反对"代理父母制"），学生参与大学决策制定（学术事务、行政事务和学生事务）的权力，也即学生自治和参与两方面的权力。第二类主要为学生新左派中的少数分子特别是具有革命倾向的学生

---

① 吕庆广：《60年代美国学生运动》，第236页。

所持有。他们认为"学生权力"是学生阶级在大学独享的权力,而不仅是分享式的权力,"大学是一个有着自身权力和责任的政治体,它如同一个城邦国家。在这个城邦里,大学生即便不是作为唯一的公民阶层,也应该与教师处于同等地位,分享管理大学的权力,且根据一人一票的原则,他们还是选民中的大多数,因此应该由他们来管理整个大学"。① 在这些学生新左派看来,学生权力也可以指"暴力反抗大学体制的权力"。如果大学不能给予学生公正的对待,则他们可以"诉诸学生权力(指暴力行为)来解决他们与教师和管理机构之间的分歧"。② 很明显,倡导这种学生权力的激进者目标在于颠覆大学传统治理结构和文化,在于将大学作为社会革命的试验田,对其进行"革命"而非"改良"。

在回应学生权力的要求方面,大学教师和管理者几乎一致地强烈反对第二类学生权力,而部分地支持第一类学生权力诉求。同许多评估专家的观点相一致的是,治理者认为第二类学生权力除了破坏大学传统文化结构、摧毁大学的根基之外,毫无建设性。哈佛大学教授斯坦利·霍夫曼在1969年4月哈佛大学校园骚动期间的演讲很能代表治理者对这一问题的看法,"大学可以改善,也能够改善,但不能把大学毁了"。③

在回应第一类学生权力诉求方面,治理者的态度还是非常积极的。1965年,"自由言论运动"结束后不久,明尼苏达大学决定率先在新校长遴选委员会上吸纳多名学生代表,这些学生代表与校长、其他委员会都进行了负责任的合作。④ 1966,纽约州立大学校长塞缪尔·古尔德(Samuel B. Gould)公开表示了对"学生权力"的支持,"把学生带入大学决策的轨道时,容易促进学生的成熟……这些决策是与学术计划、与学生生活相关的规章、实践和创新性改革等相关的"。古尔德认为,"尽管学生在'有关应该做什么'这一方面提不出决策性建议,但是参与决

---

① Stephen H. Spurr, "Faculty Power Versus Student Power", *Peabody Journal of Education*, Vol. 48, No. 1 (1970): 37–41.
② 转引自〔美〕约翰·S. 布鲁贝克《高等教育哲学》,第44页。
③ 林玉体编著《哈佛大学史》,台北:高等教育文化事业有限公司,2002,第311页。
④ John Ferguson, "Student Protest and Power in the United States, 1968", *British Journal of Educational Studies*, Vol. 18, No. 1 (1970): 32–41.

策过程能够帮助他们学会提出此类建议"。① 1969年华盛顿州教育立法委员会官员也支持该州大学生主席联合提出的"在大学各管理委员会中给学生一个席位"的要求，称只有通过学生的参与"才能保持高等教育的社会的、政治的和教育方面的关联性"。② 在此前后，许多大学和学院都给予学生课程委员会、招生委员会、教师选聘委员会、纪律委员会等决策委员会席位。1969年4月哈佛大学文理学院成立了由10名教授和5名学生组成的特别小组，即"十五人小组"，来负责处理参与哈佛大学厅占领事件的学生，这是哈佛校史上首度有学生代表来决议对学生行为的处分。③

一些大学和学院还给予学生大学最高管理机构、由校外人士组成的学术评议委员会或校董事会的席位。1968年，肯塔基州立法部门通过了一个议案，要求各大学董事会都必须包括一名学生和一名教师成员。④ 1969年，范德比尔特（Vanderbilt）大学董事会成员中首次出现一名学生。⑤ 根据《国家观察家》的统计，到1970年，已经有超过100所大学和学院的董事会吸纳了学生或近期毕业生成员。⑥

此外，对于学生建立和自行经营的替代机构——自由大学或实验学院，大学治理者默认其在大学内的存在，部分大学允许给予这些自设课程学分。在特殊群体的研究院系，如黑人、妇女、土著人等研究院系，大学治理者让学生分享的权力更大。尤其是在哈佛大学、康奈尔大学等迫于形势而快速设立此类研究项目的大学，教与学自治、师生共同管理、课程以群体体验为主的局面直到70年代末80年代初才真正得到改变。

大学治理者对学生权力诉求的回应，虽无法满足极端激进者的要求，但它还是部分地满足了大部分激进学生对大学体制的改革要求。治理者

---

① Bruce D. Johnstone, "The Student and His Power", *The Journal of Higher Education*, Vol. 40, No. 3 (1969): 205 – 218.
② "Student Power: Fact or Fizzle", *The Academy of Management Journal*, Vol, 12, No. 1 (1969): 6 – 8.
③ 林玉体编著《哈佛大学史》，第313~314页。
④ "Student Power: Fact or Fizzle", *The Academy of Management Journal*, Vol. 12, No. 1 (1969): 6 – 8.
⑤ Ibid., pp. 6 – 8.
⑥ Paul Woodring, "Higher Education for the 70's", *Peabody Journal of Education*, Vol. 48, No. 1 (1970): 4 – 11.

对大学管理机制做了较大的改革，将学生纳入决策机构，改变了美国大学权力系统中学生权力长期缺失的状况①，大大促进了大学的民主化进程。这一改革，虽然远未达到激进学生的要求（自由主义者组成的全国学生组织的领导人就曾声明，大学管理者和教师越来越愿意让少数学生加入他们的各类委员会，但这并没有实现学生权力的目标）②，但它还是对激进者尤其是温和者起到了一些软化作用。在温和的激进者看来，大学并不是一个压迫最集中的地方，它是能够也愿意接受民主化改革的。在大学民主化改革进行过程中，卡内基高等教育委员会等多家研究机构的调查均表明，学生对大学的满意度仍是非常高的，即使是激进者，也大都表示对大学感到满意。

有一个事例可以说明，学生对大学让其参与大学决策过程还是比较满意的。1969年哈佛大学举行毕业典礼时，正值哈佛大学厅占领事件刚结束，学生的激进情绪仍存。但是，大多数学生对大学的危机处理方法与手段还是比较满意的。因而，当SDS的劳工委员会会长布鲁斯·艾伦（Bruce Allen）在典礼上指责文理学院组建的学生参加的特别小组——"十五人小组"是官方批准的"开除小组"时，学生发出"把他扔出去""带那小子滚蛋"的呼喊声。当艾伦呼吁学生离开毕业典礼，继续与不给予学生权益、与军方同流合污的哈佛大学战斗时，在1100名学生中，只有30人跟他走出了会场。③

四 回应学生对大学社会角色的指责

根据专家们的评估，这次大学危机是外源性的危机，即学生对大学的不满集中在其社会角色及其与政府、军队和武器制造公司在越南战争问题上形成的"共谋关系"上。学生的要求大都集中在与越战相关的问题，如反对大学将学生成绩单上交给征兵委员会，反对后备军官训练队

---

① 也有教育学家克拉克·克尔、德里克·博克、约翰·布鲁贝克等，认为学生在不大正式的程序中能够行使权力，比如作为消费者，他的选择和偏好，能对大学学科领域的发展、教师的晋升等产生影响。但这种权力是一种空泛的、并无保障的权力，或者说是学生不易察觉到的权力。
② Luther J. Carter, "NSA Takes Aim at Status Quo", *Science*, New Series, Vol. 161, No. 3844 (1968): 869.
③ 参见〔美〕理查德·诺顿·史密斯《哈佛世纪——锻造一所国家大学》，第325页。

在大学的地位，要求大学公开声明反对越南战争等。相应的问题也不是大学内部可以自行裁决的、较细微的问题，而是关系到大学如何看待自身本质和功能，如何看待与社会的关系，如何定义大学的自治和中立等重大问题。所以，大学要对此作出令人满意的回应是很困难的，它尤其需要在大学各利益群体之间、在社会利益与大学利益之间取得平衡。同时，学生对大学社会角色的批评和指责本身欠缺理性，这也是大学治理者不能接受的。所以，恰恰在这个学生批评大学最大的问题上，大学作出的决策比较少。

  大学治理者认为，大学并没有与政府、军方形成共谋关系，大学承担军事防御项目的研究，如同其他的研究一样，只不过是在承担大学为社会服务的功能；大学是一个学术自由和学术自治的机构，它应该在社会各项事务中保持中立地位，这是保持大学自由和自治必须承担的代价；大学内部个体或者自发群体可以就社会问题进行道德表态，大学会对此予以沉默，但是让大学作为一个整体去表达公开的立场是不合适的，"无论是由董事会作出的，还是经过广泛的辩论之后作出的，正式决议可能并非像表面上所体现的那样有分量和实际价值，因为这类决议既不能代表大学内的所有各种看法，也不能反映出大多数人所能联想到的大学思想的性质和学术质量"。①

  正是基于保持大学中立立场的看法，在大学危机蔓延、学生反战运动高涨期间，大学基本上保持了这种立场。当约翰逊征召大学生入伍令发出后，大学也依照政府的要求，将学生成绩单交给当地征兵部门②，这种做法更让学生加深了对大学的"共谋""代理人"的印象，加剧了对大学的不满情绪。政府征召他们参军服兵役；大学是比较脆弱的半政府机构。大学由于宣称中立而受到政府粗鲁的干预，学生享受的保护政策也因之而打了折扣。

  在学生反对的 DIA 问题上，大学拒绝停止与 DIA 的防务研究合作，

---

① 〔美〕德里克·博克：《美国高等教育》，第 286 页。
② 不过，大学教授同情学生，为尽量使学生不被征召，许多教授在给学生评议分数时，倾向于给高分成绩，这种做法是 70 年代美国大学生分数贬值现象出现的一个重要的社会原因。参见：Robert Birnbaum, "Factors Related to University Grade Inflation", *The Journal of Higher Education*, Vol. 48, No. 5 (1977): 519 – 539。

也不准备关闭其在大学的分支机构。对学生针对 DIA 的抗议及暴力行动,大学管理部门都及时加以控制。

对后备军官训练队在大学内的存在问题,极少数大学还是迫于压力做了一些改革。一些大学和学院取消了训练队课程原有的学分,将训练队课程归为课外活动课程,哈佛大学等常春藤盟校、其他部分私立大学则取消了这一项目。1969 年 4 月,在哈佛大学学生反对后备军官训练队而发生的大学厅占领事件中,哈佛大学董事会最终接受了取消军备军官训练队的要求。1970 年 5 月,哈佛大学举行最后一届后备军官训练队的毕业典礼。此后,哈佛大学付款给麻省理工学院,要求其将哈佛大学的学生收入其美国后备军官训练小组(1999 年终止对这一小组的哈佛学生的资助,后备军官训练队失去了在哈佛的官方地位)。① 到 1973 年,许多大学都不再与国防部续签合同。根据《哈佛深红报》的调查,"ROTC 项目在哈佛、耶鲁、布朗、哥伦比亚、达特茅斯都已经被埋葬了"。它甚至报道说,"ROTC 撤离耶鲁太久,以至于它的行政管理者记不清楚它什么时候开设,什么时候结束以及由谁来管理了"。② 此外,斯坦福大学、普林斯顿大学等常春藤其他盟校都取消了这一项目,美国大学尤其是私立大学自 1916 年以来与军方合作培养军官的制度开始动摇。③

在激进学生要求大学放弃中立立场,公开表示对反战运动的支持问题上,各大学和学院始终持谨慎态度,它们不愿意对社会问题作出道德评判,唯恐会因此失去立场。只有在反对越南战争形成共识,美国新政府承诺改变越南政策之后,大学才愿意在反战和撤军问题上表达态度。1969 年前后,当尼克松政府不及时履行大选承诺,从东南亚撤军,失信于美国公众时,许多大学和学院最终打破了沉默。1969 年 10 月 11 日,常春藤联盟校长和超过 70 所全国著名的学院的院长一起,向尼克松总统发出了一个紧急呼吁,敦促他尽快"按照原定的时间表,从越南撤军"。④ 1970 年 5 月 4 日,即肯特事件发生当天,37 个大学和学院领导再

---

① 〔美〕莫顿·凯勒、菲利斯·凯勒:《哈佛走向现代——美国大学的崛起》,第 512 页。
② Joseph Callo, "ROTC and Yale: Which Is the Four-Letter Word?", *The Yale Free Press*, Dec. 2005.
③ "9·11"事件之后,常春藤盟校关于恢复 ROTC 项目的争论一直持续至今,在保持大学的学术独立性与承担国防责任之间,一直无法取得共识。
④ Willis Rudy, *The Campus and a Nation in Crisis*, p. 169.

次敦促尼克松政府尽快实现和平,警告入侵柬埔寨增加了新的疏离感。①同年 5 月,共有近 200 所大学和学院的校长公开表达了反战立场。

1971 年 4 月 2 日,400 位大学校长、学院院长公开致信尼克松,谴责政府的越南政策,并指责尼克松政府严重地误解了大学和全国民众的情绪。②

总之,在回应对社会角色的指责方面,大学治理者基本上秉承了大学中立的传统,没有过多地顺从激进者的要求,这一点与其他几个方面是完全不同的。因此,大学对危机的治理效果也受到较大的影响,校方与激进学生之间因后备军官训练队、DIA 在大学的存在问题,发生了持久的冲突。

五 对校园抗议及示威者的处置

在如何对付大学抗议和示威活动以及如何处置学生的问题上,美国大学遭到外部巨大的压力和干扰。美国政府、民众均对大学内部的混乱状况感到极度不满,大学在美国社会的信誉度急剧下降。唱衰大学的论调此起彼伏,一些人认为"大学教育的价值降低","大学黄金时代已经结束"。③ 而另一些观察人士甚至预言,"高等教育机构将崩塌或者消失"。④ 由于这种严重的不信任感,美国政府和民众甚至不反对由大学之外的力量来处理大学危机(见第三章第一节),美国国会和许多州的议会都在考虑通过处理大学危机的议案。而在加州,罗纳德·里根早已采取行动,干预加州大学的学生抗议。在此形势下,美国大学传统的自治地位已经变得岌岌可危。因此,在处理校园抗议和处置示威者之前,争取校外力量对大学自行处理危机的支持,保留大学的自治地位是大学治

---

① "37 College Chiefs Urge Nixon Move for Prompt Peace; Warn Invasion of Cambodia Poses New Alienation", *The New York Times*, May 5, 1970.
② "400 College Leaders Condemn War Policy in Letter to Nixon", *The New York Times*, Apr. 2, 1971.
③ 参见 Christopher Lasch, *The Culture of Narcissism: American Life in an Age of Diminishing Expectations* (New York: Norton, 1978): pp. 145 – 149; Clark Kerr, "Higher Education: Paradise Lost", *Higher Education* Vol. 7, No. 5 (1978): 261 – 278.
④ Jack R. Frymier, "Freedom and Order in the University", *Theory into Practice*, Vol. 9, No. 4 (1970): 254 – 260.

理者最先考虑的问题。而且，大学自行处理危机，而不倚仗校外力量的镇压，对平抑激进学生的情绪、缓解大学危机是非常关键的。

为争取自行处理校园骚动权力，大学校长和学院院长们是不遗余力的。1969年5月4日，哈佛大学校长内森·普西就对《纽约时报》记者表示，他特别担心大学校外力量通过法律强制或者敦促大学领导者采取更强硬的对待学生骚动的行动。① 为了平息社会各界对大学处理危机不力的指责，1969年，美国高校的校长和院长们曾突击抵达华盛顿，敦促美国国会不要通过惩罚性的议案。其中，39位国内排名前列大学的校长签署了一份公开声明，承诺未来将以更强硬的姿态应对校园动乱。而美国职业教育机构如美国州立大学和学院联合会也向国会请求让大学自己处理内部事务。② 在全美大学领导人的强烈要求下，尼克松政府于1969年12月29日宣布，联邦政府必须避免干预"我们的大学和学院的内部事务"，即使发生了校园动乱也不例外。③

当学生发生大规模抗议示威，并占领大学教学楼、行政大楼、图书馆等公用设施，使大学即将陷于瘫痪时，大学治理者经过权衡之后，为了应对来自校外的压力，尽快恢复大学秩序，会主动召警入校维持秩序，有的还会要求州国民警卫队给予支持。尤其在1968~1970年大学危机最严重的时候，哥伦比亚、康奈尔、斯坦福、伯克利、哈佛、肯特州立大学等众多大学和学院发生骚乱，绝大多数治理者是借助警察，有时也借助国民警卫队来平息骚乱。因此，警察、国民警卫队与示威学生的冲突经常发生，在对峙过程中，虽然希望保持克制，一些大学还是出现了意外流血事件，如1969年伯克利的人民公园事件、1970年的肯特事件等。流血事件的发生，更激化了学生的反抗情绪，1970年的肯特事件就酿成了全国大学的大范围骚乱。不过，绝大多数学生抗议，都在没有伤亡的情况下得以平息。

大学对示威学生的处理，虽然在1969年前后，由于外界的压力，有

---

① "Pusey Voices Fear of Outside Efforts to Curb Students; Outside Reaction Reaction Feared by Pusey", *The New York Times*, May 5, 1969.
② Kirkpatrick Sale, *SDS*, p. 548.
③ "Nixon again Warns Against U. S. Role in Campus Disorder", *The New York Times*, Dec. 30, 1969.

些趋于严厉，但是，从总体来看还是比较宽松的。这表现为，遭开除处分的学生占示威者的比例并不大，1969年高峰时期为1000多人。并且，被开除学生在以后几年，可以申请返校继续学习。例如，1970年9月，在"自由言论运动"中遭开除的学生领袖马里奥·萨维奥，经多次申请被拒之后，获得重返加州大学的机会。

在哈佛大学，校方对学生抗议者的处理尤为宽松。1966年国防部部长麦克纳马拉在哈佛大学访问时，其座车遭到800名学生围困，但是校方没有处分学生，哈佛本科学院的院长约翰·门罗（John Monro）说，"我恨因政治活动或示威游行而处分学生"。① 1969年4月大学厅占领事件，有100多人参与其中，只有三名性质恶劣者遭开除，其他都是轻度警告。而被开除的学生，只要2/3的教授同意，即可复学。② 1972年学生占领马萨诸塞大厅，新任哈佛大学校长德里克·博克甚至拒绝召集警察，他表示"我永远也不做任何伤害这个大学里一个学生的事情"。他只是声明如果学生不撤离，将向他们发出"蔑视法庭罪"的传唤，将在其记录上留下永久污点（这些学生大都为法学专业学生）。而这也只是等待学生静变的措施。事后的处理是，占领大厅者均没有被开除。③

在伊利诺伊大学，1970年大学学生纪律参议会决定开除10名参与前一年春天校园骚动的学生，但是有9名学生被决定中止这一处罚。④ 在伯克利、康奈尔、斯坦福、纽约州立大学等绝大多数发生骚动的高校，治理者对学生的处罚都比较轻，并且在处分学生过程中，学生也在各高校的纪律委员会中占有席位，享有一定的决策权。

六　实施肯定性行动

在大学生运动过程中，激进学生一直很关注少数族群（minority groups），尤其是黑人、妇女的民权问题。全国大学发生的骚动中，许多都与少数族群利益相关，尤其是1968年的哥伦比亚大学暴动最为典型。除反战之外，学生抗议的另一原因是支持哈莱姆黑人居民改变哥伦比亚

---

① 林玉体编著《哈佛大学史》，第308页。
② 林玉体编著《哈佛大学史》，第313~314页。
③ 〔美〕理查德·诺顿·史密斯：《哈佛世纪——锻造一所国家大学》，第362~363页。
④ "Students Punished in Illinois Protest", *The New York Times*, Sep. 13, 1970.

新体育馆用地规划和用途的斗争。此外,激进学生也支持黑人学生争取大学内的各种权益,包括黑人研究计划、黑人学生管理自治等。因此,大学治理者对大学内少数族群的政策,对疏导激进学生情绪也非常关键。在这一问题方面,全美大学响应美国政府号召,实施和推进了旨在帮助少数族群入学和就业的肯定性行动计划。

"肯定性行动计划"是美国联邦政府推行的旨在保障妇女和少数族裔平等入学和就业机会的补偿性措施。为贯彻1964年的《公民权利法案》,约翰逊总统于1965年9月24日签署了11246号行政命令,要求联邦政府合同承包商"不得因种族、肤色、信仰或民族血统而歧视任何雇员和职业申请者"。① 这一行政命令的发布,是美国政府有步骤、有规划地实施肯定性行动计划的开始。这一行政命令经多次修订,到1978年,肯定性行动的实施范围已经"从就业扩大到教育、培训,把优待的对象从少数民族扩大到女性,从健全人扩大到残疾人,从普通人扩大到士兵,同时,少数民族也从一开始的主要指'黑人'扩大到印第安人、西班牙裔人等美国社会中其他不利种族群体"。②

美国大学(指白人院校)贯彻实施联邦政府的这一计划是比较迅速的,它在保障少数利益群体入学机会、教职员聘用方面以及与大学相关人员的聘用方面做出了许多努力。早在《公民权利法案》和11246号行政命令公布之前的1963年,康奈尔大学就成了肯定性行动的先行者。这一年,新上任的康奈尔大学校长詹姆斯·帕金斯(James A. Perkins)就组织了一个特殊教育委员会,负责招收与管理学术能力评估测试(SAT)成绩低于康奈尔大学相应班级平均分175分的黑人学生。1966年,应黑人学生的要求,组建了非裔美国人研究中心,聘请一名黑人(28岁,仅读过两年制学院的一位SNCC成员)担任中心的负责人,这也是最早在教师聘用上对黑人及其他少数利益群体实施肯定性行动的实践。③ 1971年,哈佛大学校长博克宣布将雷德克利夫学院女生的招生数量扩大

---

① Executive Order 11246, Sec. 202,文档来自弗吉尼亚州政府网站。
② 刘宝存:《肯定性行动计划与美国少数民族高等教育的发展》,《民族教育研究》2002年第2期。
③ Walter Berns, "The Assault on the Universities: Then and Now", *Academic Questions*, Vol. 10, No. 3 (1997): 63 – 81.

50%，以将男女生比例降低到 2.5∶1。① 小型私立学院塔夫斯（Tufts）学院，在1968年开始扩大对黑人的招生规模，1969年，新生中黑人所占的比例已经达到了7.7%。②

在1960~1976年，女大学生的人数与男大学生的比例从59∶100上升至89∶100，占学生总数的比重由37.1%上升至47.1%（1985年女大学生占高校学生总数的53%，首次超过男大学生数量）。而黑人大学生占大学生总数的比例从1960年的4.3%上升至1976年的9.8%。黑人18~24岁大学适龄青年进入大学的比例由1960年的7%上升到1970年的15.5%，到1976年达到22.6%，上升了2倍多。

女性和黑人不仅在一般性的学院或社区学院快速增加，在高选拔性大学里就读的人数也增长较快。1960~1976年，女大学生在二年制学院的比例从35.6%上升至48.9%，而在私立大学就读的比例却从28.6%上升至41.2%，增长速度远远快于一般性学院女生的增长速度。而黑人上高选拔性大学的比例，1966年为8.5%（白人为23.4%），是白人的36%；1972年，黑人为11.8%（白人为17.3%），是白人的68%。③

以上数据表明，美国大学在促进少数利益群体入学方面是做出了很大努力的。少数利益群体无论在大学入学总数还是在精英大学入学比例上，都取得了很大增长。尤其是进入精英大学的这类学生，因突出选拔性，学生能力和成绩要求高，所以这类学生能够被录取大多数是因为优惠招生的政策。另外，伴随而至的是，在全美大部分院校，普遍设立了特殊群体研究项目，给予女性、黑人、墨西哥裔、亚裔美国人在大学一定的自治地位。

在聘用少数族裔等为大学教员的工作上，效果不是特别显著。在1960~1976年（80年代也基本相同），女性、亚裔群体的增长较快，而黑人、墨西哥裔等群体的教员总量增长缓慢，这与少数利益群体受教育

---

① 〔美〕莫顿·凯勒、菲利斯·凯勒：《哈佛走向现代——美国大学的崛起》，第345页。
② Antonia H. Chayes, Christopher L. Kaufman & Raymond L. Wheeler, "The University's Role in Promoting Minority Group Employment in the Construction Industry", *University of Pennsylvania Law Review*, Vol. 119, No. 1 (1970): 91–161.
③ 以上数据来自 David Karen, "The Politics of Class, Race and Gender: Access to Higher Education in the United States, 1960–1986", *American Journal of Education*, Vol. 99, No. 2 (1991): 208–237。

背景、学习方式（全日制与非全日制）、是否偏好学术职业等有很大关系，更与大学尤其是精英大学不愿意降低学术质量标准有关。哈佛大学校长德里克·博克就反对教师聘用的优惠政策，他认为，"有限聘用少数民族教授的做法不可能被证明是公正和合理的。相反，这种政策会因为降低教学和科研质量而带来损害学术视野的危险"。① 因而，在哈佛、耶鲁等精英型大学，治理者既没有盲目跟随联邦政府的肯定性行动计划，也没有屈从激进学生的压力，在教师聘用上作出太多的让步。

此外，对激进学生关心的与大学相关的公司雇用问题，如承担大学建筑项目的承包商对少数族裔的平等雇用问题。大学治理者在处理激进学生与承包商之间的关系时，也表现得小心翼翼，尽量鼓励承包商在可能的情况下雇用更多的少数族裔工人，如1969年的塔夫斯学院宿舍楼项目的雇用争端，以及哈佛大学音乐楼建筑项目的雇用争端，都表现如此。②

综上所述，大学对大学危机的治理总体上是比较温和的，它在尽量保持大学作为学术自治与学术自由的共同体这一传统的前提下，对激进大学生的要求进行了比较快速的回应，也相应地作出了有利于实现学生运动政治理想的改革。一些改革或是权益之计，或者变更为永久之策，但都对大学的权力结构、文化构成和本质功能观念产生了很大的影响，给激进学生提供了参与大学事务、改革大学体制、帮助促进大学反思其社会角色等许多机会。20世纪60年代的大学危机治理所带来的大学民主化进程，其速度和深度是过去任何时期都无法比拟的。而这种民主化的进程，大大消弭了激进学生对大学的不满，尤其是对其充当的社会角色的不满。

此外，大学比较成功地抵制住了外界压力，坚持以内部校规来宽容处理学生示威者。这种做法给它带来了一些批评，耶鲁大学古典文学教授多纳德·卡根（Donald Kagan）就认为，"大学不执行礼仪规范制度，而允许学生抗议者在不付出任何代价下继续他们的抗议行为时，它就给

---

① 〔美〕德里克·博克：《美国高等教育》，第131页。
② 参见 Antonia H. Chayes, Christopher L. Kaufman & Raymond L. Wheeler, "The University's Role in Promoting Minority Group Employment in the Construction Industry", *University of Pennsylvania Law Review*, Vol. 119, No. 1 (1970): 91–161.

这些人传达了道德上的误导信息"。① 但是对学生采取宽容措施，在当时是非常必要的。首先，它缓解了学生的激进情绪，争取到了大多数学生左派的支持，大学事务抗议者、反战运动的同情者等，大都在大学治理过程中，放弃了激进主义。其次，由于大学治理者成功地平抑了大多数学生的情绪，学生运动领导者已经不能指望制造出无数个燃烧的哥伦比亚（大学）了。以大学为革命基地掀起全国性的革命浪潮的理想已经被证明是真实的"乌托邦"式梦想，"大学校园并非受压迫的场所，也不大可能成为点燃全社会革命火炬的地方"。② 大学治理带来的变化，给学生运动的合法性、持续性以及群众根基带来了严重的威胁，因而在促进大学生运动发展过程中，产生了比较大的影响。

不过，需要指出的是，大学治理的范围仅限于对大学内部事务的干预或改革。对于激进学生要求大学卷入外部的社会和国家事务，充当价值评判者的要求，治理者出于对大学精神的坚持，没有应允。这使得大学与激进学生的冲突并不能避免，势必影响大学治理和平息危机的效果，并对大学生运动产生相对消极的影响。不过，从长远来看，这种坚持仍然有利于大学本身的存在，有利于维护大学的自治和自由，相应的代价也是值得的。

第四节　大学内环境的变迁与大学生运动

需要说明的是，大学对学生运动的影响不仅局限于大学危机治理所带来的影响上，其他的因素也对大学生运动的衰退产生了非常重要的作用。这些因素可以集中归结为20世纪60年代末70年代初大学内环境的变迁，主要表现为大学生结构、生活方式、学习目标、学生群体的公共生活等的变化。而这些变化又与美国高等教育的大众化、普及化，成为社会共识的终身学习观念的推广这些背景相关。

---

① Mich. Ann Arbor, "Cover Story: As a New Movement Takes Shape, Protesters Struggle with Ideology, Apathy", *Chronicle of Higher Education*, Vol. 47, Issue 47 (2001): 38-43.
② 〔美〕戴维·斯泰格沃德：《六十年代与现代美国的终结》，第187页。

一 大学内环境变迁的原因

造成大学内环境变化的一个主要原因是美国高等教育的大众化、普及化。20世纪60年代末以来美国高等教育已经跨越大众化阶段，开始向普及化阶段发展，由此带来的大学的变化是非常剧烈的。

首先，精英理念的消失。过去，进入大学通常是一种"特权"，仅仅少数出身社会中上层的子弟才能享有。并且，进入大学等于拿到了通往上层社会的许可证，生计从此无忧。但是，大众化教育尤其是普及化教育，大大地改变了这种精英观念。上大学逐渐衍化成大多数青年的普通权利。并且，它也不是进入上层社会的通行证，大学生的前途不再依赖争取进入大学校门这一以往一劳永逸的成功手段，而转向依赖能力、机会等可控或不可控的因素。特权概念的破除，使学生对未来的忧虑增加，势必造成学生一系列行为观念发生大的变化，也对大学生运动的进程带来重大冲击。[①]

其次，普及化教育的迅速深入，使高校无法延续过去为大多数有需求的大学生提供完整的食宿、学习和娱乐等整套服务体系的做法。从20世纪30年代至60年代中期，以哈佛大学为首的美国高校大兴土木，建造了大量的宿舍楼、教学楼等，以满足学生数量急剧扩张的要求。而现在，大学或学院，特别是一般性的四年制学院和两年制学院，要求大多数学生在食宿方面自理，或在利用校园资源的时间上给予严格的限制，这必然造成学生生活环境发生变化，给学生运动的宣传和成员招募造成困难，影响运动力量的聚集和整合。

大学内环境变化的另一个主要原因是终身学习观念的流行和推广。从20世纪60年代初开始，"终身教育""终身学习""学习型社会"等观念开始在欧美流行开来，并逐渐在全世界的教育界形成共识。1972

---

① 丹尼尔·贝尔认为，60年代年轻人的异化、反叛主要是对他们"自己生活当中已经发生的社会变革做出的反应"，对学位和知识贬值的反应（参见〔美〕丹尼尔·贝尔《资本主义文化矛盾》，北京：生活·读书·新知三联书店，1989，第243页）。笔者认为，美国大学生就业市场直到1969年以后才出现隐忧，以后随着经济危机的加深而变得严峻。60年代学生基本上对未来还是乐观的，相信教育是很好的投资，也有优越意识。所以，这不会是他们反叛的主要理由。相反的是，60年代末开始出现的就业难是学生停止反叛行为的一个重要原因。

年，联合国教科文组织的报告《学会生存——教育世界的今天和明天》在总结当时各国教育经验和全球教育发展的趋势后得出结论，认为"终身教育"和"学习型社会"是未来教育发展的潮流，"世界上没有一个非终身的而又分割开来的'永恒'的教育部分"，建议"把终身教育作为发达国家和发展中国家在今后若干年内制定教育政策的主导思想"。[①] 终身教育观念在高等教育领域的推广，就是要求教育机构的多样化，"它的结构、教材和学生类别都必须十分广泛的多样化"，这意味着入学的标准应是自由的、不拘形式的；高等院校向"正规"学生以外更多的各式各样的人开放，包括重返高校学习的毕业生、需要高级训练和重新训练的工人和专业人员等。[②] 在此观念的影响下，美国接受高等教育学生的年龄结构、身份组成、学习方式等都发生了不同程度的变化，而这势必对大学生运动激进分子（基本由通过传统方式入学的大学生组成）的招募和扩充产生重要影响。

此外，大学内环境的变迁也与美国的外交政策、社会氛围的变化有关系。

二 大学内环境的变迁对学生运动的影响

大学内环境的变迁对学生运动的进程产生了十分消极的影响，主要表现为以下几个方面。

第一，学生代际的变更及其对学生运动的影响。70年代大学生与60年代的大学生有着明显的不同，或者说存在明显的代沟。这种代沟既体现在价值观的差异上，也体现在两类群体不同的体验上。

60年代入学的大学生经历或参与过一系列激动人心的事件，这一时期美国社会的激进和批评氛围对他们的世界观、人生观和价值观产生了重大影响。其中，越战和征兵，始终是学生在大学生活中挥之不去的阴影，促使许多学生走向激进化、革命化道路。而对于1970年及以后进入大学的学生来说，针对大学生的征兵方式早已发生变化，征兵制度带来的恐慌，他们也不再有机会体验。而尼克松总统承诺的从东南亚撤军的

[①] 联合国教科文组织国际教育委员会编著《学会生存——教育世界的今天和明天》，北京：教育科学出版社，1996，第223页。

[②] 同上书，第242~243页。

计划，也由于1970年春夏之交学生的大规模抗议活动而加快了进程，国家从越南撤军、恢复平静已经没有悬念。此外，大学管理方式的日益民主化也使1970年及之后入学的学生不再有"被压迫的学生阶级"的感触。这些快速发生的变化使两个不同时期入学的大学生之间的生活体验出现了非常大的差异。

由于缺乏相似的生活体验，60年代入学的大学生的激进观念、情绪很难传导给新一代的大学生，这就造成学生激进政治在两代大学生的接续过程中面临严重困难。因而，随着60年代末入学的学生在1970~1973年陆续毕业离校，激进政治的观念和信仰已经随着他们的离去而渐渐消散。因此，大学生运动在此前后逐渐退潮也在情理之中，"运动衰落不完全或基本是由一些参与者发生变化的事实而造成的结果，尽管表面上是这样的。发生改变的是大学校园学生个体的更换。今天的大一大二的学生在肯特事件发生时正在中学上学，他们中半数以上没有亲历过那种混乱的场面。加上有个铁定的规则改变了两代学生关系的话，那就是一年级新生可能非常怀疑去年受高年级学生欢迎的东西。昨日的运动在今天已经变得过时了"。①

第二，学生成分结构的变化及其对学生运动的影响。在高等教育普及化趋势和终身教育理念影响之下，大学招生模式也逐渐由单一走向多样化，它不再拘泥于全日制的传统方式，非全日制也成为大学招生的主要方式之一。选择半工半读的非全日制学习方式的学生日益增多，到1969年，已经有31%的大学生为非全日制的学生，之后比例不断增长（1979年，占招生总量比例已达到41%）。② 同时，学生完成学业的途径也多种多样，除了按传统方式在规定期限完成学业的学生外，更多的学生选择退学、另选大学就读，不光只读一个大学的学生比例1969年为24%，1976年上升为34%；更多的学生选择中途休学一学期或更长的时间的方式，间断性地完成学业。1969年，17%的本科生选择休学，1976年则上升至26%。

---

① Andrew M. Greely, "The End of the Movement", *Change*, May/Jun. 94, Vol. 26, Issue 3 (1972): 19–20.
② 数据来自 Arthur Levine, *When Dreams and Heroes Died: A Portrait of Today's College Student*, p. 6。

此外，学生的年龄结构也发生较大的变化，选择重返大学就读的毕业生、在工作一段时间后入大学接受高级训练和重新训练的人员逐渐增多，到 1976 年，年龄在 25 岁及以上的本科生所占比例已经达到 45%，重返大学就读的毕业生达 21%。此外，学生的婚姻状况也发生变化，许多学生在入学前或求读期间已经结婚，到 1976 年，这个比例达到了 43%，其中很大一部分学生已经有小孩。①

学生成分结构的变化还表现为学生家庭背景的多样化、种族的多元性、男女性别比例的渐趋均衡性。学生不再主要集中于富足的、父母受过良好教育的家庭，工人家庭、少数族裔家庭出身的学生增长快速，此外，女大学生的数量增长也非常迅速。

"作为一个群体，学生更加多样化，更少能分享共同的利益，他们更内向，更少对政治感兴趣"②，学生成分结构的变化对大学生运动产生的影响是可见的。

首先，它使学生利益呈现多元化。非全日制学生、来自一般家庭的学生、少数族裔学生等，与全日制学生、来自富裕家庭的学生相比，更关心未来经济状况的改善，因而更关注职业教育、所学专业在市场的竞争能力；而大龄的、已经工作过的学生关注高等教育与个人知识需求的契合度；已婚学生则主要关注所受的教育能否保障家庭经济安全。利益的多元、分散性，使得整合学生力量，进一步推动学生运动的发展已非常困难。

其次，学生更多地关注自我，而忽略校园内外的政治事务。入学模式的不同、家庭经济状况的差异、学习外的工作负担或者与家庭有关问题的牵绊等问题，促使学生更多地将精力放在个人事务上，对激进政治缺乏相应的兴趣（见第二章第三节）。即便是与学生利益相关的校园政治，相关的调查也表明，学生的参与度并不高（见表 3-4）。

---

① Carnegie Surveys, 1969, 1976, 转引自 Arthur Levine, *When Dreams and Heroes Died: A Portrait of Today's College Student*, pp. 6-7。
② Arthur Levine, *When Dreams and Heroes Died: A Portrait of Today's College Student*, p. 58.

表 3-4 大学生对各种教育实践的看法对比

单位：%

问 题	1969 年	1976 年
大学所学的内容与外部世界缺乏关联性	43	29
本科教育如果与我现在的生活和问题有更多的关联性更好	49	33
取消学分本科教育将会得到改善	57	33
假如全部课程改为选修，则本科教育会得到改善	53	35
假如更多精力能放在对学生情绪的关注上，则本科教育会得到改善	83	74
假如少强调些专业培训，多强调普通教育，则本科教育会得到改善	40	31
教学效果而非学术成果，应该是教师晋升的基本标准	66	57

资料来源：Carnegie Surveys，1969、1976，转引自 Arthur Levine，*When Dreams and Heroes Died: A Portrait of Today's College Student*，pp. 6-7。

从表 3-4 可以看出，对 60 年代中期以来校园激进政治的相关诉求，除教师晋升标准、本科生等与学生直接相关的问题，认同度下降幅度不大外，其他方面的认同度都出现了较大程度的下降。尤其是对于取消学分、课程改为选修等一些反智的非理性政治要求，学生的认同度更低。大学生运动比较看重的校园政治这一根基，已经不复存在。

第三，住宿模式的变化及其对学生运动的影响。美国高等教育的普及化趋势使得高校无法为急剧增加的学生提供充足的学习资源，更不能延续过去那种集生活、学习和娱乐为一体的社会化功能，为所有有需要的学生提供住宿了。同时，由于学生成分结构的变化，许多新类型的学生自主性增强，不愿意居住在大学或者大学周围的兄弟会所、姐妹会所里，而选择在家居住或者离大学稍远的地方自行租住。在 1969~1976 年，居住在大学宿舍或者兄弟会所、姐妹会所的学生占学生总量的比例下降了 1/3，而同一时期，住自己的公寓或房子（除去居住在父母家）的学生比例增加了近 2 倍。走读生的比例，由过去的近 5/10 上升至 7/10[①]（见表 3-5）。

[①] 有趣的是，80 年代初，学生住宿舍的意愿增强，很多人选择在学校住宿，出现反向的发展趋势，这与节约房租、生活方便、有利于交流等因素相关。参见吕达、周满生主编《当代外国教育改革著名文献·美国卷》，第 187~188 页。

表 3-5 最近几学年本科生居住安排

单位：%

居住方式	1969 年	1976 年
大学宿舍或者其他大学经营的公寓	44	30
兄弟会所或姐妹会所	4	2
公寓或租房	3	2
住父母或其他亲戚家	32	28
住自己的公寓或房子	12	34
其他	4	5

资料来源：Carnegie Surveys, 1969, 1976, 转引自 Arthur Levine, *When Dreams and Heroes Died: A Portrait of Today's College Student*, p. 86。

学生住宿方式的这种急剧变化，使得大学生的集体生活空间、交流方式都受到很大的影响。过去，"不管是在寝室还是其他形式的住房里，大学生通常住的地方离校园和同学很近。这种状况在很大程度上方便了交流和合作。他们容易互相倾诉不满情绪，组织能够迅速发展"。[1] 而 70 年代，由于住宿方式不同，走读生与住校生形成了截然不同的特点，形成不同的生活路径。80 年代一份学生报纸曾这样描述两者的区别：

> 走读生的话题是他们的孩子，住校生的话题是头一天晚上喝了多少啤酒。走读生的衣着打扮犹如办公室职员一般，而住校生的衣橱里仅有牛仔裤、运动裤和 T 恤衫。走读生每早遇到的麻烦是找不到停车车位，而住校生麻烦是找不到配对的袜子。课一完，住校生参加各种社团、俱乐部集会，俨如校园里的男、女主人一般，他们为一些特别活动制作海报，参加校内体育活动以及一系列众多的其他活动。而走读生则回家……[2]

这样，不同的生活空间隔离了学生之间的交流，使学生无法分享共同的体验和不满，不易传导激进情绪。并且，占学生人口大多数的走读

---

[1] Joseph R. Gusfield, "Student Protest and University Response", *Annals of the American Academy of Political and Social Science*, Vol. 395 (1971): 26–38.

[2] 吕达、周满生主编《当代外国教育改革著名文献·美国卷》，第 197 页。

生，已经不把大学作为自己生活的全部内容了，他们更多的是参与社会生活。他们以社会人身份出现，而非以埃里克所称的"社会－心理延期偿还期"的青年学生身份来生活。由此带来的是，学生激进运动不仅难以说服和吸引住校生，而且要在生活方式完全另类的走读生中间进行组织，更是难上加难。

住宿方式的变化带来的另一个有意思的影响是，即便有意参与学生政治活动的走读生，也会因参与活动的经济代价过高、大学提供的条件太差而选择回避校内政治。由于学生居住地离校园较远，在70年代石油价格暴涨的状况下，在学习之外的时间开车前来校园参加活动，实在是一种代价高昂的政治参与。同时，大学和学院的校园也无法容纳数量激增的走读生，不能为他们提供充足的停车用地。不管是前来学习还是参与活动，走读生都为找不到停车车位而发愁。在此状况下，回避校内政治、社团活动甚至娱乐活动，成了走读生的无奈选择，"缺乏停车车位和日益增加的汽油费用共同对学生减少参与社会事务起作用"。[①]

第四，以职业为求学目标及其对学生运动的影响。在高等教育普及化发展的趋势中，大学生数量急剧膨胀，1960年到1975年，美国在校大学生从不到380万人上升至1100多万人，人数扩大了近两倍。"婴儿潮一代"从1964年到1982年间源源不断地涌入大学，又大约在1968年至1986年期间完成大学本科学业，源源不断地涌入就业市场。如果说在1964~1968年入学的最早的"婴儿潮一代"大学毕业生，因美国尚处于经济景气周期，其就业和生计尚无忧的话，那么1969年以后入学的毕业生，即将面临经济危机、就业市场萎缩以及扩招后大量学生毕业所造成的就业困境。尤其对1970~1971学年及其后的学生来说，由于危机已有显现，对就业的担忧是显而易见的。即便是哈佛大学的学生，虽然校长多次表示毕业生前景乐观，但他们还是担心个人职业与前途。当时，一位本科生就曾对校友说，为从事职业做准备的职业注意已经"替代了理想幻灭的1968~1972年的哈佛"。60年代激动人心的事件中产生的"更加政治化和反唯物主义的哈佛学生群体"，却在70年代初经历了"职业增长的复苏"，完成了"从我们所需要的是爱到我们需要的是高分数

---

① Arthur Levine, *When Dreams and Heroes Died: A Portrait of Today's College Student*, p. 87.

的信念转变。①

70年代大学生对职业的追求，主要表现为以下两个方面。

其一，大学专业招生结构的变化。职业性领域招收了大量的学生，收益最大的是商学、医学卫生、生物学和其他技术学科。其中，到1978年，商学居前列，近1/4的学生愿意主修这一专业，实际招生数比1969年增加50%。而工作机会比较有限的学科，如教育、人文科学、社会科学中的某些专业，招生的数量急剧下降。（见表3-6）

表3-6 各学科授予学士学位比例变化情况

单位：%

学科	1964~1965年	1970~1971年	1974~1975年	增减
教育	23	21	16	-
社会科学	16	19	13	-
商学	13	14	17	+
秘书学	9	9	5	-
工程学	8	6	5	-
生物学	5	4	6	+
数学	4	3	2	-
物理科学	4	3	2	-
实用艺术	4	4	5	+
医学卫生	3	3	6	+
心理学	3	5	5	+
外语	3	2	2	-
农业	2	2	2	0
通信	<1	1	3	+
建筑学	<1	<1	1	0
公共关系学	<1	1	4	+
图书馆学	<1	<1	<1	0
计算机	0	<1	<1	+

资料来源：美国教育委员会、国家教育统计中心等的调查数据，转引自 Arthur Levine, *When Dreams and Heroes Died: A Portrait of Today's College Student*, p.64。

---

① 〔美〕莫顿·凯勒、菲利斯·凯勒：《哈佛走向现代——美国大学的崛起》，第678页。

从表 3-6 可以看出，除社会科学、教育等学科学位授予比例出现下降外，同为普通教育内容的基础自然科学，如数学、物理科学等，学位授予的比例出现较大的下降；而商学、生物学、医学卫生、实用艺术学位授予比例上升较快，新兴的应用学科通信、计算机等，学士学位授予比例则已经出现上升的趋势。这种结果表明，战后至 60 年代学术革命期间形成的崇尚文理学科的氛围已经发生变化，职业主义成为学生接受大学教育的主要目标。菲利普·G. 阿尔巴赫等学者认为，60 年代学生所要求的知识关联性，也实则为学生对职业主义的渴望。职业主义借助关联性而出现，最后的结果即为，"学生的应对方式，是不读文理科了，改以职业或专业科目为主修；文理科的学生学位人数陡降到 1/4 而已，人数与念商科者相差无几。深信学术知识应该保存在象牙塔之内的观念也在 70 年代慢慢退潮"。①

其二，大学的通识课程不再受大学生欢迎。70 年代初，大多数大学生只对与自己专业有关的课程感兴趣，他们花更多的时间在学习专业课程或者与专业相关的选修课程上，而在广博的、陶冶性情的通识课程上花的时间非常有限。1967~1974 年，学生关注的课程拿到的学分数占总学分数的比例由 44% 上升至 58%。据卡内基教学促进基金会的调查，到 1976 年，7/10 的学生完成了两门专业的学习。同时，学生所得的通识教育学分数下降了 1/5。更有 41% 的学生认为现行的学士学位要求限制了他们选择更多自己想要学习的专业类课程。② 在这些学生看来，"基础课程是令人生气的干扰，是他们在争取学位道路上的一段弯路。他们看不到基础课程对他们今后找工作和生活是有益的"。③ 这种职业主义的倾向在此后进一步地蔓延，到 80 年代，已经成为美国学术界有识之士最担忧的问题之一。④

---

① 〔美〕菲利普·G. 阿尔巴赫、罗伯特·O. 伯尔等：《21 世纪美国高等教育——社会、政治、经济的挑战》，第 63 页。
② 数据转引自 Arthur Levine, *When Dreams and Heroes Died: A Portrait of Today's College Student*, p. 64。
③ 吕达、周满生主编《当代外国教育改革著名文献·美国卷》，第 134 页。
④ 布鲁姆在《走向封闭的美国精神》（中国社会科学出版社，1994）一书里就对美国大学前途忧心忡忡。他认为，美国大学已经被世俗社会包围，充斥着价值相对主义，学生没有理想，也没有经典知识，人文教育已经衰落，可是，大学是容纳探索和思想开放的地方，它的意义在于提供知识与理想，形成自由气氛，确认意义与价值，保护传统和唤起崇高理想。

职业主义的流行，是世俗主义、实用主义思想在大学生群体间的回归，它替代了60年代初以来在美国大学生中流行的理想主义观念，对以理想主义为信念支撑的学生运动影响之大是可想而知的。60年代，拒绝资本主义的工作伦理，拒绝把金钱作为人生的首要目的，甚至拒绝工作，是激进者反叛的重要内容。而这种对职业的虚无主义和蔑视态度，在70年代以职业为目标的广大学生中间，是不可能再引起共鸣的。因此，这种无根的、不切实际的学生反叛自然会渐趋平静。

值得注意的是，职业主义的流行而带来的基础性学科学生的减少，也对学生运动的退潮起到推动作用。这是因为，在学生运动的主要参与者中，绝大多数为人文、社会科学等基础学科的学生。而随着大学和学院改变过去向基础学科倾斜的发展路径，以及大多数学生回避选择基础性专业，这类学生人数急剧减少，大学的基础学科地位也急剧下降。这种变化对学生运动的打击是双重性的。一方面，它造成学生运动组织在这些学科中发展成员比较困难；另一方面，它也使身处运动之中的基础性学科学生的信念遭受打击。这些学生会开始忧虑日益边缘化的主修专业能否为自己提供一份生活无忧的工作，因而会有意识地选择疏离政治，进一步分化运动的力量。

综上所述，20世纪60年代末70年代初，美国高等教育普及化趋势和终身教育理念的贯彻，打破了大学和学院原有的学生组成结构，也引起了学生生活方式、居住方式、思想观念的急剧变化，这些变化进一步促进了大学生运动的消退。

第四章 学生运动的内部危机

学生运动的退潮，纵然有很多社会因素可寻，但我们始终不能绕过它自身存在的问题，并且，其内部持续存在的危机还是促使其退潮的至关重要的因素。关于这一点，作为学生运动思想导师的马尔库塞也进行过认真的反思。在运动失败之初，马尔库塞认为"运动是被抹杀了"，体制的镇压是运动失败的最主要原因。但是，到1975年，他已经修正了当初武断的结论，转而承认运动内部危机也是促使其衰落（不是失败，因为取得了很多成果）的因素之一，"部分地，运动是被体制公开地镇压了；部分地，运动摧毁了自身"。此外，他简要地归纳了内部的因素，"因为运动不能形成任何有效的组织形式，并且它任由内部的分离因素生长和扩散，这些分离因素是与反智主义、政治无政府主义和自恋式的傲慢相关的"。[①] 马尔库塞归结的原因是有所指向的，表明他对运动散漫的组织原则、极端的反理性主义和封闭排外的倾向等问题的不满。他精辟地指出了学生运动、新左派运动后期存在的严重问题。不过，学生运动的危机并不仅仅出现在后期，它是一场伴随学生运动始终的、持续性的危机，也是一场自身难以克服的危机，直接促成了学生运动的退潮。

第一节 分崩离析的学生运动

一 指导思想的混乱

学生运动内部危机的出现，从根本上讲，是由混乱的指导思想引起的。在运动存在的十多年时间里，它的指导思想一直都是变化不定的。在20世纪60年代学生运动的短暂历史中，它经历了从《休伦港宣言》到"学生阶级论"、从回避意识形态到选择意识形态、从自由主义的改

[①] Herbert Marcuse, "The Failure of the New Left?", *New German Critique*, No. 18 (1979): 3–11.

良到革命的剧烈的思想变化过程。即便是这条线索,也不能完全勾画出运动指导思想的发展痕迹,因为它只能描述运动从早期向高潮过渡时指导思想的变化。而此后,其指导思想是异常复杂的,思想导师马尔库塞的思想也没有在运动组织内部形成共识,它只是多种竞争性的思想之一。

1962年的《休伦港宣言》为早期的大学生运动提供了指导思想。这份宣言是杜威的实验主义、米尔斯的权力精英论、哈林顿的"另一个美国"、萨特的存在主义等各种自由主义和老左派思想的糅合。它对美国社会的看法基本上是自由主义偏左的。争取工业民主联盟派往 SDS 的观察员——斯坦利·阿罗诺维茨(Stanley Aronowitz),在多年后仍然认为,"由海登起草的《休伦港宣言》,集合了许多思想来源,但保留了自由主义言论的观点:它的字里行间回荡着经济和社会公正的弦音"。① SDS 成员、1967年10月"向五角大楼进军"的主要组织者罗伯特·格林布拉特也认为,这一宣言在历史上绝不是一份激进的文件,至多只是一个反官僚政治的声明。② 这是因为,其思想来源多为自由主义或者老左派思想家的观点,它拒绝意识形态;它虽然为美国社会提出了替代性的实验制度——参与民主制,但是这一制度并不是要求直接推翻代议民主制,而是渐进地替代和试行;它并不因美国社会的罪恶而寻求彻底变更,而是相信现状是可以改造和替代的;它虽然认识到了青年学生在社会变革中的重要作用,但是仍然认为"学生,不管多么独特,只能起催化作用"③,尚未形成大学生的"族群认同",因而未提出学生权力或者阶级之类的定义。

在这种自由主义偏左的路线指导下,学生运动走过了最初的发展过程,开展了经济调查与行动计划和自由言论运动等主要活动。但是,学生运动并没有在自由主义的路径上行走多久,就急速地偏离了这一轨道。在越南战争的升级和征召大学生入伍等国家政策引起大学生愤怒和担忧的状况下,学生运动组织迅速地抛弃了渐进的、成效不大的经济调查与

---

① Stanley Aronowitz, "When the New Was New", *Social Text*, No. 9/10 (Spring-Summer, 1984): 11 – 43.
② Peter Joseph, *Good Times: An Oral History of America in the Nineteenth Sixties* (New York: William Morrow & Company, 1974), p. 375.
③ 〔美〕戴维·斯泰格沃德:《六十年代与现代美国的终结》,第187页。

行动计划，转向激进、亢奋的反战运动，从而把原来热情而不乏理智的《休伦港宣言》的宗旨置于脑后。1964年大学内部学生言论自由一度被剥夺的经历，以及1966年约翰逊政府摒弃豁免原则，征召大学生入伍对学生根本利益造成的严重现实威胁等，都促使激进者产生了一种"学生是受害者""学生是被压迫阶级"的意识。在此过程中，激进者逐渐形成了"自卫式"的意识形态，这种意识形态被第二代学生左派称为"学生工团主义"，主要内容为"学生阶级论"和"学生权力论"。

"学生工团主义"的主要思想来源于马尔库塞的理论。继1955年出版的《爱欲与文明》之后，马尔库塞又于1964年出版了他在第二次世界大战后的另一部重要作品《单向度的人》，对资本主义社会再次作了全面细致的批判。《单向度的人》成为影响美国新左派、学生运动思想的一部主要作品。马尔库塞认为，当代西方发达的技术合理性社会是一个新型的极权主义社会，它成功地压制了社会内部的反对派和反对意见，压制了人们心中的否定性、批判性和超越性的向度，从而使整个社会变成单向度的社会，使生活在其中的人成为单向度的、对自己的奴隶状态毫无察觉的人。而要从这样一个社会里获得解放，前景是十分黯淡的。最有希望提出抗议的，是那些最少受社会一体化趋势影响、最少分享制度的好处，因而还存有一些否定性、批判性向度的人们，即第三世界的无产者和消费社会中生活在社会边缘的人（即"新左派"，包括青年学生、持不同政见的知识分子，以及受排挤和迫害的少数族群等）。[①] 对于抗议社会力量的作用尤其是新左派的作用，马尔库塞在以后的论证中又多次强调。马尔库塞认为，新左派在发达资本主义社会中处于金字塔的两端，一端为不幸者，由黑人等少数族群以及"没有一点政治气味的嬉皮士"、"垮掉的一代"、流氓无产者两类人组成；另一端为幸运者，包括两类人：一类是"新工人阶级"，包括技师、工程师、专家、科学家在内的中上层技术人员和管理人员，他们在生产过程中越来越起决定性的作用，如果这些处于核心地位的人能摆脱时常使他们失去革命斗志的

---

① 傅永军：《控制与反抗：社会批判理论与当代资本主义》，济南：泰山出版社，1998，第206页。

因素的干扰，他们就能成为客观的革命力量的核心；另一类主要是青年知识分子和大学生，在目前情况下，这些人的"反抗运动是社会变革中的一个决定性因素"，因为他们把"不幸者"和"幸运者"的优秀品质、革命特性集中于一身。①

对于成长在二战后、对国家和社会的改造事业充满理想主义激情又因越战遭受心理创伤的"婴儿潮一代"大学生来说，关注他们并对他们寄予厚望的马尔库塞，无疑是他们的知音。也正因为此，学生运动匆忙卸下了自由主义的负担，把马尔库塞的理论当作"速食品"，快速地进行吞咽和消化。法兰克福学派的西方马克思主义思想的介入，使得学生运动中新出现的"学生工团主义"，已经由拒绝意识形态走入了拥抱意识形态的发展路程，从改良型的自由主义转入革命型的激进政治，由同包括自由主义在内的力量进行联盟转而把自由主义看作敌人，由相信学生只是"催化力量"转而相信学生为"革命的主体和动力"。

不过，向西方马克思主义意识形态快速的转型，并没有带来整体激进者的思想巨变，却在激进者中间产生了深深的裂痕。信奉《休伦港宣言》的第一代学生左派与新的自称为"学生工团主义者"的学生之间，就学生运动的暴力与非暴力的选择、是否应该同劳工组织及自由主义组织结盟等问题进行了长期的争执，形成了20世纪60年代美国学生运动史上有名的"元老派与草原派之争"，造成了学生运动的第一次内讧。

而盲目吞咽马尔库塞的理论，似乎并没有使学生运动的指导思想变得更加清晰。恰恰相反的是，1966年以后的学生运动更加显得失去了明确思想的指导，陷入了无政府主义的、盲从远甚于理智的盲动状态之中。之所以出现这种奇怪的现象，有如下几方面原因。

首先，马尔库塞的理论远不是被嫁接在新一阶段学生运动上面的唯一理论。弗朗茨·法农的"殖民地革命理论"、拉美革命英雄切·格瓦拉的"城市游击理论"、1938年成立的第四国际所主张的"托洛茨基主义"以及蒲鲁东式的无政府主义等，都是这一时期学生运动的理论来源。马尔库塞的理论的确使人鼓舞，但是他推崇的是一场"包括性的、道德

---

① 傅永军：《控制与反抗：社会批判理论与当代资本主义》，济南：泰山出版社，1998，第206页。

的、理智的、政治革命等在内的总体革命"。① 并且，他认为革命主要还是文化－心理层次的，把总体革命的目标寄托在解放被异化社会压抑着的人的爱欲和心灵上，"反抗的任务首先是解放我们自己的社会集团之外的人们的意识"。② 他对暴力是持批评态度的，"左派运动本身必须控制和约束这种暴力行为。为了那些不明确的、一般的、不能把握的目标而行动是没有意义的；甚至是很糟糕的，这些行动增加了左派反对者的数目"。③ 而学生运动却在这一时期走入持续的暴力冲突（虽然很多是虚拟的暴力），城市游击队、毛泽东语录、爆炸案、纵火案、街垒战等，这些出现在学生运动中的与马尔库塞主义不同的新标识，更能说明学生运动的理论是多元的，马尔库塞的理论只不过是它借鉴的主要理论之一。从这点来说，1966年以来，学生运动也是没有统一指导思想的，指导思想的混乱导致了这样一种复杂的局面：激进学生一边说马尔库塞是思想导师，一边捧着法农的《大地的不幸者》；他们一边为"红宝书"着迷，一边为格瓦拉之死悲愤不已。

其次，即便马尔库塞的理论在学生运动中的影响力远胜过其他理论，它给学生运动带来的也不是力量的凝聚和整合，相反，它是学生运动的分离剂。至少有两点理由说明马尔库塞的理论不过是学生运动的分离剂。

第一，马尔库塞的社会批判理论给予学生运动的指导从来都是模棱两可的，甚至是相互冲突的，社会批判理论并没有能力完成这种"总体革命"，提出这一革命目标多半是一种理论上游戏的需要。④ 即便在总体革命的主体和动力这一基本问题上，马尔库塞的理论和他本人之后的解释也是模糊不清的。在《单向度的人》中，马尔库塞就曾下结论：发达工业社会已经削弱了工人作为资本主义制度批判者、否定者和革命者的地位，工人已经在一体化、压抑性容忍的社会中失去了反抗意识，因而革命不能寄望于他们。但是，1968年法国"五月风暴"过后，他又表

---

① Marcuse, "Guardian Anniversary Talk", see at Douglas Kellner, *Herbert Marcuse and the Crisis of Marxism* (Berkeley: University of California Press; London: Macmillan, 1984), p. 321.
② 转引自吕庆广《60年代美国学生运动》，第295页。
③ 〔美〕赫伯特·马尔库塞：《工业社会和新左派》，第123页。
④ 傅永军：《控制与反抗：社会批判理论与当代资本主义》，第209~210页。

示，不能想象"一场没有工人阶级的革命"。①

至于反文化力量和青年学生在革命中的作用，他的解释也让人不知所措。在《爱欲与文明》《单向度的人》等著作中，马尔库塞的寄语足以令这两类人热血沸腾，以为自身"可能是革命的主体，或者至少也是制造新革命主体的催化剂"。② 可是，在1967年的《五次演说和论解放》中，马尔库塞又认为"革命的主体只能在变革进程的本身中逐渐形成，人们不能指望革命运动开始之时，就已经为它准备好了革命的力量"。③ 之后，他对这一问题的再次解释更让学生革命的实践者们感到沮丧，"我从未说过这些催化者集团可以取代工人阶级，自己作为革命的主体和动力。他们是一些教育团体，主要从事政治教育，但不仅仅从事政治教育。他们的主要任务是启发人们的觉悟，抵抗既定权力结构对人们意识的支配和操纵；从理论上和实践上宣传变化的可能性。但他们决不能代替工人阶级"。④ 既然马尔库塞的理论不断地被修正或被重新诠释，那么以其为主要思想导向的学生运动出现混乱也是很自然的事情了。

第二，马尔库塞的社会批判理论为学生运动内部的各种分离力量的存在提供了依据。马尔库塞所论述的单向度社会、爱欲解放、新左派中的不幸者等理论，为参与运动或与运动联合的许多群体，如妇女、同性恋者、黑人等少数族裔群体，提供了寻求独立发展的理论武器。"如同其他独立的哲学，马尔库塞的作品读起来非常实用，对不同的人可以有不同的含义"⑤，同性恋者从爱欲解放论中找到了其被压迫的根源和解放的途径（尽管马氏所言的爱欲解放绝非性欲解放）；黑人等少数族裔则早已被马尔库塞定义为最希望抗议单向度社会、保持着边缘人所具有的批判性与否定性的群体之一；而激进女性主义者也可从压抑性容忍等理论中吸取女性主义运动所需的营养，马尔库塞也不忘为妇女解放力量正名，

---

① John P. Diggins, *The Rise and Fall of the American Left* (New York: W. W. Norton, 1992), p. 274.
② Douglas Kellner, *Herbert Marcuse and the Crisis of Marxism* (Berkeley: University of California Press; London: Macmillan, 1984), p. 459.
③ Ibid., p. 459.
④ 〔英〕麦基编《思想家：当代哲学的创造者们》，周穗明、翁寒松译，三联书店，1987，第76~77页。
⑤ 〔美〕戴维·斯泰格沃德：《六十年代与现代美国的终结》，第201页。

在1975年,他指出"妇女解放运动能够成为革命的'第三种力量'"。①马尔库塞的理论并没有维系学生运动内部的团结,在其被嫁接进入学生运动之后不久,学生运动内部的分离倾向就已经不可遏制了,"60年代末由各种各样的解放运动所迸发出来的新激进能量并没有巩固新左派,而是使之变得更衰落无力"。②

二 行动的无序

学生运动指导思想的急速切换和多元化的局面,使学生运动的具体行动处于无序的状态。1963年开始的经济调查与行动计划是学生运动初期的最重要的一项活动,也是支持黑人民权运动的一项计划。这项计划秉承了《休伦港宣言》的自由主义的改良宗旨,汤姆·海登等组织者致力于帮助北方衰败街区的黑人和穷困的白人,希望实现跨种族的联合,借此消除种族歧视,促进经济的平等。不过,这一计划在实行两年左右时间之后即被废止。这自然与计划受挫有关,更重要的是学生运动内部出现了"校内派"与"校外派"之间的争执。"校内派"认为大学校园应该作为运动的基地,而"校外派"则认为运动的中心应该在校外,自由言论运动的胜利使得"校内派"获得优势。由此,运动初期花费心力的经济调查与行动计划中止了。

创办自由大学是学生运动期间第二项带有一定新社会探索性质的活动,也是激进学生寻求在体制内大学之外创建独立的替代性大学系统的重要实验,其创办速度快,运营效果也比较好,与体制内大学保持着和平共处的局面。但是,激进者发现自由大学已被体制内大学兼容之后,他们中的大多数人不是选择尽力去扭转自由大学被体制化的局面,而是选择离开,索性把自由大学的管理权完全甩给了持自由主义思想的教师,任由其对自由大学的课程进行改革。③ 而激进者又将目光投向体制内大学,将其作为美国罪恶体制的一部分而大加攻击。

这种随机的策略转变,自然与指导思想的混乱密切相关。《休伦港宣

---

① 参见 Herbert Marcuse, "The Failure of the New Left?", *New German Critique*, No.18 (1979): 3–11。

② Irwin Unger, *The Movement: A History of the American New Left*, p.157.

③ Gerard J. DeGroot, *Student Protest: The Sixties and After*, p.156.

言》将大学看作新左派的根据地，"社会变革运动的潜在基地和代理机构"；也认为大学固然有多种问题，但它是包容性很强的机构，"是唯一的对个人参与讨论持欢迎态度的主流机构"。因此，自由大学谋求与体制内大学的和平共处也在情理之中。而1966年以后，激进者又认为大学是社会罪恶的代理人，它与政府、军方结成了可耻的"共谋关系"，因此把攻击大学当作了攻击帝国主义社会的前沿阵地，由此，激进学生再也不能容忍自由大学的和平实践，转而直接将矛头对准大学。

1965年之后，学生运动将重点放在了反战问题上，此后反战成了学生运动最重要的议题。但是反战并没有取得立竿见影的效果。在急躁情绪的推动下，运动的一部分核心人员又抛弃了参与反战运动的激进学生大众，转而用暴力的革命来反对越南战争。在革命同盟问题上，他们选择了主张黑人权力和暴力反抗的黑豹党等黑人组织。不过黑豹党并不希望白人过多地搅和进来，他们主张黑人族群的自我解放。从这点来看，它是很不适合做学生革命的同盟的。不过，革命者并不在意黑豹党对其的贬抑，也不留心获取对黑人组织的领导，他们甘于充当不被尊重的附议者和随从者的角色，并且还对黑人抱有负罪和补偿的心理，"1967年秋季SDS的战略转变使其成为其他激进运动的附属"。[①] 在哥伦比亚大学事件中，人们可以发现：抗议由SDS的成员马克·鲁德发起，目的在于反战以及支持大学周边的黑人社区居民。但是，白人却不被允许待在黑人抗议者中，可是白人不想放弃对黑人的支持，只能占领其他大学楼，以表声援。这种声援解放者却不受解放者欢迎的现象，在学生运动后期的发展史上屡见不鲜，足以说明学生革命思想的混乱和学生革命的"游戏"性质。在通向暴力的途中，革命青年由于争取不到足够多的学生支持，即招募街头流氓、地痞来充当暴力革命的打手。两种做法都使学生运动快速地失去了至关重要的声誉，气象员等革命组织，沦为完全的反社会、反人类的恐怖组织，而学生运动也在1970年最后一次怒潮之后渐渐平息。美国学者欧文·昂格尔在总结新左派和SDS的失败教训时曾感叹："假如新左派更关心取得学生支持的问题，而不是关注取得黑豹党的

---

① Nigel Young, *An Infantile Disorder? The Crisis and Decline of the New Left*, p. 329.

支持，或者吸引街头白人青年，就可能生存并发展起来。"① 昂格尔把学生运动失败的主要原因归结于错误的策略，实在过于简单化。

在学生运动的发展过程中，马尔库塞所强调的意识革命、道德革命、价值观革命是革命的最终目标这一观点，在现时的情境下演化为反主流文化。虽然学生运动的激进者大都嬉皮士化了，他们将政治运动与文化革命的实践连接在一起，但总的来说，反文化运动与学生政治运动是两个分立的运动，它们各有自己的领导层、运动话语和价值体系。学生政治运动志在对美国社会进行彻底的改造，实现政治的乌托邦，是积极的行动，其话语是政治意识形态化了的；而反主流文化，则选择了疏远的途径，以创建一个另类空间——异托邦为归宿，是消极的行动，其话语是反意识形态的。两者的分歧，在1969年之后表现得更为明显。因此，马尔库塞的总体革命论实际上被撕裂为两个独立存在并且相互竞争、冲突的革命，"新左派运动是政治和宗教（意识）革命两个内容的联合体。政治是与外部、与'公共王国'、与人人之间的尺度相连的，宗教则相反，它是由与内部、人内部尺度相关的思想和行动来定义的。政治关心人类关系，宗教关注生活方式，两者总是冲突的"。② 而出现这种状况，与马尔库塞思想的不断修正、学生激进者理解的偏狭而造成运动思想的混乱密切相关。

在竞争和冲突中，作为政治革命的学生激进政治运动与作为意识革命、文化革命的反文化运动相比，明显地处于劣势。这是因为，学生激进者始终无法从马尔库塞那里确切地领会到政治革命和意识革命孰先孰后、孰重孰轻，也无法确切地知道革命的主体和动力到底来自哪里，政治革命的终极目标到底何在。由此，学生运动的政治性实践逐渐地失去了合法性和权威性，渐渐地让位于反文化运动。同时，它对70年代初反文化运动"自恋"式的发展倾向完全丧失了批判和纠正之力量。

三 组织的分裂

一场卓有成效的社会运动，需要一个健全而稳定的组织来领导。20

---

① Irwin Unger, *The Movement: A History of the American New Left*, p. 191.
② R. N. Berki, "Marcuse and the Crisis of the New Radicalism: From Politics to Religion?", *The Journal of Politics*, Vol. 34, No. 1 (1972): 56-92.

世纪60年代学生运动，其组织机构一直存在缺陷。1969年6月之前，它主要由SDS领导，但是SDS内部的多次分裂，使学生运动也随之发生许多次的变动。其后，学生运动失去了全国性的指导中心，抗议和示威活动是由地方学生激进组织自发组织的，但这种自发抗议毕竟不能长久维持，学生运动的平息也在所难免。

学生运动的主要组织SDS的分裂，是从1965年开始的。此时，SDS参与和组织的1964年的"自由言论运动"与1965年的反战游行，经过媒体的广泛报道，已经为全国所知晓。于是，大量的学生涌入了SDS，使SDS的成员数量以几何级数增长。同时，也使这一组织突破了原来的地域和校园限制，从一个成员主要来自美国东北部和西海岸的精英型大学内部的学生组织，发展成为全国性的组织。在扩容过程中，来自中西部的、大都在工人家庭中长大、就读于一般州立大学的激进学生数量庞大，他们自称"草原力量"（Prairie Power），与被他们称为"元老派"、来自东北部的、出生于中产阶级家庭、大都为犹太左派知识分子子女的、发表《休伦港宣言》的第一代学生左派分庭抗礼。

草原力量带着明显的中西部地域特色，与老左派毫无关联，反对"休伦港一代"继承的左派温和作风，偏向于激进的行事风格，"这些新卫士，他们来自哈得逊以西旧金山海湾以东的某片闭塞的荒地，对于左派的政治活动毫无经验，也绝不喜欢与工人——社会主义者这些力量结成同盟，甚至分不清斯大林主义者、托洛茨基分子和一个曼哈顿艺术馆主之间的不同"。① 受马尔库塞等人的影响，他们反对元老派对大学生群体的定位，认为大学生不应该充当"劳工运动等社会运动的助手或者帮助者之类角色"，而"应该像工人阶级那样，以自己的利益为中心，形成自己的群体意识"（1966年SDS副主席卡尔·戴维森语）。② 于是，他们信奉学生工团主义。1966～1967年，草原派提出了"学生权力论"和"学生阶级论"，重新定义了学生群体在社会变革中的作用，并提升了对学生群体的政治要求。

草原力量反对SDS全国性组织对地方的集中领导，他们愿意让各地

---

① 〔美〕戴维·斯泰格沃德：《六十年代与现代美国的终结》，第197页。
② Robbie Lieberman, *Prairie Power: Voices of 1960s Midwestern Student Protest* (Columbia: University of Missouri Press, 2004), p.48.

分会组织有更大的行动自由。在草原力量影响 SDS 之前，SDS 内部就已经发展出了与全国总会对立的利益群体，如经济调查与行动计划就曾脱离校园和全国性组织的管束；此外，在西海岸的 SDS 洛杉矶地区办公室，也基本上是独立于全国性组织运营。草原力量于 1966 年夺取领导权之后，地方组织涣散、各自为政现象尤为普遍。

草原力量除了改变 SDS 的政治倾向、身份定位和管理体系外，更重要的是，它破坏了学生运动最基本的组织原则——参与民主制。实现参与式民主是学生运动的中心目标，也是学生左派自我定位的一个重要根基和原则。参与式民主，是《休伦港宣言》的精髓，参与民主制社会是学生运动构建的乌托邦理想。但是，这种民主方式在 1966 年就遭遇危机。草原派取得领导权后，一方面为了应对媒体宣传的需要，一方面为了凸显与元老派的差异，抛弃了这一原则，转向更易操纵的组织风格——精英主义政治。"参与式民主本是新左派自我定位的一个主要因素。但是在危机时刻，运动领导层抛弃了这一原则，转向基于从上到下的权威政治之上的持久而好斗的精英政治，使底层民主成为过去的回忆。"①

此外，草原力量帮助形成和定义了 20 世纪 60 年代后半期学生新左派的议题和风格。② 他们倾向于在一些与生活方式相关的问题上进行自我定位，对"代理父母制"、性革命、黑人平等斗争和越战等问题非常敏感。他们是"直接行动政治与文化反叛的混合体"③，帮助促成了学生运动与反文化运动的合流。在未来的发展过程中，他们既把学生运动推入高潮，也给学生运动带来不可估量的消极影响。

学生运动组织内部的第二次大分裂，发生在 1967～1969 年。在这次分裂中，激进女性主义运动、同性恋解放运动、各少数族裔运动纷纷脱离 SDS，开始了独立的发展过程。

在学生运动中，女性是一个重要的群体，她们在运动的宣传、组织和日常工作中发挥了不可替代的作用。但是，在运动组织中间，她们却

---

① Nigel Young, "An Infantile Disorder?", *The Crisis and Decline of the New Left*, p. 336.
② Robbie Lieberman, *Prairie Power: Voices of 1960s Midwestern Student Protest*, Introduction 12.
③ Ibid., p. 13.

是被忽视的群体，缺乏应有的地位和尊重。由于男性垄断着组织领导权，女性长期处于"失语"状态。在整个60年代，SDS内只有两名女性担任全国性事务负责人。男性垄断了全国执行委员会和全国理事会的席位。大多数书面材料和宣言文件也主要由男性拟定，全国性的重大决定大都由男性作出。①

在运动组织中，女性居于次要的地位，她们从事的工作烦琐而低下，"女人做了太多的办公室的杂活。她们做的都是些跑腿的事……她们做接线员、邮递员……除了少数能言善辩的女性外，绝大多数没有说话的资格"。② 她们中很多人感到不受尊重，有很强的挫折感。就连埃·阿伯的妻子，SDS筹建人之一奥尔·阿伯也认为自己"得不到任何尊重，我不断地被贬抑，我经常觉得很迷惑，甚至要发疯"。③ 并且在很多情况下，她们发现要想在学生左派事业中获得较大成功，就要与男性领导者保持亲密关系。这种状况使得女性对学生运动非常不满，其最初所持有的对运动的憧憬和美好愿望都遭到毁灭性打击。在黑人权力、学生权力等各个权力主体纷纷涌出，"新工人阶级论""学生阶级论"纷纷推出的影响下，学生组织中的女性也开始觉悟，开始自觉地将自身看作被压迫的群体，"女性在新左派运动中的经历给了她们发展能力和形成自信的机会，也使她们认识到自己受到了压迫"。④ 她们要求消除学生组织中的性别歧视，清除男性激进者的大男子主义思想。

1967年6月，在安阿伯举行的SDS全国会议上，以全国秘书简·亚当斯（Jame Adams）等为代表的激进女性一起起草了分析性别歧视的声明书，宣称"男性与女性的关系是被殖民者和殖民者的关系"，女性是"第三世界的一部分"，而SDS内部的妇女附属地位抑制了革命斗争，要求进行一次教育活动，以在组织内部从事妇女解放运动，要求男性反思他们的"大男子主义"。⑤ 此外，贝斯·奥格尔斯比、休穆·纳科尔（Sue Munaker）等女性则直接要求发动一场完全脱离男人的妇女运动。

---

① 〔美〕理伯卡·E. 卡拉奇：《分裂的一代》，第219~220页。
② 同上书，第215~216页。
③ 同上。
④ 参见 Evans Sara, *Personal Politics: The Roots of Women's Liberation in the Civil Rights Movement and the New Left* (New York: Random House, 1979), pp. 156–158.
⑤ 〔美〕理伯卡·E. 卡拉奇：《分裂的一代》，第261页。

SDS 做了很多让步，允许在《新左派笔记》(New Left Notes) 上登载激进女性主义者对美国性别歧视体制、学生组织的男性沙文主义的批判文章，以使女性群体保留在组织内部。① 但是，在 1968 年 11 月举行的全国理事会议上，关于女性作用的争论再起。在 SDS 中占据领导地位的进步劳工党人坚持不认同激进女性主义者的观点，他们认为妇女压迫只是阶级压迫的一种表现形式，资本主义社会推翻后，这一问题自然解决。② SDS 内部的另一股上升的势力——气象员组织也认为，女性问题附属于阶级矛盾，把性别置于阶级、种族或帝国主义之上是资本主义的、个人主义的错误意识。这一争论使激进女性主义者进一步坚定了自己的判断，"只有妇女才能解放自己"，"即便是所谓的解放一切受压迫人们的社会主义革命，也会使妇女待在原地"。③ 这次会议让双方关系破裂，一系列激进女性组织如红袜子等开始兴起。到 1969 年 6 月，SDS 全国会议过后，激进女性主义运动（即第二波妇女解放运动）完全脱离新左派运动，开始独立地发展。到 70 年代初期，激进女性主义运动已经成为美国最具影响力的新社会运动之一。④

激进女性主义运动率先开始从 SDS 中脱离，紧随而至的是，墨西哥裔、印第安裔激进学生（70 年代亚裔学生加入）等都声称本种族属于第三世界，遭受美国歧视，纷纷要求种族解放，成为大学校园内主要激进力量，冲击着学生左派的组织权威。

除此之外，同性恋解放运动也成为学生运动组织一股强大的分离力量。在 SDS 内部，男女同性恋者非常活跃。1969 年"石墙反叛"⑤，标志着同性恋解放运动的崛起，以及它与之前温和的同性恋解放运动之间

---

① Irwin Unger, *The Movement*: *A History of the American New Left*, p. 155.
② Irwin Unger, *The Movement*: *A History of the American New Left*, p. 155.
③ Ibid..
④ 美国学者一般认为激进女性主义运动、同性恋解放运动、环境运动仍是新左派运动的延续，但是它们关注的是各自分离的利益，与新左派运动、学生运动宏伟的视野有着明显的不同，从这点来说，它们的产生和快速发展正好能够说明新左派运动与学生运动的失败。
⑤ 1969 年 7 月，纽约格林尼治村的一家名为"石墙"的同性恋酒吧被警察捣毁。一般情况下，酒吧里的顾客遇上这种事往往采取息事宁人的态度，他们或是躲避退让，或是一走了之。但是在这次冲突中，酒吧的主顾非但没有退却，反而对警察进行了猛烈的攻击。这次事件直接导致了西方世界的同性恋解放运动。

的分裂。秉承新左派运动其他分裂群体的逻辑，同性恋解放者也宣称自己是一个被压迫的群体，是现行体制的另一牺牲品。在学生内部，他们指责新左派对他们持有偏见，而包括 SDS 在内的新左派组织都拒绝在同性恋问题上表明清晰的立场，这使得其分离倾向越来越明显。到 70 年代，同性恋解放运动已经成为独立的新社会运动了。

学生运动组织内部的第三次分裂，发生在 1969 年 6 月，这次分裂直接导致了 SDS 的解体，而分裂的种子早在四年前就埋下了。进步劳工党是 60 年代初从共产党组织中分离出来的派别，在学生反战运动初期与 SDS 组织联系紧密，也因此加剧了 SDS 与母体组织争取工业民主联盟的冲突，导致双方关系破裂。从争取工业民主联盟分裂出来后，SDS 删除了章程中的反共产主义条款，以吸引更多的成员。1966 年 2 月，进步劳工党的组织"5 月 2 日运动"并入 SDS，使 SDS 组织开始受到马克思列宁主义意识形态的影响。进步劳动党强调工人阶级的作用，强调运动应以组织工业无产阶级为目标，不愿把精力放在对大学生的组织上，而强调在大学之外开展团结工人的活动。他们把女性、黑人等的受压迫地位都看成阶级压迫的表现形式，反对这些群体开展独立政治运动；同时，他们也不赞成反文化运动。这些主张自然与其他学生激进者观点形成冲突，也激起激进女性主义者、黑人解放者的强烈不满。进步劳工党通过倡导"学生－劳工联合行动计划"（SLAP），组织工人－学生联盟（WSA）等来征召 SDS 的成员。到 1968 年，它在 SDS 内部已经掌握了领导权，并使"组织逐渐马克思主义化"，"使马克思主义、马克思列宁主义成为 SDS 的非官方语言"。① SDS 前全国主席格雷格·卡尔弗特其后对这一状况进行了描述，"大约在六个月之内，突然间 SDS 的每个人都会说，'我是一个马列主义者'。你从不会相信他们读过马克思著作，但是他们却在一夜之间变成了'马克思主义者'"。②

进步劳工党对运动组织的控制引起了许多激进者的不满。1968 年 12 月，在 SDS 的全国理事会上，迈克·克伦斯基（Make Klonsky）起草的声明《向革命的青年运动前进》（*Toward a Revolutionary Youth Movement*,

---

① Todd Gitlin, *The Sixties: Years of Hope, Days of Rage* (Toronto; New York: Bantam Books, 1987), p. 283.
② Ibid..

简称 RYM 声明）虽遭到进步劳工党谴责，但获得通过，成为"官方信条"。这一声明称学生运动强调学生的革命性，而忽略了工人，特别是青年工人，应该通过吸收青年工人来扩大以学生为主要成分的基础。[1] 声明实际上是反对进步劳工党以工人阶级为运动基础的主张，强调青年在革命中的主体作用。由此，SDS 内部又形成了革命青年运动（RYM）这一新派别，与进步劳动党成为两大对立的派别。

进入 1969 年，双方在"黑豹党是不是全国革命的先锋"问题上争执不休，多次发生正面的暴力冲突。RYM 坚持认为"黑人尤其是黑豹党是全国革命的先锋，就如第三世界人民是世界革命的先锋一样"，而进步劳工党人始终不认可。到 6 月，双方的矛盾公开化和白热化。在芝加哥全国大会上，RYM 分为两派，第一派是以克伦斯基为代表的 RYM Ⅱ（革命的青年运动甲派），第二派为 RYM Ⅰ（革命的青年运动乙派），后来命名为气象员组织。第二派包括马克·鲁德、伯纳德·多恩（Bernardine Dohrn）、特瑞·鲁宾斯（Terry Robbins）等 11 人在内，发表了以鲍勃·迪伦的歌曲《你不需气象员来告诉你风往哪儿吹》为标题的声明，反对进步工人党的独裁，否认其主张的白人工人阶级在革命中的作用。RYM 两派联合，宣布他们才是真正的 SDS 后，离开会场而去。这样，出现了两个自称"SDS"的组织。进步劳工党将总部设在波士顿，出版新的《新左派笔记》。在 70 年代，它发展的重点转向了工厂，把组织工人和粉碎种族主义作为目标，不再是一个学生运动的组织了。它拒绝参加 1970 年 4 月的学生反战运动，也避免涉及运动的校园议题，如学费、学生权力等。以气象员组织为中心的 RYM 则占据了芝加哥 SDS 全国办公室和《新左派笔记》编辑部，与黑豹党等暴力组织联合，开展城市暴力革命。但是，不久，因为在未来战略认识上的差异，RYM 两派的联合瓦解，RYM Ⅱ 脱离了气象员组织领导的 SDS 而独立发展，不久该组织解散了。而气象员组织也在 1969 年底完全转入地下，不再以学生激进组织自居，开始了持续多年的恐怖活动。[2]

1969 年 SDS 的分裂给学生运动带来了毁灭性的影响，《休伦港宣言》

---

[1] Irwin Unger, *The Movement: A History of the American New Left*, p. 162.
[2] Kirkpatrick Sale, *SDS*, p. 655; Irwin Unger, *The Movement: A History of the American New Left*, pp. 160 – 179.

发起人之一理查德·弗莱克斯曾评论道，"到1969年召开它的最后一次全国会议时，SDS不只是跌入了那些旧左翼有可能发生的错误当中，而且由于它的恶劣表现，SDS（后期）看起来就像一幅讽刺画。各自为政的、喊着各自口号的宗教以含混不清的信条为幌子，明目张胆地斗争，没有任何理性上的希望"。① 此后，SDS在各地的分会或解散，或更名、另立宗旨，或者独自活动，而大量不愿意或者难以在进步劳工党与气象员组织中作出抉择的激进学生陷入了迷茫，逐渐地与学生激进运动保持距离。

学生组织的三次重大分裂，最终使学生运动的主要组织SDS归于解体，也造成激进学生纷纷归入关注自身利益的某个群体的运动中，参与运动的理想主义激情逐渐消退。另外，学生新左派在新进大学的学生间影响力变得十分微弱，耶罗默·卡拉贝尔（Jeromoe Karabel）就曾指出，到1970年，SDS内讧之后的残余分子是"约1952年出生（即约18岁）的学生所知道的唯一的新左派"。② 1970年的全国学生骚动中，受政府背信弃义和学生惨案的刺激，学生的愤怒情绪空前爆发，但由于缺乏全国性组织的领导，持续时间很短。到8月底，已经基本归于平静。其后，一些大学的零星骚动，组织者也多为各大学校园内的组织，抗议的内容大都不过是校园议题。因此，可以说，学生运动组织的分裂是造成学生运动消退的一个关键因素。

总的来说，20世纪60年代的美国大学生运动，从未有过清晰而统一的指导思想，它在实用主义的引导下不停地变更运动的理念。《休伦港宣言》没有成为运动永恒理想，而马尔库塞的思想在某种程度上也不过是草原力量排挤元老派的一个可供利用的思想工具，它终究只是多个竞争性的理论之一。不断变动着的理念，给激进者的行动带来了长期的无序和混乱，运动在多个议题下迅速切换，使各个议题活动被废止，或者劳而无功。而在此氛围下，学生运动组织的多次分裂则给学生运动的维持和扩容带来毁灭性的打击，进入70年代，缺乏全国性组织领导的学生运动的发展前景也是可想而知的。

---

① 〔美〕理伯卡·E.卡拉奇：《分裂的一代》，第219页。
② Todd Gitlin, *The Sixties: Years of Hope, Days of Rage*, p.417.

第二节 激进者的回归

学生运动指导思想的缺陷、行动的无序和组织的分裂，造成了运动内部一场持续的危机。到 70 年代，这场危机又由于主导者和参与者对激进政治的兴趣丧失而变得更加严重，终致运动的退潮趋势不可逆转。

一 "边缘人"与"过渡人"

20 世纪 60 年代的美国大学生运动，被马尔库塞赋予崇高的期望。马氏认为，只有两类边缘人有希望改变全面异化的、单向度的工业社会。其中，消费社会内部的"边缘人"①（新左派）为一类。而这类边缘人中，最能担当社会抗议力量的是青年知识分子，尤其是大学生。为了解释青年学生的作用，马尔库塞还引入了"过渡人"（transitional man）这一概念，认为他们"具有一种基本的、生物学意义上的要求解放的动力和一种能够扯破富裕社会的物质和意识形态的面纱的意识"。② 马氏引用

---

① "边缘人"（marginal man）一词虽然用途广泛，国内外还缺少对这一词语通用的定义，但是有关边缘人的大致特征还是可以归纳如下：一、边缘人代表一种人格类型，焦虑不安、适应不良，既渴望成为新群体的成员但又遭排斥（帕克）；二、存在两种文化，其中一种处于主导地位，两种文化的边界具有可渗透性，但不能完全地和谐相处，边缘群体成员渴望进入主导群体（安东诺斯基）；三、由于与主导文化的疏离，他们中一些人能够形成独特的思想和理念。参见余建华、张登国《国外"边缘人"研究略论》，《哈尔滨工业大学学报》（社会科学版）2006 年第 5 期。

　　马尔库塞没有用"marginal man"，而是用了"outsiders"（局外人）一词，他认为流浪汉、失业者、受歧视的少数民族等都生活在民主进程之外，他们的生活使其产生改变不可容忍的生活条件和体制这一最直接的、最现实的要求。他们的抗议是最具革命性的，即使他们的意识不是革命性的。参见 Herbert Marcuse, *One-Dimensional Man* (Beacon Press Paperback, 1964), pp. 256 – 267。

　　后来，又把青年知识分子并入"outsiders"中，认为他们是幸运者。这是由于他们有着自觉的批判意识并且身处社会化生产过程之外，他们形成了局外人的情境和心理。马尔库塞所言的两类局外人，并不可能如其所愿，甘于局外人的身份和地位，他们势必寻找到与主流社会接触的途径，或者融入主流社会，或者推翻主流社会，使自己变成主流。

　　从以上论述可以看出，马尔库塞所言的"局外人"与通常的"边缘人"概念大致相同。

② Paul Brenines, *Critical Interruptions: New Left Perspectives on Herbert Marcuse* (New York: Herder and Herder, 1970), p. 19.

这一概念，无非想说明，青年学生由于暂时性地远离消费社会的生产过程，而能保持旁观者的清醒意识，其自省与批判意识更因其所受的良好教育而加强，因而在改变异化社会中的作用是无可替代的。

这样，在马尔库塞的理论构架中，大学生兼具边缘人和过渡人两种身份，比新左派的其他"不幸者"（受排挤和迫害的少数族群、流浪汉、失业者等）和幸运者（新工人阶级）更具批判性和革命性，因而能够成为社会变革中异常活跃的"催化力量"（或者主体力量）。马尔库塞的总体革命理论，是战后西方马克思主义学派根据西方消费社会中阶级关系、社会结构、思想文化等新趋势提出的，一定程度上符合西方社会的现实。但是，马氏在对被异化了的传统社会主义革命的主体——工人阶级表示失望之余，将理想和兴趣集中在大学生群体身上，以边缘人和过渡人双重身份的结合来阐明大学生的革命意识，却是缺乏缜密思考或者一厢情愿的。这是因为，大学生，无论是"边缘人"还是"过渡人"，其对于大学生运动来说，都意味着一场缺乏稳定性和持续性的运动，而寄希望于一场大学生运动来改造社会（尤其是从政治方面），是非常困难的。

首先，大学生作为边缘人，这种身份的获得是因为他们脱离了社会生产过程，延迟承担社会责任，在社会中尚无法因参与社会财富的创造活动而获得尊重和声望，但又有迫切的参与意识，也即他们的边缘人身份是在接受高等教育过程中获得的，这种身份的保留仅限于其在大学学习期间，少数人会选择推迟进入社会（但这个过程不会持续多久）。由于时间短暂，大学生群体有着超高的流动性，"青少年一族的成员虽然一直在变——通常一个人能够跻身所谓学生'代'的年限，往往只有三四年级短的时间——但是后浪推前浪，它的座位始终不空，一定有人填"。①

大学生群体超高的流动性使其比其他边缘人群体更缺乏稳定性。

其一，"学生代"的迅速更替，难以让激进的政治思想和行动在"学生代"之间一直顺利地传递下去，并且在传递过程中，也会因"学生代"间的差异而发生变化，美国大学生运动在这个方面体现得非常明显。1962~1965年大学生运动早期阶段，主要领导者为元老派（艾·哈

---

① 〔英〕霍布斯鲍姆：《极端的年代：1914~1991》，郑明萱译，南京：江苏人民出版社，1999，第490页。

伯、汤姆·海登、托德·吉特林、马里奥·萨维奥），严格说来他们不属于"婴儿潮一代"（都生于1946年之前），信奉《休伦港宣言》的原则，行动温和；而1966~1967年，草原力量取代了元老派的地位，他们虽然因带有中西部地域特征而得名，但实际上大多为婴儿潮第一代的大学生，他们的思想和行为与元老派迥异；1968~1970年，学生运动的主要参与者和领导者又成了"激进行动主义者"，甚至发展为气象员组织等暴力革命者，以马克·鲁德、伯纳德·多恩为代表；而1970年后，大学校园内又逐渐由新的未亲身体验反战斗争的婴儿潮新一代大学生所占据。他们在政治观和价值观上更倾向于自我，不愿意为政治做无谓的牺牲，也不认同激进行动主义者的暴力思维和方式。学生运动组织要在大学招募新成员成了几乎不可能的事情，"在宗派间自残和走向革命的情况下，（学生左派）没有招募到一个人"，① 正如威廉·曼彻斯特所评议的，"学生天然都是过客，他们一毕业，新学生又进来，没有什么能够保证新来者不采取不同的路线——像这些运动中的新学生实际上所做的那样"。②

其二，无论激进学生对自己的边缘人身份如何满足，但伴随着学生时代的结束，他终究要告别这一身份。告别这一身份有三种途径：直接融入主流社会，或者改变主流社会使自身成为主流，或者选择加入另一个边缘群体（如公社）。第一种途径阵痛最小，是大多数学生运动的参与者选择的途径，而运动的领导者大都没有如此坦途。第二种途径，是主要的运动领导者和参与者最希望选择的，但是，革命并非一蹴而就的事情，即便运动不存在多重危机，也是需要时间和忍耐的。在等待的长时间里，"学生""边缘人"的标识自然不能长期保留，最终他们仍然要面对回归主流社会的问题。第三种途径，即加入另一个边缘人群体，如公社。不少人在退出运动后，选择进入公社生活，但这也不过是推迟了回归的进程。60年代以来建立的乡村公社，存活的时间并不长，绝大部分的公社都在60年代至80年代间因经营不善而破产，公社成员纷纷回流城市，只有极个别的公社延续到了90年代初。

---

① Todd Gitlin, *The Sixties: Years of Hope, Days of Rage* (Toronto; New York: Bantam Books, 1987), p. 417.
② 〔美〕威廉·曼彻斯特：《光荣与梦想：1932—1972年美国社会实录》（第四册），北京：商务印书馆，1980，第1542~1543页。

其次，学生作为"过渡人"，实际上是边缘人的一种。不过，与其他的边缘人（黑人等少数族裔群体）不同的是，主流社会已经为过渡人预留了合适的位置，只要他们愿意，在他们完成与主流社会的契约（完成学业，达到质量标准）之后，就可以顺畅地走向主流社会，虽然这一过程也有阵痛。学生因其所受的良好教育，形成了看待和批判社会的独特视角，这使他们能够成为一股社会力量。他们在毕业之后，会不会直接走上通往主流社会的坦途，或是继续保留过渡人的身份，全在于其自省和自觉。即便继续保留过渡人的身份，也不可能持续多久，因为青年学生是有一定的标识的，包括年龄、热情、体态、生活方式等。美国学生运动中，激进学生就喊出口号，"不要相信 30 岁以上的人"。它以 30 岁作为学生与成年人的分界点，给运动本身设置了一道年龄屏障，拒绝年龄大的人加入。但是，这句口号也给运动的参与者本身设置了年龄限制，即一旦年龄增大，就势必离开队伍，不管自身愿不愿意。在运动内部，草原力量认为元老派思想过于陈旧，抱守老左派的观念不放；行动主义派认为以往的方针过于温和，向往革命和暴动，从某种程度上讲，学生代际冲突是由年龄差异造成的。哥伦比亚大学暴动的领导人、气象员组织成员马克·鲁德（1947 年生，到 1977 年已 30 岁）于 1969 年被大学开除，逃避追捕 7 年多后，主动向纽约警方自首。他的父亲说，马克现在已经"老得不能革命了"。著名电视节目人沃尔特·克朗凯特在引用这句话时也忍俊不禁。① 马克·鲁德的父亲以及记者之所以这么诙谐地谈论这一问题，与马克·鲁德已经不是学生、他的年龄已经不适合革命等学生运动惯有的、广为人知的设定相关。

因此，大体说来，兼具"边缘人"和"过渡人"身份的激进学生，不管选择的途径如何，都是不可避免地要踏上回归和融入主流社会之旅的。

二 时间与政治

1965 年，美国学者德雷珀（H. Draper）在对伯克利人民公园事件进行评论时，曾经作出了一个预测："十年之内，他们中的大多数收入将上

---

① 〔美〕托德·吉特林：《新左派运动的媒介镜像》，第 109 页。

升，住在郊区……养两到三个孩子，投民主党的票，为当年究竟在斯帕若广场做了什么而感到困惑——试图去记起却失败了。"① 很显然，德雷珀虽然对伯克利人民公园事件非常担忧，但他还是保持着乐观的心态，希望时间能够磨灭一切激进政治。1969年，在哈佛大学风暴之前，董事会成员豪克斯·伯瑞也保持着同样的乐观态度，在另一位大学官员麦克乔治·邦迪对学生问题表示出担忧时，他回答说，"不用担心，那个问题很快就会烟消云散的"。② 理查德·诺顿·史密斯认为这是哈佛大学行政管理层脱离群众、闭目塞听的反映③，而实际上，伯瑞表达的是一个睿智的看法，时间确实如他所料，能够在化解学生运动中起到很大的作用。关于这一点，法国社会心理学家古斯塔夫·勒庞早在其群体心理学的创始之作《乌合之众——大众心理研究》中就已经指出了，"它（时间）引起一切信仰的诞生、成长和死亡。它们（集体行为）获得力量靠的是时间，失去力量也是因为时间"，"要想看到平衡的恢复，除了依靠时间，再无他法"。④

时间对学生激进政治的影响，首先表现为时间的流变带来了参与者理想的幻灭及向现实的妥协。进入70年代，学生运动已经取得一些成果，但是在主要的激进者看来，还远未实现新社会的理想。学生运动不断遭遇国家权威力量的打压，遭到社会舆论的谴责，在社会中日益孤立。1968年开始的"芝加哥八人审判事件"、1970年《华盛顿邮报》上的FBI对马克·鲁德的通缉令、1972年激进者支持的黑豹党领袖休伊·牛顿接受采访说"黑豹党已经没有兴趣去推翻体制"、1973年嬉皮士领导人阿比·霍夫曼因出售可卡因被逮捕等一系列的事件，对学生激进者的心理冲击是非常大的。

1972年，《纽约客》（The New Yorker）登载了一幅卡通画：一位保守绅士向反文化的一对情侣喊道，"玩笑结束了，孩子们！"（The fun is over, kids!）新闻报纸早已改变了对学生运动的同情态度，它们大都在

---

① H. Draper, *Berkeley: The New Student Revolt* (Grove, New York, 1965), p.197.
② 〔美〕理查德·诺顿·史密斯：《哈佛世纪——锻造一所国家大学》，第304页。
③ 同上。
④ 〔法〕古斯塔夫·勒庞：《乌合之众——大众心理研究》，冯克利译，北京：中央编译出版社，2004，第66~67页。

以长辈的口吻告诫激进学生,"革命已经结束了,宝贝!"(The revolution is over, baby!)① 这些都表明,激进政治和革命没有使激进者获得"解放者"的美誉,反而使其走入孤立。

此外,受经济衰退的影响,依靠父母的支票来从事运动已经不太可能了②,父母不大乐意给在读的孩子以经济资助,即便给了也会附带不参与抗议活动的警告和条件。③ 而已经毕业或被退学的激进者更是得不到此类帮助,生存威胁已经是他们不得不面对的现实,"70年代的一个教训是个人生活在社会中,而非在反历史的、反社会的真空里。政治的压抑是真实的和有效的。革命是演进的过程,而不能简单地如个人所愿。这样,为生存而工作是必要的,政治与工作和家庭要一起兼顾并不容易"。④

时间对学生激进政治的影响还表现为,它使激进学生因年龄增长而疏离激进政治。一方面,随着时间的流变,激进学生会逐渐跨越学生年龄段,迈进社会成年人阶段。相应地,个体也会变得更理智和成熟,激进的能量也会随之逐渐消退,这是人类个体发展的一个常识,正如谚语所说的,"假如20岁时你不是一个激进者,你就没有热情;假如40岁,你还是一个激进者,那你就没有头脑"。在学生激进者中间,不少人因为年龄的增长而顿悟,"成千上万的激进者从政治参与中撤退,将能量置于追求自己的个人旅途中去,不管是选择职业还是选择居住在乡下,远离社会问题"。⑤ 另一方面,正如前面所言的,年龄增长会使激进者翻越学生运动所设的年龄障碍,重新变成运动的局外人。

此外,随着时间的推移,美国社会和大学对"异端"政治和文化的包容性也逐渐体现了出来,主流社会的改观会由外围到中心,在学生运动中形成一种传导效应,进一步消解学生运动的合法性。早在1968年,

---

① Irwin Unger, *The Movement: A History of the American New Left*, p. 203.
② 激进学生大都依靠家庭提供的资金来维持运动的开支,因此学生运动被称为"爸爸的支票资助的校园革命"。参见 Irwin Unger, *The Movement: A History of the American New Left*, p. 198。
③ Irwin Unger, *The Movement: A History of the American New Left*, p. 199.
④ Alberta J. Nassi & Stephen I. Abramowitz, "Transition or Transformation? Personal and Political Development of Former Berkeley Free Speech Movement Activists", *Journal of Youth and Adolescence*, Vol. 8, No. 1 (1979): 21 – 35.
⑤ George Nicholas Katsiaficas, *The Imagination of the New Left: A Global Analysis* (a issertation of University of California, San Diego, 1983), p. 603.

肯尼思·肯尼斯顿在分析学生运动时就指出,"当青年发现能在社会中发挥创造性的作用,并能通过创造性的工作而保留青年的信仰,表达他所想要表达的东西时,青年会选择结束(革命事业)"。① 美国社会对反文化的包容性、大学对学生政治诉求的较为积极的回应、越战和征兵问题的逐步解决等,对学生运动同情者、外围者的冲击最为明显,持激进和自由主义偏左立场的学生纷纷远离了政治。接着,运动的参加者急剧减少,又冲击着中心圈的稳定,运动的中心成员也慢慢地与激进政治分离,回归主流社会。

三 学生激进者的回归

20世纪70年代,随着学生运动的外围参与者逐渐地与政治疏离,走上顺畅或曲折的回归主流社会之路,学生运动的领导者也紧随其后,开始了艰难的回归之路。学生左派领导人的回归,给60年代美国大学生运动画上了句号。不管是外围参与者还是核心成员,学生激进者回归主流社会大致采取了以下几种途径。

第一种途径,回归社会,继续从事政治活动,成为体制内的政治改革主义者(自由主义者)。选择这一途径的以汤姆·海登为典型。汤姆·海登从1968年年底开始就因芝加哥骚动成为"芝加哥八人审判事件"的主角之一,1973年其图谋暴动的罪名被撤除,重获自由。1970年审判结束后,FBI长期对他进行监控。他辗转到哥伦比亚大学、加州大学伯克利分校等地,继续从事合法的反战活动。同年,他被早已投入激进女性主义运动的妻子凯西·海登指责为种族主义者、性别歧视者、男性精英分子,被迫离婚。之后,为避免被妇女解放运动攻击,他开始疏离政治,在一些社区学院教授越南史。1971年他继续反战和反对资助南越的活动。不过此时,与他联络的是60年代早期的和平主义者、国会议员、民主党人士,他选择的是"游说"等方式了。1973年1月,他与著名的演员兼导演、女性主义者简·方达结婚。1975年6月,美国一些报纸登载了海登加入民主党并竞选加州参议院席位的消息。至此,海登已

---

① Kenneth Keniston, *Young Radicals: Notes on Committed Youth* (New York: Harcourt, 1968), p. 271.

经转变为自由主义者。①

第二种途径，回归社会，重新进入大学完成学业或继续深造，而后成为中产阶级专业技术人员，过着普通的中产阶级生活，这一途径是大多数激进者的选择，以马里奥·萨维奥为典型。他在"自由言论运动"中被判 120 天监禁，1965 年离开伯克利，退出"自由言论运动"。然后结婚，在反战中态度温和，由于家庭负担重，他当过图书销售员，做过工会组织者。1970 年 9 月，他重返加州大学伯克利分校研究生院学习。而后又经历离婚、再婚，"生活逐渐地个人化"，对政治的热情丧失。80 年代，他成为一名数学教师。②

第三种途径，回归社会，从事文化批评事业，成为"文化左派"，以托德·吉特林、简·亚当斯为典型。吉特林是 SDS 早期的主要领导人之一（1963～1964 年任主席），在 60 年代中期进入学生运动的宣传机构——地下媒体，先后在《滚石》（The Rolling Stones）、《快速时报》（Express Times）等地下报纸工作。70 年代中期，吉特林选择进入大学攻读社会学博士学位，主攻社会学与大众媒体的关系。1980 年获得了加州大学伯克利分校的教职。无论在读书还是在大学任职期间，吉特林始终扮演着文化左派的角色，成为学院内的体制批评者，比如在著作《新左派运动的媒介镜像》中就对社会运动中的媒介霸权进行了尖锐的批评。

简·亚当斯的回归路程比较曲折。她曾任 SDS 全国秘书，是进入 SDS 核心层的两位女性之一（另一名为伯纳德·多恩）。她在 1969 年 SDS 全国会议之后离开了加州，在旧金山与丈夫一起找了工作（秘书和邮票工厂工人）以支付房租、汽油费用。在工作之余，也参加反文化和移动剧院的活动。1971 年、1976 年两个孩子出生后，她与丈夫不再准备创造一个新社会了。亚当斯随后返回大学，攻读学位以谋生。③ 她在伊利诺伊大学获得人类学博士学位，80 年代初成为人类学教授，"使自己的职业能够促进社会的变化"，但"部分是因为年龄、部分是因为时

---

① 参见 Tom Hayden, Reunion: A Memoir (New York: Random House, 1988), pp. 415 - 468。
② David DeLeon, Leaders from the 1960s: A Biographical Sourcebook of American Activism (Westport, Conn.: Greenwood Press, 1994), p. 224.
③ Robbie Lieberman, Prairie Power: Voices of 1960s Midwestern Student Protest, p. 73.

间","不再好斗"。① 除吉特林、亚当斯外，事实上从60年代末到80年代初，大量的前学生激进分子进入大学和学院或电影、电视、报纸等文化传播出版业，他们与这些机构的年长新左派一起，组成了颇有影响的"文化左派"。其中，在美国大学和学院内，他们在哲学、社会学、经济学等一系列学科中发挥重要影响，被称为"美国大学内的一场马克思主义的文化革命"，左派教授对大学的"入侵和征服"。② 文化左派是影响至今的后现代主义文化、西方马克思主义文化的继承者和深化者，不过，他们对资本主义的批判和斗争不是依靠激进政治活动来进行的。学院左派用著作、演讲来革命，是温和的，他们"首先是教授"，遵循"大学教师的常规政策"。③ 因此，从这点来说，文化左派的出现不是学生运动或新左派运动的延续，而只是它们留下的遗产。

第四种途径，暴力革命者潜入地下实施恐怖活动，多年后才回到正常生活中，这些人主要是气象员等暴力组织成员，以马克·鲁德、伯纳德·多恩为代表。1970年3月6日，在纽约格林尼治村的一个地下室里，气象员组织成员配制炸弹时不慎发生爆炸后，马克·鲁德、伯纳德·多恩等幸存人员随即遭到FBI的通缉，被迫潜入地下多年。直到1977年，马克·鲁德才被迫向当局自首。80年代他在新墨西哥一所中学任教。④ 伯纳德·多恩的回归之路则更长，她在1980年，即沉寂了十年之后才复出，后来曾获刑7个月。她通过了律师考试但不被准入这一行业，直到90年代才找到适合自己的工作——西北大学儿童与家庭公正中心主任。⑤

第五种途径，激进者皈依宗教，以宗教来抚平心伤，重新定位自己在社会中的角色。不少激进者采取这种途径，不过信仰宗教的时间长短不一。汤姆·海登就曾在回忆录里提到伦尼·戴维斯（芝加哥审判受审

---

① Margaret M. Braungart and Richard G. Braungart, "The Life-Course Development of Left-and Right-Wing Youth Activist Leaders from the 1960s", *Political Psychology*, Vol. 11, No. 2 (1990).
② 转引自〔美〕拉塞尔·雅各比《最后的知识分子》，洪洁译，江苏人民出版社，2002，第118~119页。
③ 同上书，第122~123页。
④ David DeLeon, *Leaders from the 1960s: A Biographical Sourcebook of American Activism*, p. 222.
⑤ 〔美〕理伯卡·E. 卡拉奇：《分裂的一代》，第396页。

者之一）皈依印度教克利须那派（Krishna）的情况。戴维斯在 1970～1972 年还是一个反战激进者，但是 1972 年他突然告知海登已经皈依了东方宗教，并获得了精神上的解脱。无论海登等人如何劝导，也无济于事，直到十年后，他才结束了宗教的苦行实践。① SDS 的创始人艾·哈伯、其前妻芭芭拉·哈伯也信仰了宗教。艾·哈伯甚至成了宗教神秘论者。70 年代末，他甚至还预言在以色列的米吉多（Megiddo）会发生《圣经》上所说的善恶大决战，并组建了一个樱桃木圆桌会议，来负责筹办世界和平峰会。② 宗教成了激进者退隐政治领域后的一种新的精神安慰。芭芭拉·哈伯与艾·哈伯婚姻破裂后，退居乡村，求助于宗教和精神治疗；不久自己也投身精神治疗的工作，为过去的激进者疗伤。③

第六种途径，激进者退出激进政治中心，加入公社的乌托邦实践，其后重返社会生活。卡尔·奥格尔斯比是 1965～1966 年 SDS 的全国主席，60 年代婚姻破裂，被气象员组织赶出了 SDS，他万念俱灰，于 1970 年去了佛蒙特的群居村，在那里生活了一年多，以消除婚姻失败尤其是政治失败所带来的痛苦，"我们中有许多人对这个国家将要发生的任何事情都很关心，但是不再认为我们所做的事情能够起到多大作用"。④ 一年后，受波士顿坎布里奇的一家戏剧公司的邀请，他前往从事剧本创作工作。他后来成为一名自由作家，虽然也从事一些政治活动，但对政治的看法（如 60 年代的暴力、美国应该理解第三世界革命的特征结构等问题）已经有了很大的改变。⑤

虽然激进者选择的路径不同，但是在 70 年代前期，无论激进者是皈依宗教、退隐乡村，还是步入工作正轨成为普通人，无论是投身自由主义政治还是成为文化左派，也无论这些角色的转化过程有没有完成，他们疏离激进政治的迹象都是非常明显的。他们对政治的疏离，尤其是受媒体关注的学生运动代表人物汤姆·海登、马里奥·萨维奥等人对政治

---

① Tom Hayden, *Reunion: A Memoir*, pp. 461-463.
② Tom Hayden, *Reunion: A Memoir*, p. 463.
③ 〔美〕理伯卡·E. 卡拉奇：《分裂的一代》，第 352～353 页。
④ 同上书，第 350～351 页。
⑤ Margaret M. Braungart and Richard G. Braungart, "The Life-Course Development of Left-and Right-Wing Youth Activist Leaders from the 1960s", *Political Psychology*, Vol. 11, No. 2 (1990).

的疏离，无疑会对新一代大学生的政治兴趣产生消极影响。新闻媒体在70年代对学生运动代表人物的关注较少，内容主要集中在复学（马里奥·萨维奥）、婚讯（汤姆·海登）、犯罪与追捕（马克·鲁德、阿比·霍夫曼等）、从政（汤姆·海登）、经商（杰瑞·鲁宾）等方面。这些报道不可能给新一代学生及运动的残余分子带来从事激进政治的力量和勇气，相反的是，它对人们的热情是有害无益的。

总之，作为"边缘人"与"过渡人"，学生对于美国激进政治的推动作用可能是其他的群体所不能比的，但是，由于兼具两种身份，这也是学生运动不能持续和稳定的重要因素。在毕业、年龄增长、时间流逝等各类因素的共同作用下，激进学生大都在70年代初即开始了回归主流社会的曲折历程。在此状况下，美国学生激进运动的消退也在情理之中。

结　语

"青年是社会重大变革的推动者、受益者和受害者，他们通常面临着这样一个矛盾，寻求融入现有秩序或成为改变这种秩序的一种力量。"①在美国历史上，青年首次占据社会最显著、最强有力位置的时期是被称为"60年代"的特殊时期，这体现在青年的人口优势上，即"婴儿潮一代"激增的几千万人口在20世纪60年代中期前后开始陆续成年，更体现在青年对国家和社会事务的重要影响力上。在整个60年代，社会青年（非大学生）大都只是作为激进政治的旁观者和反文化潮流的追随者出现的，影响美国社会的主要是青年大学生。大学生在美国影响力的增长又与战后美国高等教育由大众化向普及化的过渡相关联。从1960年至1970年，美国大学吸纳的大学适龄青年比例从占青年人口的20%跃升至50%，高校学生人口的急剧膨胀给大学的权力结构、知识体系、管理模式等带来了严峻的挑战。同时，人口的集中、统一化的管理为青年学生"群体意识""群体认同感"的形成创造了条件。而此时，在国际上充当冷战先锋、国内正在经历从工业社会向后工业社会转型过程的美国，暴露出了丰裕与贫穷、平等与种族歧视、和平与核恐惧等多重矛盾，给青年学生带来了很大的刺激，推动其寻找替代性的解决方法和途径。这样，一场轰轰烈烈的学生运动就在美国社会最富庶、青年受教育最好、国内民主化进程加速的时期爆发了。

在这场学生运动中，青年学生有着创造历史一般的感受，显示青年的力量、表达青年族群对社会的见解、创造青年的生活方式是其参与运动最为直接的原动力。1964年，马里奥·萨维奥所言"我厌倦读历史，我想创造历史"实为大学生普遍的想法，无论他们属于新左派还是新右派或者中间派，都是如此。霍布斯鲍姆为此评论道，"到了60年代和70年代，年轻革命者的心中大事，绝对不在自己能为革命带来什么成就。

---

① 参见联合国大会决议《到2000年及其后世界青年运动纲领》，1995年。

他们关注的焦点,是他们自己的行为本身,以及行为之际的感受"。①

这场"创造历史"的学生运动,最初表现为自由主义改良性质,不久即由于越南战争、征兵问题而被激化了,转化为激进的政治运动。美国的政府、司法体系、大学、外交、文化、价值观等,均遭到猛烈攻击。随着矛盾的进一步激化,学生运动甚至还发展成了暴力革命的形式,在美国造成了多年的混乱和恐慌,酿成了一次严重的危机。如何直面和应对这场危机,一直是困扰美国政府、大学和社会其他力量的问题。不过,学生运动的发展和扩张虽然猛烈而迅速,但是它并没有朝着激进者所追寻的方向前进,也没有造成美国社会的全面长期的失控状态。到70年代中期,它停止了前进的脚步。早前对哈佛学生运动的态势做过悲观预测的社会学家内森·格雷泽,后来也承认,"事态的发展既不像激进派所期待的那样滑入革命的天堂,也没有像保守派所害怕的那样陷入极端混乱的泥沼;哈佛的学生运动像正常的社会现象一样以曲折的形态发展着",哈佛"像凤凰涅槃一般从混乱中得到重生"。②

学生运动退潮,确实是一个让人迷惑的问题。但是仔细分析起来,它的沉寂终究不是在毫无征兆的状况下发生的,这是宏观、中观和微观三个层面多种因素共同作用下的结果。

在宏观方面,主要表现为社会变迁对学生运动的影响。在经济上,60年代末70年代初美国滞胀危机的发生、丰裕社会的结束、就业市场带来的担忧和恐慌以及对自身谋生可能性的悲观预测等,部分地消解了学生的激进意识。

在政治上,60年代末特别是70年代,保守主义政府对学生运动进行了长期监控和镇压,给激进者带来了长期的精神紧张和心理压力,在促使其疏离政治方面发挥了威慑性的作用。

在国家外交政策方面,随着尼克松主义的出台以及美国相应的政策调整,如兵役选征制度改革、承诺与逐步撤军等,使学生运动走向激进的主要因素得以缓慢清除,因而以反战为中心的学生运动失去了动力和方向;同时,美国战略的调整带来了中美关系的缓和。这些都给大学生

---

① 〔英〕霍布斯鲍姆:《极端的年代:1914~1991》,第504页。
② 〔美〕莫顿·凯勒、菲利斯·凯勒:《哈佛走向现代——美国大学的崛起》,第461页。

运动的持续和转向带来了严重的威胁。

在价值观上，60年代在大学生中间形成的以国家为导向的价值观，在70年代与主流价值观发生融合，并进一步发展成以"自恋主义""自我一代"为标识的价值观，更进一步促进了利他主义的学生运动解体。激进女性主义运动、环境保护运动、同性恋解放运动等新社会运动，虽说是学生运动的裂片，但都是关注自我利益的群体运动，已经远远脱离了学生运动的宗旨，"这些狭隘目标与全世界革命令人陶醉的意图已迥然不同了，这些运动正是自这一点上说明了新政治运动更多的是失败"。①

此外，60年代美国大学生运动与以前的社会运动相比，它还呈现突出的特点，即它受到新闻媒体、好莱坞电影等大众传媒较长时间的关注，并且与新闻媒体、电影一度结缘。新闻媒体的渲染、电影对青年伦理和价值观的推崇，共同帮助学生运动走进公众的视野，使之成为众所周知的社会运动，为学生运动的扩募、学生价值理念的推广以及赢得公众的同情创造了很大机会。不过，大众传媒对其的关注，总体说来是在媒介的霸权模式下进行的，也受社会风向的影响，对学生运动有着很大的破坏性。特别是进入70年代，凭借媒介霸权，新闻媒体与好莱坞电影先是对学生运动、青年伦理的合法性和价值进行了权威式的解构，然后是"无情"地忽略。这种变化，给已经对大众媒介形成强烈依赖的学生运动带来了极其不利的影响。走出公众视野的学生运动，很快从真实的视界中消失了。

在中观方面，大学的治理以及大学内环境变化对学生运动的激进情绪起了至关重要的稀释作用。大学是学生运动组织和活动的重要基地，也是激进学生攻击的一个重要目标，大学危机是整个60年代都存在的严重问题。面对危机，大学治理者接受学者和大学管理者的评估建议，对大学进行了危机治理。这些治理措施包括取消"代理父母制"、部分满足大学生的知识关联性需求、面向学生开放学术与行政权力、实施针对少数族群的肯定性行动等。这些措施快速地推进了美国大学的民主化进程，消弭了学生运动的参与者尤其是外围参与者的不满，给运动的合法性、持续性以及群众根基带来巨大的冲击，加速了

---

① 〔美〕戴维·斯泰格沃德：《六十年代与现代美国的终结》，第224页。

学生运动的衰亡。

另外，70年代大学内环境的变化进一步摧毁了学生运动所依赖的根基。60年代末70年代初，美国高等教育普及化趋势和终身教育理念的推行，打破了大学原有的学生成分结构，也引起了学生生活方式、居住方式、思想观念的急剧变化。因而，它们给学生运动的持续发展带来非常不利的影响。

在微观方面，存在两个令学生运动难以持续的重要因素。首先，运动本身处于一场难以克服的危机中。这一内部危机首先源于运动指导思想的混乱。它自始至终，都让不同的思想处于竞争状态，而没有确定真正的方向，并且，激进者即便在思想上接受了马尔库塞的社会批判理论，也无法得到清晰的指向，因为马尔库塞的理论本身就是不断修正和变化的。运动理论的混乱也造成了行动的无序，随机地调整策略、随意地变更议题，使运动失去方向。运动思想的混乱也致使学生运动组织长期处于分裂状态。学生运动组织自1965年以来发生的三次重大分裂，最终使学生运动的主要组织SDS归于解体，也造成激进学生纷纷进入关注自身利益的少数族群运动中，参与学生政治运动的理想主义激情逐渐消退。

其次，学生运动本身也依赖于群体的特殊性。学生群体兼具"边缘人"与"过渡人"的双重身份，虽然这能够使其更具批判性和革命性，但是，恰恰是这两种身份，也构成了他们的重要弱点，因为无论是"边缘人"还是"过渡人"，对于学生来说都只是过渡性的身份。太多的变数摆在他们面前，因为他们真正的人生征程还没有开始，在有一个确定的方向之前，要判断他们的未来，尤其是未来的政治倾向，都是很困难的。随着时间的流变、年龄的增长、社会包容性的增强，激进学生无论选择的途径如何，都不可避免地要踏上回归和融入主流社会之旅，不可避免地在人生观、价值观等方面发生重要的转变。但有一点是肯定的，往后的政治活动不会再以学生的名义来参加。60年代末70年代初，激进者纷纷开始了向主流社会或顺畅或曲折的回归之旅。在激进者尤其是学生运动的领导者纷纷疏离激进政治的情况下，学生激进运动的退潮也在所难免。

美国学生运动的研究专家肯尼思·肯尼斯顿曾说过："我一贯相信青

年的反叛不是已经消失的时尚。"① 青年反叛，尤其是青年大学生的反叛，在世界现代历史上并不是一个新鲜的话题，但也不会是一个过时的话题。学生运动、学生集体行为等，均带有一定的周期性、传染性，是每个国家、每所大学现在和未来都要加以重视和面对的一个问题。60年代美国大学生运动是同一时期欧美学生运动中规模最大、持续时间最长的运动，对它的研究，自20世纪60年代至今，一直是学术界的热点。但是，总体来说，对美国大学生运动退潮的原因的分析还远远不够。笔者认为，对美国学生运动退潮原因的回溯性的研究，与对学生运动的缘起的研究一样，都是十分有必要的。缘起研究重在研究社会如何滋生反叛和不满，为日后尽量避免类似的学生反叛浪潮提供借鉴，帮助国家和社会做好事前预警和预防工作。而退潮因素的研究，研究重点在于国家、社会和大学如何评估和治理这场危机，如何对运动本身的状况（成员结构、运动理念、组织状况等）进行全面的评价以确定其发展规律和轨迹等。因而，它重在事后处置。60年代美国大学生运动中，国家、大学、公众力量对学生运动的应对措施，对于我们的国家和大学评估与治理校园危机、应对学生集体行为等，仍有相当重要的借鉴意义。

---

① Kenneth Keniston, *Youth and Dissent: The Rise of a New Opposition* (New York: Harcourt Brace Jovanovich, Inc., 1971), p. 369.

参考文献

一 英文部分

(一) 文献与著作

1. Altbach, Philip G., *Student politics in America: A Historical Analysis*, New Brunswick, N. J., USA: Transaction Publishers, 1997.

2. Archer, Jules, *The Incredible Sixties: The Stormy Years That Changed America*, San Diego: Harcourt Brace Jovanovich, 1986.

3. Arthur Levine, *When Dreams and Deroes Died: A Portrait of Today's College Student*, San Francisco, Calif.: Jossey-Bass; New York: Carnegie Foundation for the Advancement of Teaching, 1980.

4. Bammer, Angelika, *Partial Visions: Feminism and Utopianism in the 1970s*, New York: Routledge, 1991.

5. Bapis, Elaine M., *Camera and Action: American Film as Agent of Social Change, 1965–1975*, Jefferson, N. C.: McFarland, 2008.

6. Barnes, Jack, *Towards an American Socialist Revolution: A Strategy for the 1970s*, New York: Pathfinder Press, 1971.

7. Bell, Daniel & Kristol, Irving, *Confrontation: The Student Rebellion and the Universities*, New York: Basic Books, 1969.

8. Bierman, A. K., *Philosophy for a New Generation*, New York, Macmillan, 1973.

9. Bloom, Alexander and Breines, Wini, *"Takin' It to the Streets": A Sixties Reader*, New York: Oxford University Press, 2003.

10. Bodroghkozy, Aniko, *Groove Tube: Sixties Television and the Youth Rebellion*, Durham [N. C.]: Duke University Press, 2001.

11. Bone, Christopher, *The Disinherited Children: A Study of the New Left and the Generation Gap*, Cambridge, Mass.: Schenkman Pub. Co.;

New York: distributed solely by Halsted Press, 1977.

12. Bornstein, Rita, *Legitimacy in the Academic Presidency: From Entrance to exit*, Westport, Conn.: Praeger, 2003.

13. Bowen, William G. & Bok, Derek, *The Shape of the River: Long-term Consequences of Considering Race in College and University Admissions*, Princeton, N. J.: Princeton University Press, 1998.

14. Braunstein, Peter and Doyle, Michael William, *Imagine Nation: The American Counterculture of the 1960s and 70's*, New York: Routledge, 2002.

15. Brenines, Paul, ed., *Critical Interruptions: New Left Perspectives on Herbert Marcuse*, New York: Herder and Herder, 1970.

16. Brodie, H. & Keith, H., *The Research University Presidency in the Lathe Twentieth Century: A Life Cycle/Case History Approach*, Westport, Conn.: Praeger Publishers, 2005.

17. Brown, Lester Russell, *Seeds of Change: The Green Revolution and Development in the 1970's*, New York: Published for the Overseas Development Council by Praeger, 1970.

18. Brubacher, John Seiler, *Higher Education in Transition: A History of American Colleges and Universities*, New Brunswick, N. J., U. S. A.: Transaction Publishers, 1997.

19. Buckingham, Peter H., *America Sees Red: Anticommunism in America, 1870s to 1980s: A Guide to Issues and References*, Claremont, Calif.: Regina Books, 1988.

20. Bunzel, John H., *New Force on the Left: Tom Hayden and the Campaign Against Corporate America*, Standford, Calif.: Hoover Institution Pr., 1972.

21. Burner, David, *Making Peace with the 60s*, Princeton, N. J.: Princeton University Press, 1996.

22. Cantor, Milton, *The Divided Left: American Radicalism 1900 – 1975*, New York: Hill and Wang, 1978.

23. Caplow, Theodore, *Recent Social Trends in the United States, 1960 – 1990*, Frankfurt am Main: Campus Verlag; Montreal: McGill-Queen's

University Press, 1991.

24. Carnegie Commission on Higher Education, *Priorities for Action: Final Report*, New York: McGraw-Hill, 1973.

25. Carnegie Commission on Higher Education, *Reform on Campus*, New York: McGraw-Hill, 1972.

26. Carnegie Commission on Higher Education, *Toward a Learning Society: Alternative Channels to Life, Work, and Service*, New York: McGraw-Hill, 1973.

27. Carroll, Peter N., *It Seemed Like Nothing Happened: The Tragedy and Promise of America in the 1970s*, New York, N. Y.: Holt, Rinehart and Winston, 1984.

28. Cavallo, Dominick, *A Fiction of the Past: The Sixties in American History*, New York: St. Martin's Press, 1999.

29. Christopher, Katope G., *Beyond Berkeley: A Source Book in Student Values*, Cleveland and New York: The World Publishing Company, 1966.

30. Clecak, Peter, *America's Quest for the Ideal Self: Dissent and Fulfillment in the 60s and 70s*, New York: Oxford University Press, 1983.

31. Clotfelter, Charles T., *Buying the Best: Cost Escalation in Elite Higher Education*, Princeton, N. J.: Princeton University Press, 1996.

32. Coker, Jeffrey W., *Confronting American Labor: The New Left Dilemma*, Columbia: University of Missouri Press, 2002.

33. DeGroot, Gerard J., *Student Protest: The Sixties and After*, London; New York: Longman, 1998.

34. DeLeon, David, *Leaders from the 1960s: A Biographical Sourcebook of American Activism*, Westport, Conn.: Greenwood Press, 1994.

35. Delli Carpini, Michael X., *Stability and Change in American Politics: The Coming of Age of the Generation of the 1960s*, New York: New York University Press, 1986.

36. Diggins, John P., *The Rise and Fall of the American Left*, New York: W. W. Norton, 1992.

37. Elsaesser, Thomas, & Horwath, Alexander & King, Noel, *The Last*

great American Picture Show: New Hollywood Cinema in the 1970s, Amsterdam: Amsterdam University Press, 2004.

38. Epstein, Barbara Leslie, *Political Protest and Cultural Revolution: Nonviolent Direct Action in the 1970s and 1980s*, Berkeley: University of California Press, 1991.

39. Feuer, Lewis, *The Conflict of Generations: The Character and Significance of Student Movement*, New York: Basic Books, 1969.

40. Freeman, Jo, *Social Movements of the Sixties and Seventies*, New York: Longman, 1983.

41. Gans, Herbert J., *Deciding What's News: A Study of CBS Evening News, NBC Nightly News, Newsweek, and Time*, Evanston, Illinois: Northwestern University Press, 2004.

42. Gitlin, Todd, *The Sixties: Years of Hope, Days of Rage*, Toronto; New York: Bantam Books, 1987.

43. Gitlin, Todd, *The Whole World is Watching: Mass Media in the Making & Unmaking of the New Left*, Berkeley: University of California Press, 1980.

44. Goode, Stephen, *Affluent Revolutionaries: A Portrait of the New Left*, New York: Watts, 1974.

45. Gosse, Van, *Rethinking the New Left: An Interpretative History*, New York: Palgrave Macmillan, 2005.

46. Gurr, Ted Robert, *Why Men Rebel*, Princeton, New Jersey: Princeton University, 1970.

47. Hayden, Tom, *Reunion: A Memoir*, New York: Random House, 1988.

48. Hayden, Tom, "Port Huron Statement, 1962", http://coursesa.matrix.msu.edu/~hst306/documents/huron.html.

49. Heineman, Kenneth J., *Put Your Bodies upon the Wheels: Student Revolt in the 1960s*, Chicago: I. R. Dee, 2001.

50. Hodgkinson, Harold L., *Institutions in Transition: A Profile of Change in Higher Education*, New York: McGraw-Hill Book Co., 1971.

51. Hoeveler, J. David, *The Postmodernist Turn: American Thought and Cul-

ture in the 1970s, Lanham: Rowman & Littlefield Publishers, 2004.

52. Hurup, Elsebeth, *The Lost Decade: America in the Seventies*, Aarhus: Aarhus University Press, 1996.

53. Jencks, Christopher, &Riesman, David, *The Academic Revolution*, New Brunswick, N. J.: Transaction Publishers, 2002.

54. Joseph, Peter, *Good Times: An Oral History of America in the Nineteenth Sixties*, New York: William Morrow & Company, 1974.

55. Kadushin, Charles, The *American Intellectual Elite*, N. J.: Transaction Publishers, 2006.

56. Kallen, Stuart A., & Diego, San, *The Baby Boom*, Calif.: Greenhaven Press, 2002.

57. Kellner, Douglas, *Herbert Marcuse and the Crisis of Marxism*, Berkeley: University of California Press; London: Macmillan, 1984.

58. Keniston, Kenneth, *Young Radicals: Notes on Committed Youth*, New York: Harcourt, 1968.

59. Keniston, Kenneth, *Youth and Dissent: The Rise of a New Opposition*, New York: Harcourt Brace Jovanovich, Inc., 1971.

60. Kerlow, Eleanor, *Poisoned Ivy: How Egos, Ideology, and Power Politics Almost Ruined Harvard Law School*, New York: St. Martin's Press, 1994.

61. Kerr, Clark, *The Great Transformation in Higher Education*, Albany, N. Y.: State University of New York Press, 1991.

62. Kimball, Roger, *The Long March: How the Cultural Revolution of the 1960s Changed America*, San Francisco: Encounter Books, 2000.

63. Lasch, Christopher, *The Culture of Narcissism: American Life in an Age of Diminishing Expectations*, New York: Norton, 1978.

64. Lauwerys, Joseph A. and Scanlon, David G., *Education in Cities: The World Year Book of Education 1970*, Abingdon, Oxon: Routledge, 2006.

65. Lev, Peter, *American Films of the 70's: Conflicting Visions*, Austin, TX: University of Texas Press, 2000.

66. Levine, Arthur, *When Dreams and Heroes Died: A Portrait of Today's*

College Student, San Francisco, Calif.: Jossey-Bass; [New York, N. Y.]: Carnegie Foundation for the Advancement of Teaching, 1980.

67. Levitt, Cyril, *Children of Privilege: Student Revolt in the Sixties, A Study of Student Movements in Canada, the United States, and West Germany*, Toronto; Buffalo: University of Toronto Press, 1984.

68. Levy, Peter B., *The New Left and Labor in the 1960s*, Urbana: University of Illinois Press, 1994.

69. Lieberman, Robbie, *Prairie Power: Voices of 1960s Midwestern Student Protest*, Columbia: University of Missouri Press, 2004.

70. Lipset, Seymour Martin and Altbach, Philip G., *Students in Revolt*, Boston: Houghton Mifflin, 1969.

71. Lipset, Seymour Martin, *Rebellion in the University: A History of Student Activism in America*, London: Routledge & Kegan Paul, 1972.

72. Lyons, Paul, *New Left, New Right, and the Legacy of the Sixties*, Philadelphia, Pa.: Temple University Press, 1996.

73. Macedo, Stephen, *Reassessing the Sixties: Debating the Political and the Cultural Legacy*, New York: W. W. Norton, 1997.

74. MacPherson, Myra, *Long Time Passing: Vietnam and the Haunted Generation*, Garden City, New York: Doubleday, 1984.

75. Macunovich, Diane J., *Birth Quake: The Baby Boom and Its Aftershocks*, Chicago: University of Chicago Press, 2002.

76. Man, Glenn, *Radical Visions: American Film Renaissance, 1967–1976*, Westport, Conn.: Greenwood Press, 1994.

77. Marcuse, Herbert, *One-Dimensional Man*, Beacon Press Paperback, 1964.

78. Mayhew, Lewis, *The Quest for Quality: The Challenge for Undergraduate Education in the 1990s*, Jossey-Bass Publishers, 1990.

79. McWilliams, John C., *The 1960s Cultural Revolution*, Westport, Conn.: Greenwood Press, 2000.

80. Mead, Margaret, *Culture and Commitment: The New Relationships Between the Generations in the 1970s*, Garden City, N. Y.: Columbia Univeraity Press, 1978.

81. Mehnert, Klaus, *Twilight of the Young: The Radical Movements of the 1960s and their Legacy*, New York: Holt, Rinehart & Winston, 1976.
82. Midwest Marxist Scholars Conference, *Marxism and New Left Ideology* (1st: 1976, University of Minnesota), Minneapolis: Marxist Educational Press, 1977.
83. Mills, Katie, *The Road Story and the Rebel: Moving Through Film, Fiction, and Television*, Carbondale: Southern Illinois University Press, 2006.
84. Mood, Alexander M., *The Future of Higher Education: Some Speculations and Suggestions, A Report Prepared for the Carnegie Commission on Higher Education*, New York: McGraw-Hill, 1973.
85. Niblett, W. Roy, & Butts, R. Freeman & Holmes, Brian, *Universities Facing the Future: The World Year Book of Education 1972/1973*, London: Routledge, 2006.
86. Noherty, T., & Belton, J., *Movies and Mass Culture*, Rutgers University Press, 1995.
87. Obst, David, *Too Good to Be Forgotten*, New York: J. Wiley & Sons, 1998.
88. Otten, C. Michael, *University Authority and the Student: The Berkeley Experience*, California: University of California Press, 1970.
89. Parish, David W., *Changes in American Society, 1960-1978*, Metuchen, N.J, & London: the Scarecrow Press, 1980.
90. Peck, Abe, *Uncovering the Sixties: The Life and Times of the Underground Press*, New York: Citadel press, 1991.
91. Pierson, Paul, *The transformation of American Politics: Activist Government and the Rise of Conservatism*, Princeton, N.J. : Princeton University Press, 2007.
92. Quart, Leonard & Auster, Albert, *American Film and Society since 1945*, Westport, Conn. : Praeger., 2002.
93. Radosh, Ronald, *Commies: A Journey Through the Old Left, The New Left and the Leftover Left*, San Francisco: Encounter, 2001.

94. Reich, Charles A., *The Greening of America: How the Youth Revolution is Trying to Make America Livable*, New York: Random House, 1970.

95. Ridgeway, James, *The Closed Corporation: American Universities in Crisis*, New York: Random House, 1968.

96. Sale, Kirkpatrick, *SDS*, New York: Vintage Books, 1973.

97. Sara, Evans, *Personal Politics: The Roots of Women's Liberation in the Civil Rights Movement and the New Left*, New York: Random House, 1979.

98. Schulman, Bruce J., *The Seventies: The Great Shift in American Culture, Society, and Politics*, New York: Free Press, 2001.

99. Spann, Edward K., *Democracy's Children: The Young Rebels of the 1960s and the Power of Ideals*, Wilmington, Delaware: a Scholarly Resources Inc., 2003.

100. Steinhorn, Leonard, *The Greater Generation: In Defense of the Baby Boom Legacy*, New York, NY: Thomas Dunne Books, an imprint of St. Martin's Press, 2006.

101. Storr, Richard J., *The Beginning of the Future: A Historical Approach to Graduate Education in the Arts and Sciences*, New York: McGraw-Hill, 1973.

102. Studwell, William E., *The Classic Rock and Roll Reader: Rock Music from Its Beginnings to the Mid-1970s*, New York: Haworth Press, 1999.

103. Trumpbour, John, *How Harvard Rules: Reason in the Service of Empire*, Boston, MA: South End Press, 1989.

104. Unger, Irwin, *The Movement: A History of the American New Left, 1959 – 1972*, New York: Dodd, Mead; Harper & Row, 1974.

105. Vellela, Tony, *New Voices: Student Activism in the 80's and 90's*, Boston, MA: South End Press, 1988.

106. Willis, Rudy, *The Campus and a Nation in Crisis: From the American Revolution to Vietnam*, (Madison [NJ]: Fairleigh Dickinson University Press, 1996.

107. Wolfle, Dael Lee, *The Home of Science: The Role of the University*,

New York: McGraw-Hill, 1972.

108. Yankelovich, Daniel, *The New Morality: A Profile of American Youth in the 70's*, New York: McGraw-Hill, 1974.

109. Young, Nigel, *An Infantile Disorder? The Crisis and Decline of the New Left*, London: Routledge & Kegan Paul, 1977.

（二）学位论文

1. Allen, David, *The Dream of a New Left: A Geneaological Inquiry into the Collapse of Sixties Radicalism*, a dissertation of University of California at Berkeley, 1995.

2. Biddix, James Patrick, *The Power of "Estudentprotest": A Study of Electronically Enhanced Student Activism*, a dissertation of University of Missouri-St. Louis, 2005.

3. Gibson, Stephen A., *How Green Is Hollywood?: Nature and Environmentalism American Cinema, 1970 - 2002*, a dissertation of Saint Louis University, 2004.

4. Katsiaficas, George Nicholas, *The Imagination of the New Left: A Global Analysis*, a dissertation of University of California, San Diego, 1983.

5. Levy, Peter Barbin, *The New Left and Labor: A Misunderstood Relationship*, a dissertation of Columbia University, 1986.

6. Parr, Stephen Eugene, *The Forgotten Radicals: The New Left in the Deep South, Florida State University, 1960 to 1972*, a dissertation of the Florida State University.

7. Rainbolt, William R., *Images of Journalism in American Films, 1946 - 1976*, a dissertation of the University at Albany, State University of New York, 2004.

8. Ramaeker, Paul Burkhart, *A New Kind of Movie Style and form in Hollywood Cinema, 1965 - 1988*, a dissertation of University of Wisconsin-Madison, 2002.

9. Schroeder, Andrew Irwin, *Strategies of Cinema: Cultural Politics in the New Hollywood, 1967 - 1981*, a dissertation of New York University, 2002.

10. Turner, Jeffrey Alan, *Conscience and Conflict: Patterns in the History of*

Student Activism on Southern College Campuses, 1960 – 1970, a dissertation of Tulane University, 2000.

11. Whalen, John James, *Echoes of Rebellion: The Liberated Generation Grows up*, a dissertation of University of California at Santa Barbara, 1984.

(三) 期刊、报纸文章

1. Adamson, Walter L., "Beyond Reform and Revolution: Notes on Political Education in Gramsci, Habermas and Arendt", *Theory and Society*, Vol. 6, No. 3, 1978.

2. Ann Arbor, Mich, "Cover Story: As a New Movement Takes Shape, Protesters Struggle with Ideology, Apathy", *Chronicle of Higher Education*, Vol. 47, Issue 47, 2001.

3. Aronowitz, Stanley, "When the New Was New", *Social Text*, No. 9/10, (Spring-Summer, 1984), pp. 11 – 43.

4. Altbach, Philip G., "From Revolution to Apathy American Student Activism in the 1970s", *Higher Education*, Vol. 8, No. 6, 1979.

5. Andrews, Nigel, "JOE", *Monthly Film Bulletin*, Vol. 38, No. 444/455, 1971.

6. Baylor, Tim, "Media Framing of Movement Protest: The Case of American Indian Protest", *The Social Science Journal*, Vol. 33, No. 3, 1996.

7. Benjamin, Richard M., "The Revival of African-American Studies at Harvard", *The Journal of Blacks in Higher Education*, No. 9, 1995.

8. Berk, Philip R., "Love Story and the Myth of Hippolytus", *Classical Bulletin*, Vol. 48, No. 4, 1972.

9. Berki, R. N., "Marcuse and the Crisis of the New Radicalism: From Politics to Religion?", *The Journal of Politics*, Vol. 34, No. 1, 1972.

10. Berliner, Todd & Furia, Philip, "The Sounds of Silence: Songs In Hollywood Films Since the 1960s", *Style*, Vol. 36, No. 1, 2002.

11. Berns, Walter, "The Assault on the Universities: Then and Now", *Academic Questions*, Vol. 10, No. 3, 1997.

12. Birnbaum, Robert, "Factors Related to University Grade Inflation", *The Journal of Higher Education*, Vol. 48, No. 5, 1977.

13. Bodroghkozy, Aniko, "Reel Revolutionaries: An Examination of Hollywood's Cycle of 1960s Youth Rebellion Films", *Cinema Journal*, Vol. 41, No. 3, 2002.

14. Braungart, Margaret M. and Braungart, Richard G., "The Life-Course Development of Left-and Right-Wing Youth Activist Leaders from the 1960s", *Political Psychology*, Vol. 11, No. 2, Jun., 1990.

15. Brittenham, Rebecca, "'Goodbye, Mr. Hip': Radical Teaching in 1960s Television", *College English*, Vol. 68, No. 2, Nov., 2005.

16. Brown, Michael K., "Student Protest and Political Attitudes", *Youth and Society*, Vol. 4, No. 4, June, 1973.

17. Callo, Joseph, "ROTC and Yale: Which Is the Four-Letter Word?", *The Yale Free Press*, Dec. 2005.

18. Carter, Luther J., "NSA Takes Aim at Status Quo", *Science*, New Series, Vol. 161, No. 3844, Aug. 30, 1968.

19. Chayes, Antonia H., Kaufman, Christopher L. and Raymond L. Wheeler, Jr., "The University's Role in Promoting Minority Group Employment in the Construction Industry", *University of Pennsylvania Law Review*, Vol. 119, No. 1, 1970.

20. Farber, Stephen, "Movies from behind the Barricade", *Film Quarterly*, Vol. 24, No. 2, 1970–1971.

21. Ferguson, John, "Student Protest and Power in the United States, 1968", *British Journal of Educational Studies*, Vol. 18, No. 1, 1970.

22. Flacks, Richard, "Young Intelligentsia in Revolt", *Transaction*, Vol. 6, 1970.

23. Foreman, Carl, "Films and Film-Making in the Seventies", *Royal Society for the Encouragement of Arts, Manufactures and Commerce Journal*, Vol. 121, No. 5207, 1973.

24. Foss, Daniel A. & Larkin, Ralph W., "From 'The Gates of Eden' to 'Day of the Locust': An Analysis of the Dissident Youth Movement of the 1960s and Its Heirs of the Early 1970s-The Post-Movement Groups", *Theory and Society*, Vol. 3, No. 1, 1976.

25. Frymier, Jack R., "Freedom and Order in the University", *Theory into Practice*, Vol. 9, No. 4, 1970.
26. Gamson, William A., Wolfsfeld, Gadi, "Movements and Media as Interacting Systems", *Annals of the American Academy of Political Science*, Vol. 528, 1993.
27. Gitlin, Todd, "Spotlights and Shadows: Television and the Culture of Politics", *College English*, Vol. 38, No. 8, 1977.
28. Glazer, Nathan, "Student Power in Berkeley", *Public Interest*, Vol. 13, 1968.
29. Greely, Andrew M., "The End of the Movement", *Change*, May/Jun94, Vol. 26, Issue3, 1972.
30. Groot, Gerard J. De, "Ronald Reagan and Student Unrest in California, 1966–1970", *The Pacific Historical Review*, Vol. 65, No. 1, Feb. 1996.
31. Gusfield, Joseph R., "Student Protest and University Response", *Annals of the American Academy of Political and Social Science*, Vol. 395, 1971.
32. Jennings, M. Kent, "Generation Units and the Student Protest Movement in the United States: An Intra-and Intergenerational Analysis", *Political Psychology*, Vol. 23, No. 2, Jun., 2002.
33. Johnstone, D. Bruce, "The Student and His Power", *The Journal of Higher Education*, Vol. 40, No. 3, 1969.
34. Joselit, David, "Yippie Pop: Abbie Hoffman, Andy Warhol, and Sixties Media Politics", *Grey Room*, No. 8, 2002.
35. Karen, David, "The Politics of Class, Race and Gender: Access to Higher Education in the United States, 1960–1986", *American Journal of Education*, Vol. 99, No. 2, 1991.
36. Keniston, Kenneth, "You Have to Grow Up in Scarsdale to Know How Bad Things Really Are", *The New York Times*, Apr 27, 1969.
37. Kerr, Clark, "Higher Education: Paradise Lost", *Higher Education*, Vol. 7, No. 5, 1978.
38. Koopmans, Ruud, "Movements and Media: Selection Processes and Ev-

olutionary Dynamics in the Public Sphere", *Theory and Society*, Vol. 33, 2004.

39. Kristol, Iring, "A Different Way to Restructure the University", *The New York Times Magazine*, Dec. 8, 1968.

40. Levine, Arthur and Wilson, Keith, "Student Activism in the 1970s: Transformation Not Decline", *Higher Education*, No. 8, 1979.

41. Lipset, Seymour Martin & Altbach, Philip G., "Student Politics and Higher Education in the United States", *Comparative Education Review*, Vol. 10, No. 2, 1966.

42. Lubell, Samuel, "That Generation Gap", *Public Interest*, 13, 1968.

43. Marcuse, Herbert, "The Failure of the New Left?", *New German Critique*, No. 18, 1979.

44. Marin, Peter, "The New Narcissism", *Harper's Magzine*, Vol. 251, No. 1505, 1975.

45. McCreary, Eugene C., "Film And History: New Wave Cinema and '68", *Film and History*, Vol. 19, No. 3, 1989.

46. Mcleod, Dougla M. and Detenber, Benjiamin H., "Framing Effects of Television News Coverage of Social Protest", *Journal of Communication*, Vol. 49, No. 3, 1999.

47. Methvin, Eugene, "Radicalism and the Mass Media", *Human Events*, Vol. 33, No. 45, 1973.

48. Myerhoff, Barbara G., "The Revolution as a Trip: Symbol and Paradox", *Annals of the American Academy of Political and Social Science*, Vol. 395, May, 1971.

49. Nassi, Alberta J. and Abramowitz, Stephen I., "Transition or Transformation? Personal and political development of former Berkeley Free Speech Movement Activists", *Journal of Youth and Adolescence*, Vol. 8, No. 1, 1979.

50. Nisbet, Robert A., "Crisis in the University?", *Public Interest*, 10, 1968.

51. Pirie, David, "Strawberry Statement, the U.S.A., 1970", *Monthly Film Bulletin*, Vol. 37, No. 432/443, 1970.

52. Rick, Setlowe, "Campus 'Revolution' Themes Coming: First-to-Market Angle at Columbia", *Variety*, January14, 1970.

53. Robinson, John P., "Public Reaction to Political Protest: Chicago 1968", *The Public Opinion Quarterly*, Vol. 34, No. 1, 1970.

54. Robinson, Michael J., "Television and American Politics: 1956 – 1976", *Public Interest*, Vol. 48, 1977.

55. Salper, Roberta, "Women's Studies", *Female Studies*, No. 5, 1972.

56. Semas, Pilip W., "Student 'Satisfied' with Education, Most of Them and Teachers Agree", *The Chronicle of Higher Education*, Vol. 5, 1971.

57. Spurr, Stephen H., "Faculty Power Versus Student Power", *Peabody Journal of Education*, Vol. 48, No. 1, 1970.

58. Stritch, Thomas, "The Blurred Image: Some Reflections on the Mass Media in the 60's", Review of Politics, Vol. 34, No. 4, 1972.

59. Trow, Martin, "The Expansion and Transformation of Higher Education", *International Review of Education*, Vol. 18, No. 1, 1972.

60. Trow, Martin, "Problems in the Transition from Elite to Mass Higher Education", *Conference on Future Structures of Post-secondary Education*, No. 6, 1973.

61. Trow, Martin, " 'Elite Higher Education': An Endangered Species?", *Minerva*, Vol. 14, No. 3, 1976.

62. Weber, Shirley N., "Black Power in the 1960s: A Study of Its Impact on Women's Liberation", *Journal of Black Studies*, Vol. 11, No. 4, 1981.

63. Woodring, Paul, "Higher Education for the 70's", *Peabody Joural of Education*, Vol. 48, No. 1, 1970.

64. Yacowar, Maurice, "Private and Public Visions: 'Zabriskie Point' and 'Billy Jack'", *Journal of Popular Film*, Vol. 1, No. 3, 1972.

65. "U. S Youth Talk: Shun Films, Scare the Establishment", *Variety*, May 6, 1970.

66. "Yale Plans Major in Afro-American Studies Next Year", *Chronicle of Higher Education*, Vol. 3, 1968.

二 中文部分

(一) 译著

1. 〔美〕赫伯特·马尔库塞：《爱欲与文明》，黄勇等译，上海译文出版社，1987。
2. 〔美〕赫伯特·马尔库塞：《单向度的人——发达工业社会意识形态研究》，刘继译，上海译文出版社，1989。
3. 〔美〕赫伯特·马尔库塞：《工业社会和新左派》，任立编译，北京：商务印书馆，1982。
4. 〔美〕赫伯特·马尔库塞：《反革命和造反》，北京：商务印书馆，1982。
5. 〔美〕查尔斯·赖特·米尔斯：《权力精英》，王崑、许荣译，南京大学出版社，2004。
6. 吕达、周满生主编《当代外国教育改革著名文献·美国卷》，北京：人民教育出版社，2004。
7. 〔美〕托德·吉特林：《新左派运动的媒介镜像》，张锐译，北京：华夏出版社，2007。
8. 〔美〕卡洛普：《美国社会发展趋势》，刘绪贻等译，北京：商务印书馆，1997。
9. 〔美〕理伯卡·E.卡拉奇：《分裂的一代》，覃文珍等译，北京：社会科学文献出版社，2001。
10. 〔美〕约翰·奈斯比特著，梅艳译：《大趋势：改变我们生活的十个新方向》，北京：中国社会科学出版社，1984。
11. 〔美〕兰登·琼斯：《美国坎坷的一代——生育高潮后的美国社会》，贾霭美等译，北京：社会科学文献出版社，1989。
12. 〔美〕约翰·洛克菲勒：《第二次美国革命》，朱炎译，台北：新亚出版社，1975。
13. 〔美〕詹姆士·克利夫德：《从嬉皮到雅皮——昔日性革命亲历者自述》，李二仕等译，西安：陕西师范大学出版社，1999。
14. 〔美〕萨利·贝恩斯：《1963年的格林尼治村——先锋派表演和欢乐的身体》，华明等译，桂林：广西师范大学出版社，2001。

15. 〔美〕拉塞尔·雅各比:《最后的知识分子》,洪洁译,南京:江苏人民出版社,2002。

16. 〔美〕丹尼尔·贝尔:《资本主义文化矛盾》,赵一凡译,北京:生活·读书·新知三联书店,1989。

17. 〔美〕戴维·斯泰格沃德:《六十年代与现代美国的终结》,周朗译,北京:商务印书馆,2002。

18. 〔美〕唐纳德·怀特:《美国的兴盛与衰落》,徐朝友译,南京:江苏人民出版社,2002。

19. 〔美〕彼得·科利尔、戴维·霍洛维茨:《破坏性的一代——对六十年代的再思考》,北京出版社、文津出版社,2004。

20. 〔美〕理查德·罗蒂:《筑就我们的国家——20世纪美国左派思想》,黄宗英译,北京:生活·读书·新知三联书店,2006。

21. 〔美〕莫顿·凯勒、菲利斯·凯勒:《哈佛走向现代——美国大学的崛起》,史静寰等译,北京:清华大学出版社,2007。

22. 〔法〕洛朗·若弗兰:《法国"文化大革命",1968年5月》,万家星译,武汉:长江文艺出版社。

23. 〔英〕马丁·吉尔伯特:《二十世纪世界史》,西安:陕西师范大学出版社,2001。

24. 〔美〕迪克斯坦:《伊甸园之门:六十年代美国文化》,方晓光译,上海外语教育出版社,1985。

25. 〔法〕戈夫:《1968年5月,无奈的遗产》,胡尧步等译,北京:中国青年出版社,2007。

26. 〔美〕理查德·诺顿·史密斯:《哈佛世纪——锻造一所国家大学》,程方平等译,贵阳:贵州教育出版社,2004。

27. 〔美〕德里克·博克:《美国高等教育》,乔佳义译,北京师范学院出版社,1991。

28. 〔美〕德里克·博克::《走出象牙塔:现代大学的社会责任》,徐小洲、陈军译,杭州:浙江教育出版社,2001。

29. 〔美〕乔治·凯勒:《大学战略与规划:美国高等教育管理革命》,别敦荣译,青岛:中国海洋大学出版社,2005。

30. 〔美〕埃里克·方纳:《美国自由的故事》,王希译,北京:商务印书馆，2002。

31. 〔美〕克拉克·克尔：《大学的功用》，陈学飞等译，南昌：江西教育出版社，1993。

32. 〔美〕克拉克·克尔：《高等教育不能回避历史：21 世纪的问题》，王承绪译，杭州：浙江教育出版社，2001。

33. 〔英〕威廉斯：《关键词：文化与社会的词汇——学术前沿》，刘建基译，北京：生活·读书·新知三联书店，2005。

34. 〔英〕西格尔：《多难的旅程——四十年代至八十年代初美国政治生活史》，刘绪贻等译，北京：商务印书馆，1990。

35. 〔美〕麦隆·马格尼特：《梦想与梦魇——六十年代给下层阶级留下的遗产》，北京：文津出版社，2004。

36. 〔美〕理查德·里夫斯：《孤独的白宫岁月：近距离看到的尼克松》，蒋影译，北京：经济日报出版社，2004。

37. 〔美〕亨利·基辛格：《白宫岁月：基辛格回忆录全集》，陈瑶华译，北京：世界知识出版社，2003。

38. 〔美〕加里·纳什编著《美国人民：创建一个国家和一种社会》，刘德斌主译，北京大学出版社，2008。

39. 〔美〕卢瑟·S. 路德克主编《构建美国：美国的社会与文化》，王波、王一多等译，南京：江苏人民出版社，2006。

40. 〔美〕威廉·曼彻斯特：《光荣与梦想：1932—1972 年美国社会实录》，北京：商务印书馆，1980。

41. 〔美〕理查德·弗拉克斯《青年与社会变迁》，李青、何非鲁译，北京日报出版社，1989。

42. 〔英〕丹尼斯·史密斯：《历史社会学的兴起》，上海人民出版社，2002。

43. 〔美〕西德尼·塔罗：《运动中的力量——社会运动与斗争政治》，南京：译林出版社，2005。

44. 〔法〕古斯塔夫·勒庞：《乌合之众——大众心理研究》，冯克利译，北京：中央编译出版社，2004。

45. 〔美〕约翰·K. 加尔布雷斯：《我们时代的生活》，吴世民等译，北京：人民出版社，1984。

46. 〔美〕玛格丽特·米德:《代沟》,曾胡译,北京:光明日报出版社,1988。

47. 〔美〕埃德温·埃默里、迈克尔·埃默里:《美国新闻史》,苏金琥等译,北京:新华出版社,1982。

48. 〔英〕安德森、佩里:《西方左派图绘》,张亮等译,南京:江苏人民出版社,2002。

49. 〔英〕霍布斯鲍姆:《极端的年代:1914~1991》,郑明萱译,南京:江苏人民出版社,1999。

50. 〔美〕理查德·麦特白:《好莱坞电影——1891年以来的美国电影工业发展史》,吴菁等译,北京:华夏出版社,2005。

51. 〔英〕彼德·考伊:《革命!1960年代世界电影大爆炸》,赵祥龄等译,南宁:广西师范大学出版社,2006。

52. 〔美〕菲利普·G. 阿尔巴赫、罗伯特·O. 伯巴尔:《21世纪美国高等教育——社会、政治、经济的挑战》,施凯光等译,北京师范大学出版社,2005。

53. 〔美〕理查德·桑内特:《公共人的衰落》,李继宏译,上海译文出版社,2008。

54. 〔美〕约翰·S. 布鲁贝克:《高等教育哲学》,王承绪等译,杭州:浙江教育出版社,1997。

55. 联合国教科文组织国际教育委员会编著《学会生存——教育世界的今天和明天》,北京:教育科学出版社,1996。

56. 〔美〕布鲁姆:《走向封闭的美国精神》,缪青等译,北京:中国社会科学出版社,1994。

57. 〔美〕彼得·比斯金:《逍遥骑士,愤怒的公牛——新好莱坞的内幕》,严敏等译,上海:文汇出版社,2008。

58. 〔美〕罗兰·斯特龙伯格:《西方现代思想史》,刘北成等译,北京:中央编译出版社,2005。

59. 〔美〕阿瑟·林克、威廉·卡顿:《一九〇〇年以来的美国史》,北京:中国社会科学出版社,1983。

60. 〔美〕纳尔逊·曼弗雷德·布莱克:《美国社会生活与思想史》(上册),许季鸿等译,北京:商务印书馆,1994。

61. 〔美〕纳尔逊·曼弗雷德·布莱克：《美国社会生活与思想史》（下册），许季鸿等译，北京：商务印书馆，1997。
62. 〔美〕H. N. 沙伊贝、H. U. 福克纳：《近百年美国经济史》，北京：中国社会科学出版社，1983。
63. 〔英〕麦基编《思想家：当代哲学的创造者们》，周穗明、翁寒松译，北京：三联书店，1987。

（二）著作

1. 傅林：《当代美国教育改革的社会机制研究：20世纪60年代美国教育改革运动的形成》，北京：教育科学出版社，2006。
2. 傅永军：《控制与反抗：社会批判理论与当代资本主义》，济南：泰山出版社，1998。
3. 和平、王军主编《世界青年运动史论》，北京：中央编译出版社，2008。
4. 吕磊：《美国的新保守主义》，南京：江苏人民出版社，2001。
5. 吕庆广：《60年代美国学生运动》，南京：江苏人民出版社，2005。
6. 林玉体编著《哈佛大学史》，台北：高等教育文化事业有限公司，2002。
7. 刘绪贻主编《美国通史（第6卷）——战后美国史（1945—2000）》，北京：人民出版社，2002。
8. 南方朔：《愤怒之爱：六〇年代美国学生运动》，台北：久大文化股份有限公司，1991。
9. 王廷芳主编《美国高等教育史》，福州：福建教育出版社，1995。
10. 王英杰：《美国高等教育的发展与改革》，北京：人民教育出版社，1993。
11. 魏姝：《政策中的制度逻辑：美国高等教育政策的制度基础》，南京大学出版社，2007。
12. 王国均：《美国高等教育学术自由传统的演进》，上海：学林出版社，2008。
13. 王恩铭：《美国反正统文化运动——嬉皮士文化研究》，北京大学出版社，2008。
14. 徐大同主编《当代西方政治思潮》，天津人民出版社，2001。
15. 许平、朱晓罕：《一场改变了一切的虚假革命——20世纪60年代西方学生运动》，上海人民出版社，2004。
16. 张友伦、李剑鸣主编《美国历史上的社会运动和政府改革》，天津教育出版社，1992。
17. 赵鼎新：《社会与政治运动讲义》，北京：社会科学文献出版社，2006。
18. 沈汉、黄凤祝编著《反叛的一代——20世纪60年代西方学生运动》，兰州：甘肃人民出版社，2002。
19. 游飞、蔡卫：《世界电影理论思潮》，北京：中国广播电视出版社，2002。
20. 资中筠：《20世纪的美国》，北京：生活·读书·新知三联书店，2007。
21. 资中筠主编《冷眼向洋：百年风云启示录》，北京：生活·读书·新知三联书店，2001。
22. 华东师范大学教育系、杭州大学教育系编译《现代西方资产阶级教育思想流派论著选》，北京：人民教育出版社，1992。
23. 吴于廑、齐世荣主编《世界史·现代史编》（下卷），高等教育出版社，1994。

（三）学位论文

1. 程巍：《六十年代研究》，中国社会科学院博士学位论文，2002。
2. 王俊勇：《二十世纪六十年代美国大学生运动》，武汉大学硕士学位论文，2004。
3. 徐良：《美国"新左派"史学研究》，复旦大学博士学位论文，2005。
4. 丁雪明：《20世纪60年代美国校园反叛运动探析》，湘潭大学硕士学位论文，2006。
5. 彭学君：《大学生群体危机生成演化机理与控制研究》，北京理工大学博士学位论文，2006。
6. 王云飞：《美国新闻媒体与越南战争研究》，武汉大学博士论文，2006。
7. 杜欧丹：《二十世纪六十年代以来西方"青年过渡"研究的回顾与反思》，华东师范大学硕士学位论文，2006。
8. 吴冬冬：《20世纪60年代美国右翼学生运动初探——以美国争取自由组织为中心》，浙江大学硕士学位论文，2007。

（四）期刊文章

1. 赵林：《美国新左派运动述评》，《美国研究》1996年第2期。

2. 张永红：《20世纪60年代美国新左派运动历史背景之分析》，《南京师范大学学报》（社会科学版）2005年第1期。

3. 沈汉：《20世纪60年代西方学生运动的若干特点》，《史学月刊》2004年第1期。

4. 徐钰君：《20世纪60年代以来国内关于法国"五月风暴"的研究综述》，《历史教学》2005年第10期。

5. 周穗明：《20世纪90年代新马克思主义的多元社会结构理论评析》，《北京行政学院学报》2006年第1期。

6. 顾然：《20世纪六七十年代美国的新右派运动初探》，《安徽史学》2003年第2期。

7. 吕庆广：《60年代美国反叛学生成长背景透视》，《社会》2002年第6期。

8. 苏红莲、刘雪玲：《20世纪60年代美国青年对抗文化初探》，《重庆工学院学报》2005年第6期。

9. 卡米洛·苏亚雷斯、黄为葳：《青年、过渡以及确定性的消失》，《国际社会科学杂志》（中文版）2001年第2期。

10. 孙益：《校园反叛——美国20世纪60年代的学生运动与高等教育》，《清华大学教育研究》2006年第4期。

11. 吴敏：《美国高校里的左派和马克思主义》，《国外理论动态》2000年第10期。

12. 王锦瑭：《美国的反主流文化运动——嬉皮士运动剖析》，《世界历史》1993年第3期。

13. 温洋：《美国六十年代的"新左派"运动》，《美国研究》1988年第3期。

14. 吴怀连：《美国文化大革命》，《国外社会科学》1996年第3期。

15. 吕庆广：《当代资本主义内部的反叛与修复机制——60年代美国学生运动分析》，《南京大学学报》（哲学·人文科学·社会科学版）2003年第2期。

16. 赵梅：《美国反文化运动探源》，《美国研究》2000年第1期。

17. 钟文范：《美国新左派运动诸问题初探》，《世界历史》1983年第3期。

18. 徐友渔：《自由主义、法兰克福学派及其它》，《天涯》1997年第4期。

19. 任剑涛：《解读"新左派"》，《天涯》1999 年第 1 期。
20. 谢岳：《"新左派"与自由主义的政治学之争》，《上海交通大学学报》（哲学社会科学版）2003 年第 1 期。
21. 江洋、吕梁山：《美国新左派运动研究综述》，《理论界》2006 年第 3 期。
22. 朱光兆、张素青：《试析 20 世纪 60 年代美国青年学生反战运动》，《经纪人学报》2006 年第 2 期。
23. 李雯：《美国青年反主流文化运动滥觞的原因》，《青年研究》2002 年第 8 期。
24. 郑春生：《公民不服从理论的现实困境——以六十年代美国学生运动为例》，《浙江学刊》2007 年第 4 期。
25. 郑春生：《"权力"和"权利"的双重呐喊——1960 年代美国学生运动原因论》，《温州大学学报》（社会科学版）2008 年第 4 期。
26. 赵鼎新：《西方社会运动与革命理论发展之述评——站在中国的角度思考》，《社会学研究》2005 年第 1 期。
27. 赵鼎新、雷天：《骚乱，革命还是社会运动》，《文化思考》2008 年第 1 期。
28. 赵鼎新：《集体行动、搭便车理论与形式社会学方法》，《社会学研究》2006 年第 1 期。
29. 董国礼：《历史社会学视野下的社会运动研究——梯利的集体行动理论》，《学海》2007 年第 5 期。
30. 王恩铭：《美国新左派运动》，《史学月刊》1997 年第 1 期。
31. 韩晓燕：《美国家庭模式变化与青少年成长》，《当代青年研究》1998 年第 3 期。
32. 刘合松：《1970 年至 1983 年美国大学毕业生在劳动市场上出现竞争优势》，《教育与经济》1990 年第 2 期。
33. 郑春生、李宏图：《论马尔库塞对消费社会的批判》，《求索》2008 年第 3 期。
34. 周欢：《两个可爱的强盗——邦妮和克莱德》，《电影艺术》1989 年第 4 期。
35. 张炜：《大众媒介与社会思潮——新左派视域下的英国自由电影》，

《电影评介》2007 年第 9 期。
36. 徐良：《美国雅皮士文化新探》，《历史教学问题》2008 年第 5 期。
37. 赵国新：《新左派》，《外国文学》2004 年第 3 期。
38. 佘双好：《当代青年大学生价值观念基本特征及发展走向透析》，《当代青年研究》2002 年第 1 期。
39. 崔晓敏：《美国高校与学生法律关系的演变——从"代理父母地位说"到宪法论、契约论》，《高教探索》2006 年第 4 期。
40. 何士青、王新远：《高校管理与大学生权利保护》，《新闻周刊》2004 年 4 月 1 日。
41. 郑春生：《摇滚乐与 20 世纪 60 年代美国青年的反叛》，《史学集刊》2009 年第 4 期。
42. 郑春生：《试论 20 世纪 60 年代美国媒体对马尔库塞的形象塑造》，《世界历史》2009 年第 5 期。
43. 谢文玉：《〈纽约时报〉与"学生争取民主社会组织"的衰落》，《历史教学》（高校版）2009 年第 3 期。
44. 谢文玉：《〈纽约时报〉对汤姆·海登形象的重塑》，《四川大学学报》2012 年第 2 期。
45. 谢文玉：《20 世纪 60～70 年代好莱坞电影与美国青年反叛运动》，《历史教学》（下半月刊）2012 年第 7 期。
46. 〔美〕杰·马斯特：《好莱坞 1966 至 1978 年》，《世界电影》1992 年第 6 期。

（五）影像资料

1. 《邦妮和克莱德》（*Bonnie and Clyde*）
2. 《毕业生》（*The Graduate*）
3. 《伍德斯托克》（*Woodstock*）
4. 《草莓宣言》（*The Strawberry Statement*）
5. 《逍遥骑士》（*Easy Rider*）
6. 《雨族》（*The Rain People*）
7. 《爱情故事》（*Love Story*）
8. 《美国风情画》（*American Graffiti*）
9. 《飞越疯人院》（*One Flew Over the Cuckoo's Nest*）

10.《唐人街》(*Chinatown*)

11.《乔》(*Joe*)

12.《香波》(*Shampoo*)

13.《革命者》(*The Revolutionary*)

14.《爱丽丝的餐厅》(*Alice's Restaurant*)

15.《大白鲨》(*Jaws*)

16.《愤怒的公牛》(*Raging Bull*)

17.《最后的夏天》(*Last Summer*)

18.《激进者》(*The Activist*)

19.《扎布里斯基角》*Zabriskie Point*

20.《青春火花》(*Getting Straight*)

21.《龙虎少年队》(*Cooley High*)

22.《纳什维尔》(*Nashville*)

23.《媒体的冷漠》(*Media Cool*)

24.《野帮伙》(*The Wild Bunch*)

25.《鲍勃、卡罗、托德和艾丽丝》(*Bob & Carol & Ted & Alice*)

26.《再见,哥伦布》(*Goodbye Columbus*)

(六) 主要报纸资料

《纽约时报》(*The New York Times*)

《华盛顿邮报》(*Washington Post*)

《波士顿环球》(*Boston Globe*)

《哈佛深红报》(*The Harvard Crimson*)

后　记

　　五年前离别珞珈山，心里有一丝痛楚，以为这是我在珞珈求学生涯的终结；没有想到，两年后，各种机缘又让我回到了这里。重回她的怀抱，曾欣喜万分，却不知何时，多了几分彷徨、几分不自信。三年来，对自我能力否定之否定的推理，对学术价值的怀疑与追问，对生活本质的追寻与失落感，让我几度困惑、几度焦虑。回首这三年，仍不免战栗。如果没有导师李工真教授的敦促、训诫和鼓励，我是不可能顺利地完成博士论文撰写的。由于我性格执拗，先生总要不厌其烦地告诉我为人、为学术的道理。时至今日，我对一些问题早已理清和通透，对一些问题虽仍有疑惑，但也有所领悟，不过似乎仍固执己见。但是，在我心里，对先生一直充满着感激之情。在前后长达六年的学习里，从先生身上学到的东西岂能计量？有关感激的言语，我从未向先生当面表达，只在今日的博士论文和当年的硕士论文后记中才敢有所流露。很幸运，我亲耳听见先生说，"老师就是你们的亲人"；很幸运，我收到了先生和师母长期参加元旦聚会的邀请；很幸运，我暂时成了先生门下学习时间最长的学生……

　　在珞珈山前后六年的学习里，我有幸得到了陈勇教授、向荣教授、张德明教授、韩永利教授、徐友珍教授、郑昌发教授等恩师的悉心指导。陈勇教授、张德明教授和徐友珍教授参加了我的博士论文开题报告指导，他们对论文的提纲提出了很多有益的建议，帮助我理清了论文的逻辑与思路，使我在写作的过程中避免了盲目。在今年元月的课堂讨论会上，陈勇老师还就我提交的博士论文中的一个章节进行了评议，提出了许多中肯的意见，进一步帮助了我的创作。在此，谨表示诚挚的感谢，感谢各位恩师教给我以智慧，感谢恩师们毫无保留的指导和建议！

　　我还要特别感谢北京大学历史系的朱孝远教授和湖北师范学院历史系的毕道村教授。朱老师是我的论文评审人，也是论文答辩委员会主席，他对我的论文给予了充分的肯定，为我的进一步研究指明了方向。同时，由于我的关注点始终放在冲突政治、弱势群体抗争等问题上，他对我的生活态度提出了建议。毕老师已退休，但仍风尘仆仆，从广州赶来参加我的答辩，对论文提出了诸多建设性的建议，让我这一晚辈感动不已。

我衷心感谢北京大学历史系的许平教授和南京大学历史系的沈汉教授。两位西方学生运动领域的著名学者，同时作为我的论文评审人，对拙文的质量和水平进行了较高的评价，让不自信的我多了几分向前继续走的勇气。

在美丽的珞珈山怀抱里，我不仅学到了毕生受用的知识，也收获了宝贵的友情。在论文艰难的创作过程中，我总是能受到同学们的启发，总是能得到同学们的鼓励。感谢周俊利、王艳娟、谭赛花、詹娜、杨芬等同窗好友给予我的帮助和支持！感谢宦吉娥、梁晓燕、纪海龙、雷莎等同学在生活方面无微不至的关怀以及学习上的宝贵建议！感谢同门薛永生、杨洪贵、王莹、周鑫等给予的帮助和鼓励！感谢远在北大的童欣、林纯洁两位师弟，是他们给我寄来了宝贵的论文资料！

一路走来，家人总是给予我坚定的支持。感谢父母，让我从失败的阴影中走出来，在武汉大学重拾了梦想！感谢兄姊一路的叮咛和嘱咐！感谢爱人在身后默默的支持！

我将继续我的学术之旅，但是没有各位恩师的指导，又不知会怎样？偶尔淡淡地提起，不知会有怎样的心情？我将离开朝夕相处的好友，或如鱼得水，或走向孤独，可是，又怎能忘得了今日？

胡小芬

2009年6月8日于武汉大学枫园阅览室

补 记

如歌岁月，似水年华，蓦然回首，九年时光已逝。多少人、多少事、多少情，已经深藏在了记忆的深处。依稀记得，博士论文答辩那天，当答辩委员会主席朱孝远教授宣布我的论文成绩为全优，顺利通过答辩，在场的老师、同学为我鼓掌祝贺时，我泪流满面。激动、伤感、眷恋、感激……各种情绪涌上心头。我终于从学术何去何从的心灵煎熬中走出来了。回到武大前，我在南昌大学历史系教书，彼时学校困难重重、人心漂浮的状况，一人独守故乡、家人远在外地的孤独感，还有年轻时的执拗和倔强，让我始终怀有身处围城的困惑和恐惧。由于经济的原因以及听从家人与导师善意的劝说，我以在职博士生的录取方式回到武大。但当时，我时常心绪不定，无力改变人生命运的无助感时时困扰着我，因而我对学术价值的怀疑也进一步加深。这些都让我在很长时间里进不了最佳的学习状态。我的导师李工真教授发现后，狠狠批评了我几次。以后每次见面，他都要讲做人与做学术的道理，再让我汇报研究的进展情况，然后鼓励我。那时，他让我感到最温暖的一句话是，"我相信你，你有这个能力"。一年后，我立下誓言，一定要如期毕业，尽管那时头脑空空，论文题目尚未定下来。

"三人行，必有我师焉。"说起论文的选题，其实还受读硕士研究生时期同门师兄师姐的影响。王俊勇师兄写的硕士论文主题就是 20 世纪 60 年代美国大学生运动，他关注的这个主题引起了我的兴趣。硕士毕业前初读他赠送的论文文稿时，我感觉他找到了一个很新的研究领域，他对美国大学生运动原因、过程以及影响的研究很有特色。以后，便对这个主题颇为关注，相关的研究资料我都会饶有兴致地阅读。彭磊师姐的论文是写好莱坞电影史的，她那时还考取了新闻与传播系的博士研究生。所谓"近朱者赤，近墨者黑"，年纪较小的我，也突然地关心起好莱坞电影史和新闻史了。在阅读资料时，我发现了学界把好莱坞电影、电视、报刊媒体与大学生运动联系在一起进行研究的新资料，这更加激发了我的好奇心。那时，我对自己在硕士时的研究重点——美国移民政策史的可探索空间进行了客观评估，觉得应该改弦易辙，寻找新的研究领域。随着资料的陆续发现，对60年代美国大学生运动的研究逐渐被认为是可行的。虽然说是老题新做，但是过去众多学者的研究主要还是集中在对这一运动的过程、原因以及价值的研究方面，而关于这场运动为什么在与美国学界普遍预测相反的情况下退潮的原因的研究，仍然大有文章可做。李老师认真听了我对论文思路的介绍后，也大致认可了这一选题。

博士选题确定后，我遍寻各大图书馆资料，先是立足本地，把武大图书馆和外文中心的纸质图书、电子图书、电子期刊资料搜集复印齐备，然后通过馆际互借、委托同学与师弟复印等方式，获得北大图书馆、南京图书馆等地的资料。北大的童欣、林纯洁两位同门师弟，在繁忙的学习之余，帮我查找北大图书馆藏，复印、邮寄资料，时至今日，我心中仍存有对他俩的感激之情。2008年2月下旬，我专门去了北京，在国家图书馆待了近两个月，查找相关资料。北国春寒料峭，但南昌大学原同事好友、中科院化学研究所聂华荣博士的关爱，却让我感受到浓浓的温情。那段时间里我吃住都在中科院化学研究所，聂博士给我准备了充足值的饭卡、公交卡、干净的床被甚至护肤霜，空闲时间还要带我逛逛北京，让我解解疲劳。北京一别，多年未见，但是那份情已印入心底。在北京的日子里，我还得到了表叔一家的悉心照顾，得到了好友占善钦的热情接待。在浓浓的关爱下，那时心底柔弱的我树立了信心，增长了勇气。

北京归来，我的生活就进入了论文资料的整理和写作这一紧张的阶段，但那时生活是快乐而充实的。我的周围，有一群美丽、阳光、善良的同学，时时在鼓励我、帮助我。在枫园宿舍，和梁晓燕关于西方马克思主义、女性主义的多次辩论，开拓了我的思维，也使得自己在写作时多了一份理性；和宦吉娥的那份约定——做完博士论文就在宿舍吃大桶冰淇淋、熬夜煲韩剧来庆祝解放，让我始终对未来充满期待；和周俊利的惺惺相惜、互助互勉，让我体会到友情的珍贵；和王艳娟的深刻交流，让我对大学精神有了更多的理解。在枫园阅览室，王艳娟、宦吉娥、周俊利、谭赛花、詹娜、纪海龙、雷莎等同窗好友，长期齐齐地占据靠窗的书桌，全神贯注、奋笔疾书的场景历历在目。杨芬、孙玉巧、袁霞等同学，虽自身艰难，但仍时常勉励我。回望往昔，这是一段痛并快乐着的经历，是我一生中永不能忘记的岁月。

从 2008 年 5 月初到 2009 年 5 月 17 日，历时一年多，我终于完成了博士论文的创作。2009 年 6 月初的答辩，原以为自己的论文能过关就行，但是意想不到的是，外审和答辩时，专家们都给予了充分的肯定，最后我以全优成绩通过了答辩。感谢北京大学历史系的朱孝远教授与许平教授，南京大学历史系的沈汉教授，武汉大学历史系的陈勇教授、向荣教授与张德明教授，湖北师范学院的毕道村教授，诸位评审和答辩老师不仅肯定了论文的学术价值，还就博士论文今后的修改与探索提供了宝贵的意见与建议。正是在答辩之时，我初读博士时的学术价值之问有了答案，当年对自己学术能力的怀疑也消失了。

2009 年 7 月中旬，为了和家人团聚，思虑再三后，我来到了广州现在的单位工作，而此时李老师已经前往德国访学。在他回国后再联系时，李老师说，"尊重你的选择"，"这次答辩还谈起你的论文，老师们还是觉得不错"。我没有听从李老师的劝说执意换工作，却得到理解；明知由于专业和平台的原因我的学术研究会受限，李老师仍然鼓励我继续下去。我如果不在可能的条件下做点什么，又怎么对得起母校，对得起我的导师们？此后，虽然在一线城市生活，买房供楼、生养小孩、赡养父母、长途通勤，作为青椒群体中的一分子，很是艰难，但我还是腾出了一些时间来追寻学术的梦想。在此非常感谢《世界民族》杂志编辑刘真老师，在刊发了我的硕士论文成果之后，仍然能耐心地阅读我的文章《好莱坞青年反叛电影与六十年代美国大学生运动》（由博士论文修改而成的）。虽然由于杂志办刊导向的原因不能刊登，但刘老师热心建议我改投《青年研究》类型的杂志。有了他的鼓励，我把该文投往《青年研究》杂志，并很快得到了该杂志的录用通知，最终该文刊发于 2010 年第 6 期。此后，第二篇文章《青年学生价值观的变迁与六十年代美国大学生运动》也在该杂志 2013 年第 1 期刊发，两篇文章都被中国人民大学《报刊复印资料》全文转载。在这里，还要衷心感谢《青年研究》的编辑施芸卿老师，感谢她提出的宝贵修改建议，感谢她的耐心、鼓励和支持。2016 年，我修改的博士论文文稿《新闻媒体与 20 世纪 60 年代美国大学生运动》在《青年探索》上刊发。几年下来，博士论文成果发表较为顺利。但是，本书行将付梓之时，我仍然有很多工作没有如期完成：一是原本计划今后要继续追踪美国 60 年代大学生的生活与思想状况，进一步思考 60 年代的价值；二是希望继续探讨畅销书籍、电视剧、地下媒体等传媒对美国大学生运动以及新社会运动的影响；三是通过探讨媒介与大学生运动的关系，总结其对当代中国群体性事件的预防与治理的历史启示。以上三大问题，除第三大问题已有部分研究外，都由于个人时间、专业改变等原因无法真正深入下去，留下较多的遗憾。今后，我会把研究的重点放在第三个问题上，立足于中国抗争政治的预警与治理这个现实问题。

我衷心感谢仲恺农业工程学院马克思主义学院的领导们，他们是蔡立彬教授、翁礼成教授、贺佃奎教授以及秦抗抗副教授。他们的悉心照顾与妥善安排，使得我能够在工作之余腾出时间来修改发表论文。鉴于我的专业转向的原因，蔡立彬和翁礼成教授希望我能从美国史研究领域转到对中国的现实研究上来，并多次提供意见与建议。尽管转换专业研究领域对我来说有一定难度，但我仍然希望能够把研究世界史的视野、旨趣与经验应用到对中国现实问题的研究上来。蔡立彬教授还千方百计为本书的出版资金寻找解决的办法，在此表达诚挚的谢意！

我要诚挚感谢仲恺农业工程学院原人文社科系（马克思主义学院前身）的老领导曾学龙教授。自我入职以来，曾教授始终关心我这位新教师的发展，时常敦促、鼓励我尽快申报项目和发表文章，这使得有拖延症的我不得不加快了速度，才得以在 2014 年晋升副教授。

我非常感谢仲恺农业工程学院人事处处长唐明勇教授。唐教授是"中国近现代史纲要"课程原负责人，在课程发展、论文发表与项目申报上，他都给予了悉心的点拨与指导。我还要感谢马克思主义学院和人文社科学院的其他同人多年来给我的包容、关心与帮助。九年来，我真正获得了满满的归属感。

我要特别感谢我的两位老朋友——南昌大学历史系余永和教授与惠州学院的吴春萌博士。2004 年，懵懵懂懂的我，进入南昌大学教书，与两位博士一起自称为"泰和三剑客"。两位老乡无论是在工作、学术还是生活上，都曾给予我无私的帮助和鼓励。吴春萌是我高中的同班同学，他对后现代主义的非凡见解深深地影响了我。余永和是我在历史系的同事，始终像大哥一样照顾我，在我的学术问题上也提供了颇多有价值的建议。获知我要出版著作，他立刻拿起电话，向社会科学文献出版社社会政法分社的曹义恒总编辑推荐了我的作品。如今我们各奔东西，但个中情谊，已无法用一个"谢"字表达！

我还要感谢昔日与我共事的南昌大学历史系的同人。原系主任袁礼华教授，在我读博期间，给了我最大的时间自由，允许我承担少量工作，以便尽早完成学业。资深老教授、我亲爱的校友万芳珍老师，始终鼓励我，在生活上照顾我，并且为我顺利到新学校工作提供了力所能及的帮助。历史系的张德敬教授、周昭望教授、张芳霖教授、吴小卫教授、黄志繁教授、周林兴教授、苏君华教授、尚田教授和温俊主任等众多同事不论在工作上还是生活上都给予了我很多帮助。尽管因为家庭原因被迫离开，但是至今我仍然铭记着这个温暖的大家庭，心怀感恩之情。

我要特别感谢我的硕士研究生同班同学对我的一贯支持与鼓励，他们是武汉大学的关培凤教授、陈曦教授、熊芳芳副教授、谭卫元副教授、胡春明博士和武汉大学北京研究院副院长冯大庆，复旦大学的祁怀高教授，华中师范大学的沈琪教授，华中农业大学的彭坌博士，三峡大学的王红雨副教授，北京联合大学的张英姣副教授，华中师范大学附属中学的曾美玲老师，还有在北京政府部门工作的肖卫华同学。我在读博期间，深受诸位同窗好友的照顾，临别时他们中大多数人为我饯行的场景仍然清晰。毕业后，诸位同窗好友仍时常问候，曾美玲还在我分娩之后不远千里专程来探望，关培凤同学在科研项目申报上也经常给予帮助。时隔九年，今年3月，在武汉的同学又相邀于珞珈山庄，迎接我这个游子回家。这份同窗情谊，没齿难忘！

我还要感谢同门师兄杨洪贵和薛永生，师姐罗衡林，师弟周鑫、吴强、童欣、林纯洁以及师妹王莹等给予的大力协助。毕业后天各一方，如今他们在美国史、澳洲史和德国史等的研究方面都已取得不小的成绩，期待今后能再相聚，把酒言欢忆往昔。

尤其值得感念的是，社会科学文献出版社社会政法分社曹义恒总编辑与单远举老师对本书的顺利出版给了大力帮助，付出了不少辛劳，在此谨致谢忱。

我还要感谢多年来为自己默默付出的家人，他们的呵护、关怀使我的生活里始终有阳光相伴。我年幼的儿子朵朵,每次知道我要加班工作,都不吵不闹,给我营造安静的氛围。多年来,尽管也有挫折,有过灰心的时候,但是他们都会说,"没事,我们支持你"。正是这份亲情,给了我爬坡过坎的不竭动力。

  本书的写作虽然尽了最大的努力,但限于本人的学识与能力,呈现在读者面前的这本小册子,纰漏与错误恐怕仍然不少。因此,笔者在深感忐忑之时,诚恳地期盼学界朋友不吝批评指正。

胡小芬

2018 年 5 月 30 日于祈福水城寓所

图书在版编目(CIP)数据

美国大学生运动研究:1962~1974/胡小芬著.--北京:社会科学文献出版社,2018.8
ISBN 978-7-5201-3191-9

Ⅰ.①美… Ⅱ.①胡… Ⅲ.①大学生-学生运动-研究-美国-1962-1974 Ⅳ.①D437.129

中国版本图书馆 CIP 数据核字(2018)第 174345 号

美国大学生运动研究(1962~1974)

著　　者 / 胡小芬

出　版　人 / 谢寿光
项目统筹 / 曹义恒
责任编辑 / 单远举　曹义恒

出　　版 / 社会科学文献出版社·社会政法分社(010)59367156
　　　　　 地址:北京市北三环中路甲29号院华龙大厦　邮编:100029
　　　　　 网址:www.ssap.com.cn
发　　行 / 市场营销中心(010)59367081　59367018
印　　装 / 三河市尚艺印装有限公司

规　　格 / 开　本:787mm×1092mm　1/16
　　　　　 印　张:16.25　字　数:258千字
版　　次 / 2018年8月第1版　2018年8月第1次印刷
书　　号 / ISBN 978-7-5201-3191-9
定　　价 / 79.00元

本书如有印装质量问题,请与读者服务中心(010-59367028)联系

版权所有 翻印必究